JN272494

労働相談員が書いた
現場の実務書

失敗のない
解雇&退職
マニュアル

特定社会保険労務士 三好 眞一 著

経営書院

はじめに

　この本を手に取った人は、何らかの理由で「会社を辞めたい」あるいは「会社を移りたい」と考えたことがあるのではないでしょうか？20年前とは違って日本の経済は停滞し、正規雇用の減少、ボーナスのカットなど職場をめぐる環境も悪化してきています。また、同僚のいじめや上司のいやがらせなどで悩んでいる人も多いと思います。「今の環境から離れて好きなことができたらどんなにいいだろう」と考えるのは、サラリーマンなら当然持つ感情です。しかし、自分には養わねばならない妻子がいる、両親がいる、借金がある、世話になった人がいるなど会社を辞められない事情があり踏ん張っている方も多いでしょう。

　そのように我慢しても、長年勤めてきた会社を辞めなければならない場合も出てきます。自分は定年までこの会社で働きたいと思っても、会社のほうから「辞めてほしい」と言われるかもしれません。会社の業績が思わしくない情報が耳に入ってきて、転職の準備などをする人もいるかもしれません。また、社内で会社の金を横領したり、けんかして上司を殴ったりしたというような刑事罰を受けるようなことをした場合、懲戒処分になることが予測できます。しかし、多くの場合「解雇」あるいは「辞めろ」と言われるのは突然に通告されます。通常退職することを準備している人はまれですから、突然「辞めろ」などと言われると、最初は驚き、次に怒りがこみ上げてきます。今まで、こんなに会社に尽くしたのに私を辞めさせようというのかという気持ちになります。特に社内での自分の仕事ぶりに自信をもって働いてきた人にとっては、自分が辞めさせられる対象者になったという事実でかなりのショックを受けます。このショックによる動揺と急にこみ上げてきた怒りのため、人間は冷静さを失い誤った行動をとりがち

になります。

　「俺を必要な会社はいくらでもある。こんな会社はすぐに辞めてやる！」と啖呵を切って潔く辞めるのは一見かっこよく思われますが、現実に退職してから後悔することが多くあります。また、退職に関連して賃金の未払いがあったり、有給休暇がたくさん残っていたり、退職金が支払われなかったり、解雇の場合は予告手当が発生したりなど、今まで気にしなかった労働問題が一挙に発生してきます。筆者は、労働基準監督署で労働相談を担当して、「もう少し注意して行動すれば、もらえるはずのお金も受け取ることができたのに残念だなあ」と思う人をたくさん見てきました。

　労働相談の中で最も多いのが解雇と退職の問題です。相談者の中には毎日の仕事が忙しくて労働基準監督署まで来れない人や心理的に監督署に相談に行くことができないため電話をかけてくる人も多いのですが、電話では十分に説明できないことが多く、特に判例の紹介等ができないので、何とか手軽に労働相談の代わりになるようなものはないかと考え、この本を書きました。

　この本は、解雇・退職を中心として退職に絡む注意事項と手続きについて、読者が正しく行動するための知識と手続きを書いています。今退職を考えている人も最近会社を辞めるように指示された人も、この本を一読され失敗のない円満な退職ができるようになってほしいと願っています。

　本書は労働者の立場から退職関連の知識と手続きについても述べていますが、法律を順守する点から必要な内容について記述していますので使用者の方にも利用できる内容になっています。筆者は学者ではありませんので、本書では学説などの学術的な記載は限定し、退職時の実際の手続きを中心に述べ、論点となる問題については判例を引用して解説しています。判例では要約は出来るだけ避けて、判決文そのものから抜粋するようにしています。裁判所の生の考えを理解するた

めです。筆者の経験からは、要約された判例はうまくまとめられているのですが、その裁判所がどう判断したのか実感としてわかりづらいと思います。また判例を参照すると将来裁判になった場合の結果の予測に役立ちます。このことは、不要な争いを避ける意味で使用者の方にも有用であると考えます。私は、コンプライアンスという立場からは書き手が労働者側とか使用者側という区別はあまり意味がないのではないかと考えています。法律を守り判例を学ぶことを通じて社会の発展に応じた法解釈を行い、それによって社会的正義と公平感を保つことが労使の争いを避けることになるのです。

　本書の特徴について少し説明させていただきます。本書は、解雇と退職に的を絞って関連する主な問題を取り扱っています。特に、手続き面では図解をいれて感覚的な理解を助けすぐに活用できるようにしています。従って、例えば解雇なら解雇という事実を認めて今後何をどうするか知りたい人は、関連する章の手続き部分の解説を読んでください。逆に、解雇された理由そのものに納得がいかないというような人は、各章の関連する判例をじっくり読んでください。本書を読んでも納得できなければ、本書の判例を参照して法律相談や労働相談に行かれると短い時間で的確な助言が得られることと思います。

　本書は、このテーマ全体に関心がある方を除いて、最初から最後まで読む必要はありません。本書の効率的な利用の仕方としては、まず自分の労働者性が疑わしい人は第一章をチェックしてください。その後、解雇されたなら解雇の章を、退職の場合は退職の章を読んで、さらに解雇・退職の際に有給休暇等の関連する問題がある方はその部分を読んでチェックしてください。また、有期雇用契約の方は、第3章を読んでください。このように、読者自身に関連があるところだけ読むのが、時間の節約になります。言い換えれば、本書は実際の問題に遭遇した際にマニュアルとして使っていただくことを前提としているのです。

前述のとおり、本書では理論的なポイントの説明については判例を引用しています。判例とは、「過去に下された裁判を指しますが、その中でも先例としての価値がある裁判（＝判決＋命令・決定）」と考えてください。日本の裁判は、慣行として先例に従う傾向があります。さらに最高裁の判例は最も尊重されるので、下級審がそれに真正面から反対するような裁判を行うことはないと考えてよいでしょう。判例は、事実関係がすべてわからないと理解しづらく、法律用語が多いので読みづらいかもしれません。しかし、我慢して判例を読むと法律の具体的な意味がよくわかると思います。なお、判例については一部を除いて社団法人全国労働基準関係団体連合会（全基連）によって作成された労働基準関係判例一覧のホームページから抜粋させていただきました。抜粋した箇所は「全基連HP」と表示しています。同法人には、紙上を借りてお礼申し上げます。判例の中にある日付や数字は原文が漢数字であっても、読者が読みやすいように算用数字に書き換えています。ご了承下さい。

　　　　　　　　　　（A）　　　　（B）　　　　（C）
　判例については、＜xxxxx事件、yyy地、（平成99.99.99）＞というように出典を記載しています。(A) xxxxx事件と書いてあるのは、一般的につけられた事件名のことです。インターネットで検索する場合、この事件名で検索できます。次の、(B) yyyですが、地方裁判所の判決の場合は管轄裁判所の後に「地」とつけています、例えば、広島地なら広島地方裁判所となります。高等裁判所の場合は「高」、最高裁判所の場合は最二小などの表示で最高裁第二小法廷を示しています。最後にカッコ書きで裁判年月日を入れています。また詳しく知りたい方のために㈱産労総合研究所発行の雑誌「労働判例」を参照して頂くために、労判○○号△△頁と表示しました。
　本文ではよく出てくる法律の名前を以下のように簡略化して記述しま

すのでご了解ください。
　　労働基準法：労基法
　　労働契約法：労契法
　　労働組合法：労組法
　　雇用保険法：雇用法
　　労働者災害補償保険法：労災法
その他の法律については、本文においても法律名をそのまま載せます。
　行政からの通達（上級行政庁が下級行政庁に対し、細目的な職務事項や法律の解釈・判断の具体的指針を示し、行政上の処理の統一を期するために文書をもって発する指示通達）も掲載しています。法律は、条文を読むだけでは実際の適用にどう解釈すればよいのか困ることがあります。そのため、労働基準監督署などの現場の行政庁では上位の行政庁からの通達を用いて判断することが多いので、行政庁がどのように考えるのかを知ることは有用です。通達の記号の見方は以下の通りです。

基発・・・（厚生）労働省労働基準局長から各都道府県労働局長宛の
　　　　　通達。
発基・・・（厚生）労働省事務次官から各都道府県労働局長宛の通達。
基収・・・各都道府県労働局長からの法令の解釈に疑義についての問
　　　　　い合わせに対する（厚生）労働省労働基準局長による回答。

　以上のように、本書では解雇・退職に関連する手続きについての部分と個別労働紛争（労働者個人と使用者との紛争）にかかわる法の規定の解釈・適用の部分を含んでいます。筆者としては、読者のニーズに応じて必要な部分を利用され役立てていただけることを望んでいます。
　本書を書くに当たり、職場の有志の方々にいろいろアドバイスをいただきました。紙上を借りてお礼申しあげます。

2012年6月

目　次

はじめに

プロローグ　(「気にいらなかったら辞めろ！」「それなら辞めてやる」これって解雇ですか？) ……………………………………… 1

第1章　労働契約と退職 ……………………………………… 5

第1節　労働基準法上の労働者とは ………………………… 5
(1) 労働者 ……………………………………………………… 5
(2) 使用者 ……………………………………………………… 7
(3) 契約 ………………………………………………………… 7
(4) 労働者となりえない者 …………………………………… 8

第2節　労働契約の開始と終了 ……………………………… 15
(1) 労働契約の開始 …………………………………………… 15
(2) 労働契約の変更 …………………………………………… 17
(3) 労働契約の終了 …………………………………………… 20

第2章　解雇について ………………………………………… 23

第1節　解雇の処理 …………………………………………… 23
(1) 解雇の定義 ………………………………………………… 23
(2) 労働契約法による原則 …………………………………… 23
(3) 解雇制限 …………………………………………………… 26
(4) 雇用保険法上の処置 ……………………………………… 27
(5) 解雇予告手当 ……………………………………………… 28
(6) 解雇された後の処理 ……………………………………… 29
(7) 使用者が解雇予告手当を支払う必要が無い場合 ……… 37

(8)　解雇は不利か？ ………………………………………… 41
第2節　解雇権濫用の法理 …………………………………… 43
第3節　整理解雇 ……………………………………………… 46
　(1)　整理解雇とは …………………………………………… 46
　(2)　整理解雇の4要件 ……………………………………… 46
　(3)　判例の動向 ……………………………………………… 48
第4節　普通解雇 ……………………………………………… 50
第5節　懲戒解雇 ……………………………………………… 60
　(1)　懲戒解雇とは …………………………………………… 60
　(2)　就業規則の規定 ………………………………………… 61
　(3)　諭旨解雇（諭旨退職）………………………………… 63
　(4)　就業規則が無い場合 …………………………………… 63
　(5)　関連する判例 …………………………………………… 65
第6節　退職勧奨 ……………………………………………… 72
　(1)　退職勧奨とは …………………………………………… 72
　(2)　退職勧奨と希望退職の募集 …………………………… 73
　(3)　退職勧奨の客観的合理的な理由と社会通念上の相当性 … 74
　(4)　関連する判例 …………………………………………… 75
第7節　合併、事業譲渡、出向 ……………………………… 79
　(1)　合併と事業譲渡 ………………………………………… 79
　(2)　出向 ……………………………………………………… 82

（コラム１）平均賃金について ……………………………… 86

第3章　有期雇用契約と雇止め ……………………………… 89

第1節　有期雇用契約とは …………………………………… 89
第2節　有期契約労働者の雇用管理の改善に関する
　　　　ガイドライン ………………………………………… 92

第3節　雇止めと解雇権濫用の法理 …………………………… 94
(1) 有期雇用契約の特徴 ……………………………………… 94
(2) 雇止めとは ………………………………………………… 96
(3) 雇止めの判断で考慮される事項 ………………………… 97
(4) 雇止めが有効になる場合 ………………………………… 98
(5) 雇止めに関連する判例 …………………………………… 99
第4節　期限到来前の契約解除 ………………………………… 107
(1) やむをえない事由 ………………………………………… 107
(2) 損害賠償 …………………………………………………… 108
(3) 労働者側からの契約解消 ………………………………… 109
第5節　パートタイマーとアルバイト ………………………… 110

第4章　派遣契約の場合 ………………………………………… 117

第1節　派遣労働契約とは ……………………………………… 117
(1) 労働者派遣 ………………………………………………… 117
(2) 派遣と請負の違い ………………………………………… 118
第2節　派遣先の責任 …………………………………………… 123
第3節　派遣元の責任 …………………………………………… 128

第5章　退職と雇用保険 ………………………………………… 133

第1節　自主退職の概要と注意点 ……………………………… 133
(1) 自主退職について ………………………………………… 133
(2) 退職の準備 ………………………………………………… 134
(3) 退職手続き ………………………………………………… 140
(4) 退職時のトラブル ………………………………………… 143
第2節　会社を辞めてから（ハローワークの手続き）……… 158

(1) ハローワークと雇用保険の受給要件 ················ 158
　(2) 求職手続きと求職者給付 ·························· 159
　(3) 基本手当の受給 ································ 164
　(4) 求職者支援 ···································· 172

第6章　退職に伴う諸問題 ···························· 177
第1節　未払賃金がある場合 ······················ 177
第2節　未払残業代がある場合 ···················· 186
　(1) 未払残業代請求の背景 ·························· 186
　(2) 労働時間と残業時間 ···························· 187
　(3) 未払残業代請求のリスク ························ 191
　(4) 未払残業代の請求 ······························ 198
　(5) 関連判例 ······································ 200
第3節　退職金・賞与がもらえない場合 ············ 209
　(1) 退職金の支給条件 ······························ 209
　(2) 中小企業退職金共済制度 ························ 212
　(3) 賞与の支給条件 ································ 215
第4節　有給休暇が残っている場合 ················ 222
　(1) 年次有給休暇の付与要件と日数 ·················· 222
　(2) 年次有給休暇の行使 ···························· 224
　(3) 退職時のトラブル ······························ 231
第5節　競業避止義務・機密保持義務がある場合 ······ 233
　(1) 競業避止義務 ·································· 233
　(2) 機密保持義務 ·································· 237
第6節　セクハラ・パワハラがある場合 ············ 242
　(1) セクハラ ······································ 242
　(2) セクハラに関する判例 ·························· 243

(3)　パワハラ ……………………………………………… 249
　　(4)　パワハラに関する判例 ………………………………… 250
　　(5)　対処法 ……………………………………………… 254
　　(6)　退職との関係 ……………………………………… 255
　第7節　労働者が損害賠償を請求される場合 ……………… 256
　　(1)　基本ルール ………………………………………… 256
　　(2)　判例研究 …………………………………………… 257
（コラム２）退職届けの撤回は可能か？ ……………………… 266

第7章　労働基準監督署について ……………………… 269

　第1節　労働基準監督署とは？ ……………………………… 269
　第2節　労働基準監督官 ……………………………………… 272
　第3節　労働基準監督署と総合労働相談コーナー ………… 276
　第4節　労働基準監督署に相談に行くときに準備すべきもの … 277
　第5節　労働基準監督署への申告処理 ……………………… 280
　第6節　是正勧告 ……………………………………………… 283

第8章　個別労働関係紛争解決制度 ……………………… 289

　第1節　個別労働関係紛争解決制度とは？ ………………… 289
　第2節　窓口としての総合労働相談コーナー ……………… 294
　第3節　都道府県労働局長による助言指導 ………………… 295
　第4節　あっせん ……………………………………………… 297
　　(1)　あっせんとは ……………………………………… 297
　　(2)　紛争調整委員会とは ……………………………… 297
　　(3)　あっせんの特徴 …………………………………… 297
　　(4)　あっせんの流れ …………………………………… 298

第5節　民間ADR ………………………………………… 301
第6節　司法による解決 ………………………………… 305
　⑴　労働審判 ………………………………………… 305
　⑵　少額訴訟 ………………………………………… 306
　⑶　支払督促 ………………………………………… 307
(コラム3) 労働組合について …………………………… 308

終わりに ………………………………………………… 310
参考文献 ………………………………………………… 312

プロローグ

「気にいらなかったら辞めろ！」「それなら辞めてやる」これって解雇ですか？

　私は、自営のコンサルタント業務の他に現在ある労働基準監督署で労働相談も担当しています。労働相談では「解雇されました」といってくる人が多いのですが、よく事情を聴いてみると明確に解雇と断定できる場合は、解雇通知書などを持参してくる人を除いてめったにありません。

　「明日から来なくていい」、「お前は当社に向いていない」、「辞めたらどうだ」、「この会社にいてもお前の働く場所は無い」、「出ていけ」等々社内に居づらくなる言葉を吐かれて出社できなくなった場合はどうなるでしょうか。こんな時、相談できるところがあればいいですね。皆さんは、労働者が働くためのルールとして労働基準法という法律があり、それに違反している企業を指導するために労働基準監督署（労基署）という役所があることはご存知ですか。解雇や退職時のトラブルは、労基署に相談することができます。労基署は、法律に基づいて労働上のトラブルを解決してくれたり、助言をしてくれます。

　労働者と使用者は第1章で説明するように「貴方の下で働きます—賃金を支払います」という労働契約関係にあります。日本では契約自由の原則という考え方があって、契約の内容や形式、締結の方法等については当事者の自由に決定できるとされています。この結果、口頭だけでも当事者間の合意があれば契約は成立するのです。労働基準法では、労働契約を結ぶにあたってトラブルを避けるため労働条件を明示することを求めています（労基法第15条）。しかし、これが守られないことが多いので「言った、言わない」の混乱がおこります。さら

に、実態は労働契約関係とそっくりであっても、労働契約とは異なる契約で働いている場合があります。契約自由の原則では、法令や公序良俗違反でなければ当事者間で問題が起こらない限りどのような内容であってもその契約は機能します。しかし、何らかの理由で契約が中断・終了するとその内容が問題になり、当事者間で争うことになります。従って、争っている契約の中には労働契約ではないという判断になることもあるのです。労働基準法は、労働者の弱い立場を考慮して、契約自由の原則に制限を加えていますが、労働基準法でいう労働者ではないとされた場合は、労働基準法での救済はありません（民事上の解決の方法はあります）。従って、労働の問題で最初に考えることは、当事者の一方が労基法上の労働者であるかどうかを見極めることです。

　また、労働契約であっても、「1年間この仕事をしてください」というように契約期間があらかじめ決められている場合（有期労働契約）は、契約を結んでから1年経過したら、更新しない限り、契約期間の満了ということでその契約は終了します。これを雇止めと言います。この雇止めについて、何度も同じ有期契約の更新を繰り返したのに、急に次回からは更新しないとされる場合があります。限定した期間内の労働という本来の有期労働契約の考え方とは異なりますが、実社会ではよくおこっている問題です。また有期労働契約の場合は、契約期間中に契約解除の問題が生じた場合、期間の定めのない契約の解雇・退職よりも厳しい条件が必要となります。これらの有期契約の問題については、第3章で説明します。

　いわゆるサラリーマンで正社員と呼ばれる人は、定年まで働くことを予想されていますので、期間の定めのない労働契約を結んでいることになります。パートタイマーでも期間の定めのない労働契約を結んでいる人は多いです。このプロローグの最初にあった会話も期間の定めのない労働契約を結んでいる人を想定しているので、本書でもまず期間の定めのない労働契約の問題について説明し、そののち有期労働

契約の場合について説明します。

　さて、冒頭にあったように「この会社にいてもお前の働く場所は無い」と言われたら通常は解雇であると思う方が多いのではないでしょうか。ところが、法律の実際の運用では簡単に解雇と決め付けられないのです。解雇だと思って労働基準監督署の労働相談を訪ねてみると、相談員や労働基準監督官は「相手は解雇と言いましたか？」と解雇の確認を求めてきます。さらに、解雇の証明を取るように言われ、退職の証明または解雇通知を使用者に請求するように言われます。ところが、使用者に退職証明を求めたら自主退職になっており、「解雇でしょう」と確かめたら、「確かに退職を勧めたかもしれないが、解雇と言った覚えはない。」と否定されることが多いのです。自主退職となると、後述する解雇予告手当ももらえないし、ハローワークで支給される雇用保険の基本手当の支給も3か月間停止されてしまいます。解雇も自主退職も労働契約の終了ということでは同じですが、実際には、両者の取扱いが大きく異なるのでその確認は重要です。使用者にすれば、解雇にすると30日前に解雇予告通知を行うか、通知期日が30日未満の場合解雇予告手当を支払わねばなりません。また、雇用保険からの助成金をもらっている使用者は、労働者を解雇することにより助成金をもらえなくなることがあるので解雇は認めたくない人が多いのです。そして、解雇となると退職後に裁判など起こされると困るので、円満退職の形をとるためにできるだけ自主退職にもっていこうとする使用者も多いです。法律上では、たとえ懲戒解雇であっても解雇予告手当は支払わなければならないので（但し、除外認定などの方策はあります。労基法第19条、第20条）、ケンカ別れなどで退職すると「あんな奴にビタ一文支払うものか」と感情的になる使用者もいます。そうなると、実態は解雇でも解雇の事実を認めない使用者が出てきます。従って、解雇の確認は非常に重要となりますので、第1章及び第2章で詳しく述べていきます。

第1章では、労働者性と労働契約について説明します。言葉の定義が多く、わかりにくいところですが、後の説明を理解するためには重要ですので我慢して読んでいただきたいと思います。

　第2章では、解雇の手続きと内容について詳しく説明していきます。さらに、解雇された場合の理由が納得できない人のために判例を引用して、解雇が認められる場合や認められない場合について説明しています。また、解雇によく似た退職勧奨についても述べています。

　第3章では、有期雇用契約について述べ特に雇止めについて詳しく解説しています。有期雇用労働者の方は、第2章を読んだ後、第3章も読んでください。

　第4章では、派遣契約について、特に派遣先と派遣元の責任について、解雇・退職に関連する部分を概説しています。

　第5章では、自主退職についてその内容と手続きの方法について述べています。さらに、退職後の雇用保険の受給手続きについても記述していますので、解雇を含めて退職された方は全て目を通していただきたいと思います。

　第6章では、退職時に多く発生する問題をとり上げています。読者に関連する問題がとり上げられている箇所だけを読まれると良いでしょう。

　第7章では、解雇等の問題を処理する行政機関としての労働基準監督署について概説しています。

　最後に、第8章において個別労働関係紛争が発生した場合の解決機関について概説しておきました。具体的にどのような解決方法があるかを述べているので参考にして下さい。

第1章 労働契約と退職

第1節 労働基準法上の労働者とは

(1) 労働者

　さて、これから解雇と退職について説明していきますが、最初にいくつか法律用語の説明をしなければなりません。面倒くさいと思われる方も多いと思いますが用語の解釈を誤るとその後の説明が狂ってきますので我慢して読んでください。まず、労働者という言葉の定義をはっきりさせましょう。労働基準法では、第9条で「この法律で労働者とは、職業の種類を問わず、事業又は事務所に使用される者で、賃金を支払われる者をいう。」と規定されています。「事業」とは、生産・営利などの一定の目的を持って継続的に組織・会社・商店などを経営することと考えてください。会社などの法人や個人事業主などのほか病院、学校、介護施設、建設現場なども含む幅広い概念です。「使用される」ということは使用者の指揮命令を受けて労働力を提供し、その労働の対価として賃金を支払われることを言います。「賃金」とは、賃金、給料、手当、賞与その他名称の如何を問わず、労働の対償として使用者が労働者に支払うすべてのものをいいます。(労基法第11条)
　ここで重要なことは労働基準法における「労働者」とは、使用者の指揮命令の下で労働し、かつ賃金を支払われている人ということです。これを一言でいうと、使用従属性といいます。といっても、これ

だけでは抽象的でわかりませんね。昭和60年12月19日の労働基準法研究会による労働基準法の「労働者」の判断基準についてという報告では、使用従属性の判断要素として、詳しく説明していますので一部を抜粋して紹介します。

① 仕事の依頼、業務従事の指示等に対して諾否の自由が有るか無いか。
② 業務の内容及び遂行方法について使用者の具体的な指揮命令を受けているかどうか。
③ 勤務場所及び勤務時間が指定され管理されているかどうか。
④ 本人に代わって他の者が労務を提供することが認められているかどうか。
⑤ 報酬の性格が使用者の指揮監督の下に一定時間労務を提供していることに対する対価と判断されるかどうか。
⑥ 「事業者性」が有るか無いか。(所有する機械・器具が著しく高価な場合、報酬の額が正規従業員に比して著しく高額である場合など)
⑦ 特定の企業に対する専属性が有るか無いか。

以上のほか、①採用、委託等の際の選考過程が正規従業員の採用の場合とほとんど同様であること、②報酬について給与所得としての源泉徴収を行っていること、③労働保険の適用対象としていること、④服務規律を適用していること、⑤退職金制度、福利厚生を適用していること等「使用者」がその者を自らの労働者と認識していると推認される点を、「労働者性」を肯定する判断の補強事由とするものがあります。

現実に労働者性を判断する際には、以上の点をチェックして行います。

(2) 使用者

　ところで、使用者についても少し説明しましょう。「使用者」とは、事業主又は事業の経営担当者その他その事業の労働者に関する事項について、事業主のために行為をするすべての者をいうと労働基準法第10条で規定しています。個人事業なら事業主本人、法人の場合は法人そのものですが、事業の経営担当者としては法人の代表取締役や理事長などの代表者をいいます。労働者に関する事項について事業主のために行為をするすべての者というのは、労働条件の決定や労務管理の実施について一定の権限と責任を有する者として部長や課長などが考えられます。ただ、部長・課長などは、その役職の名称にとらわれず実質的に一定の権限が与えられているかどうかにより判断すべきとされています（昭22.9.13発基第17号）。小さな事業では事業主＝使用者であったわけですが、大きな事業では事業主は労働者に直接指揮命令を下したり、労働者と直接交渉するわけではありませんので、本書では、法律などで事業主や企業自身を示しているような場合を除いて、労働者の相手方として使用者という言葉で統一していきます。

(3) 契約

　さて、労働者と使用者の関係は契約で結ばれていきます。資本主義社会の中では、契約という考え方については市民法としての民法という法律で規定されています。まず、民法から見ていきましょう。民法では、契約は相対する二人以上の当事者が合意することによって、権利義務の関係を作り出す行為をいいます。合意というのは対立する意思表示の合致ということです。ここで、意思表示という言葉がでてきたので少し説明します。意思表示とは、法律用語で「一定の法律効果の発生を意図しているとみられる意思の表示行為」とされています。簡単に言うと、腹が減ったのでパンを買おうという内心的効果意思が

あり、お金を出してパンを買うという表示行為が行動として現れます。一般的には、表示行為によって相手の内心的効果意思を確認しますが、必ずしも表示行為と内心的効果意思が結びつくとは限りません。勘違い（錯誤）や強迫などは心の中で思っていることと実際の行為は異なるわけです。民法には、意思表示について細かく規定されていますが、ここでは当事者の意思表示の合致により契約ができるということを理解しておきましょう。

　民法では、労働者と使用者の関係を雇用という用語で表し、「当事者の一方が相手方に対して労働に従事することを約し、相手方がこれに対してその報酬を与えることを約することによって、その効力を生ずる」（民法第623条）として契約の態様から説明しています。一方、労働基準法では、「事業に使用される者」、「賃金を支払われる者」（労基法第9条）として労働者という契約当事者の定義から契約形態を説明しています。

(4)　労働者となりえない者

　ところで、雇用契約と似たような内容で自己の能力を提供して報酬を得るものでは、請負や委任という契約があります。請負は、大工さんが家を完成させる場合のように労働の成果である「仕事の完成」に対して報酬を約束する契約です（民法第632条）。委任は、弁護士に仕事を依頼する場合のように受任者の自由判断に委ねて契約など法律行為を行わせる契約です（民法第643条）。売買や遺言などの法律行為を頼めば委任になりますが、法律行為以外の事務の委託を頼めば準委任ということになります（民法第656条）。準委任は委任の規定が準用されるので実質的には両者は同じです。だから、普通は、事務処理を頼むことも委任といっています。委任にしても請負にしても、労働契約のように使用者の指揮命令下で働くことを要しませんし、報酬は仕事の完成や受任事務の終了によって支払われます。

最近多い業務委託はどうでしょうか。会社の受付業務を業務委託する、機械の保守業務を委託するなど周りを見ても意外と業務委託は多いです。委託とは、他人にものを頼むことです。請負契約では仕事が完成しないと報酬はもらえませんが、委任（準委任）では完成するという結果責任はありません。業務委託といっても、行為そのものを頼めば委任（準委任）、行為の結果を出すことを頼めば請負ということになります。いずれにしても、雇用とは異なるものです。委任等の契約のもとで働く人は、労働基準法上の労働者とはいえません。労働基準法では、労働者の弱い立場を考慮して、雇用という契約を労働契約として、労働者を守る規定が多く定められています。しかし、請負や委任は労働契約ではありません。互いに指揮命令に従うことのない独立した者同士の契約です。そのため、請負人や委任された人は労働者ではないので、労働基準法上の保護はないのです。（5頁参照）またその契約の性質から解雇や退職ということもなく、あるのは契約の終了ということになります。

（図1－1）

雇用：当事者の一方が相手方に対して労働に従事することを約し、相手方がこれに対してその報酬を与える	← 労基法の適用あり
請負：当事者の一方がある仕事を完成することを約し、相手方がその仕事の結果に対してその報酬を支払う 委任（準委任）：当事者の一方が法律行為（事務の委託）をすることを相手方に委託し、相手方がこれを承諾する	← 労基法の適用なし。 但し、実態で判断が必要。

使用者にとって、業務委託契約や請負契約のメリットは、

① 労働者よりも契約解除が簡単
② 社会保険料の支払い義務なし
③ 時間外労働手当の支払いが不要
④ 有給休暇の付与が不要
⑤ 報酬決定が自由
⑥ 委託した業務内容の範囲が明確

などが考えられます。最近の企業は固定費を削減するため労働者を雇わずに、アウトソーシング化を進めているので、請負、準委任、業務委託などは増える傾向にあるといえます。

しかし、これらの契約も実態で判断すると簡単に労働者性を否定できません。

判例では次のようなものがあります。

「自己所有のトラックを持ち込んで業務を行うトラック運転者の労働者性が認められた事案。」（労働者性を認めたポイントに着目）

● 勤務時間が午前9時から午後5時30分と義務づけられている
● 毎日会社の配車係から配達先、配達内容などの指示を受け、積み込み、配達に従事するが、かたわら集金、注文取りなどの業務を行う
● 配達には、会社の助手が就くことがあり、逆に会社の自動車の助手に就いたり、他の自動車を運転することがある
● 当日の配達が終わっても、午後5時30分までは加工作業の手伝いなどを行わせられることも多い
● 報酬は他の従業員に比しても必ずしも高いものではなく、ロッカーの配置、使用などは同じ待遇であった

などの理由で、雇用契約に自動車貸借契約を含んだ一種の混合契約であったとして、労働者性を認めました。〈**セキノ興産事件　富山地**

（昭和49.2.22）全基連 HP より抜粋　判時737号99頁〉

　労働の形は外注でも、ほとんど自社の社員と同じ労働条件になっているからです。

　一方次の判例では、作業場を持たずに１人で工務店の大工仕事に従事する形態で稼働していた大工が、労働基準法及び労働者災害補償保険法上の労働者に当たらないとされています。判例の一部を抜粋します。

「上告人は，作業場を持たずに１人で工務店の大工仕事に従事するという形態で稼働していた大工であり，株式会社Ａ等の受注したマンションの建築工事についてＢ株式会社が請け負っていた内装工事に従事していた際に負傷するという災害に遭った。上告人は，事前にＢの現場監督に連絡すれば，工期に遅れない限り，仕事を休んだり，所定の時刻より後に作業を開始したり所定の時刻前に作業を切り上げたりすることも自由であった。Ｂと上告人との報酬の取決めは，完全な出来高払の方式が中心とされ，日当を支払う方式は，出来高払の方式による仕事がないときに数日単位の仕事をするような場合に用いられていた。上告人は，一般的に必要な大工道具一式を自ら所有し，これらを現場に持ち込んで使用していた。上告人は，Ｂの就業規則及びそれに基づく年次有給休暇や退職金制度の適用を受けず，また，上告人は国民健康保険組合の被保険者となっていた。以上によれば，上告人は，前記工事に従事するに当たり，Ａはもとより，Ｂの指揮監督の下に労務を提供していたものと評価することはできず，上告人は労働基準法上の労働者に該当せず，労働者災害補償保険法上の労働者にも該当しないものというべきである。」

〈藤沢労働基準監督署長（一人親方）事件　最一小（平成19.6.28）　労判940号11頁〉

　この判例では、報酬は、仕事の完成に対して支払われたものであって、労務の提供の対価として支払われたものではないと判断されるこ

とから、労働者性を否定しています。

厚生労働省の通達の一部を見てみましょう。

① 新聞配達人に配達部数に応じて報酬を与えているのは、単に賃金の支払形態が請負制になっているだけであって、一般に販売店と配達人との間には、使用従属関係が存在し、配達人も本法の労働者である場合が通例である。（昭22.11.27　基発400号）

② 非常勤の消防団員であって火災、堤防の決壊等限られた場合のみ出勤するものについては、労働基準法は適用されない。（昭24.1.10　基収3306号）

③ 法人のいわゆる重役で業務執行権または代表権を持たない者が、工場長、部長の職にあって賃金を受ける場合は、その限りにおいて法第9条に規定する労働者である。（昭23.3.17　基発461号）

これらの他にも多くの通達があり、労働者性を巡る裁判も多数あります。個別の事例ごとに、労働者性が肯定されたり否定されたりしています。自分の立場が労働者かどうか判断したい場合には、6頁に記した労働基準法研究会による労働基準法の「労働者」の判断基準に照らし合わせて考えてください。

労働相談では、「解雇された」と相談に来られる人も契約の内容をよく聞いてみると請負や業務委託であるという場合があります。契約の形式は、自由で口頭だけでも成立するので「ちょっと、俺の仕事を手伝ってくれないか」「ああいいよ」というだけでも契約になります。このような口頭契約でもうまくいっている場合はいいのですが、契約が無事に終了せずに報酬が支払われないというような場合が起こると、どのような内容の契約であるかが問題になります。可能な限り文書で契約の内容を確かめることが必要です。「明日から来なくていい」と言われても、請負の場合なら契約期間内の契約の解除ということになり、その内容については民事上の争いとなって裁判所に訴える

ことができますが、労働基準法による保護の対象とはなっていないのです。私たちが、一般的に労働者と考えるのは「働く人」ですが、「働く人」のすべてが労働基準法上の労働者ではないことを覚えておきましょう。

　私の労働相談の経験で面白い事例をご紹介しましょう。ある日、僧侶の方が3人労働相談に来られました。宗教法人の理事長が勤務評定を取り入れてから、大幅に賃金が減ったという内容でした。3人とも自分たちは労働者であると主張し、給与の明細書も見せてもらいましたが、一般のサラリーマンと同様に給料には基本給、手当の他に税金、社会保険の控除も記載されていました。確かに、勤務評定以前と以後では基本給が大幅に減っていました。評定の内容も知らされていないということで僧侶たちは、あっせん[*1]を希望しました。少し疑問もありましたが、あっせん処理に回しました。結果としてあっせんは不調に終わりました。しかし、ここでの注意点は、もしこの相談が朝からの読教の修行を労働として、未払の残業代を請求したいというような内容ならどのように判断したかということです。おそらく、労働者性が無いとして断ったかもしれません。宗教の世界にも業績評価の考え方が導入され、何を基準に評価するのか気になるところです。お経の長さなのか、顧客獲得数なのか、葬式・法事の件数なのか、興味があります。先ほど紹介した厚労省の通達では「宗教上の奉仕あるいは修行であるという信念に基づいて一般の労働者と同様の勤務に服し報酬を受けている者については、具体的な勤務条件、特に報酬の額、支給方法等を一般企業のそれと比較し、個々の事例について実情に即して判断すること」とされています。（昭27.2.5　基発49号）

　このように実際の労働現場では労働契約かどうか非常に紛らわしい

[*1] 紛争当事者の間に弁護士等の第三者があっせん委員として入り、当事者の主張を確認し、調整を行い、あっせん案を示すことにより、紛争の円満な解決を図る制度です。後の章で説明します。

場合があります。別の例では、バーのママが、仕入れから売り上げまで一切まかされてバーを運営することにより報酬を受ける場合があります。この場合は、雇われて働いているのか、運営を任された結果報酬を得ているのか不明で、契約書もなく本人も雇用の自覚が無く、労働相談では未払いの債権について請求するよう助言しました。

　なお、派遣という労働形態がありますが、個人の労働者と使用者は派遣契約を結ぶことはありえないのでここでは説明を省略し、派遣についての問題は別の章で説明します。また、請負、委任、業務委託等についても、今まではあくまで使用者（注文主）と請負人個人の関係で説明しています。電話会社Ａが電話の設置に関して下請けの設置会社Ｂに業務委託するなど、下請け会社Ｂが法人として請負、委任、業務委託等の契約をしている場合、その下請け会社Ｂの従業員は、そのＢの指揮命令下に置かれそのＢから賃金を受け取っているので、労働者です。お間違えのないように。

第2節　労働契約の開始と終了

(1) 労働契約の開始

　これから、労働契約について見ていきましょう。平成20年3月から施行された労働契約法では、労働契約についてより明確に述べています。労働契約は、労働者が使用者に使用されて労働し、使用者がこれに対して賃金を支払うことについて、労働者及び使用者が合意することによって成立します（労契法第6条）。一般的に契約というのは、対等な立場で結ばれることを想定していますが、資本主義社会では労働者は自分の労働力以外には売るものが無く使用者に対しては弱い立場になってしまいます。このため労働関係においては、労働者を保護するため契約の自由を若干規制する労働基準法が、民法に優先して適用されることになります。労働基準法では、同法で定める基準に達しない労働条件を定める労働契約はその部分については無効とされており（労基法第13条）、労働条件が一方的に労働者の不利にならないように基準が定められています。また、労働条件については契約上明示することが義務付けられています（労基法第15条）。前述の労働契約法では、労働契約についての基本的なルールがわかりやすい形で明らかにされています。労働契約法第4条第2項では、労働契約の内容（期間の定めのある労働契約に関する事項を含む。）について、できる限り書面により確認するとしていますが、現段階では守られていないことが多いので、現実は契約内容について多くの争いがあります。

　また労働契約法では、「使用者が合理的な労働条件が定められている就業規則を労働者に周知させていた場合には、労働契約の内容は、その就業規則で定める労働条件によるものとする。（労契法第7条）」と規定されています。就業規則とは、使用者が制定する労働条件の画

一化・明確化のため、労働時間や賃金等の労働条件や職場規律等について定められた規則のことで、労働基準法では常時10人以上の労働者を使用する使用者は必ず就業規則を作成しなければならないとしています（労基法第89条）。労働条件など契約の細かい内容については多くは就業規則に規定されています。注意すべき点は、就業規則と個別の労働条件の合意内容が異なる場合その合意内容が優先され、合意内容の労働条件が就業規則を下回る場合は就業規則の内容まで引きあがるということです。例えば、慶弔などの特別休暇は有給にすると就業規則に規定されており個人の労働契約では無給とされた場合、就業規則の規定が優先します。逆に就業規則上では特別休暇は無給でも個別の労働契約で有給になっていれば、個別契約が優先し特別休暇は有給になります。就業規則については、その基準に達しない労働条件を定める労働契約はその部分については無効となり、その無効となった部分は、就業規則で定める基準によります（労契法第12条）。しかし、万が一就業規則が法令又は労働協約に反する場合には、その規定は適用されません。その場合、法令や労働協約が優先されます（労契法第13条）。

　労働協約という言葉が出てきましたので、少し説明しましょう。労働協約とは、労働組合と使用者の間で労働条件その他に関する契約で、書面に作成し両当事者が署名し、又は記名押印することによりその効力を生ずるものです（労組法第14条）。労働協約は、労働組合と使用者の契約ですが、一の工場事業場に常時使用される同種の労働者の4分の3以上の数の労働者が一の労働協約の適用を受けるに至つたときは、当該工場事業場に使用される他の同種の労働者に関しても、当該労働協約が適用されます（労組法第17条）。中小企業は、労働組合が無いことが多いので、労働相談などではまず労働組合の有無を確認して、組合が存在していれば労働協約がむすばれているかどうかを見ます。無ければ就業規則の内容をチェックします。このように、就

業規則も契約の一部と考え、その中身を知っておくことは大事なのですが、残念ながら現実は就業規則が周知されていないことが多く、その内容がわからないというケースによく出会います。就業規則は休憩室などに掲示されていたりするのですが、労働者の方もあまり注意してみることは少ないようですし、使用者も積極的に周知させるという気が無いところが多いように思います。使用者にとっても、契約内容を明示しておくことは職場内の規律を守る上で有効だと思うのですが、小規模企業の事業主などには就業規則のメリットが理解されていないようです。なお、使用者は就業規則を労働者に周知させる義務があります（労基法第106条）。

以上の内容を図に示すと次のようになります。

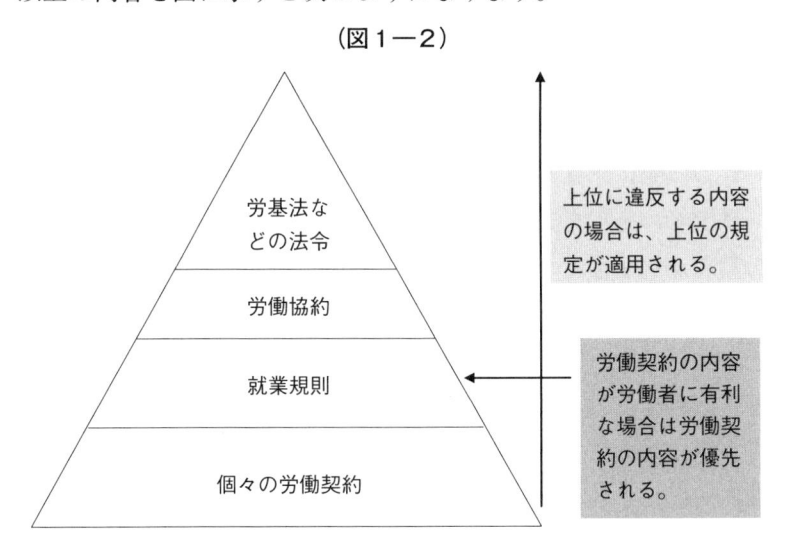

（図1－2）

（ピラミッド図：上から順に「労基法などの法令」「労働協約」「就業規則」「個々の労働契約」）

上位に違反する内容の場合は、上位の規定が適用される。

労働契約の内容が労働者に有利な場合は労働契約の内容が優先される。

(2) 労働契約の変更

さて、労働契約が締結された後はお互いの合意のもとで労働者は使用者の指揮命令の下で働き、使用者はその労働に対して賃金を支払います。その間、賃金の支払い方法や有給休暇の取得などの個々の労働

条件については、就業規則に規定がある場合は就業規則が、規定が無い場合は個々の労働契約の内容によります。しかし、期間の定めのない労働者の勤務期間は長く、その長い期間の間に賃金や労働時間などの労働条件が変わることも少なくありません。労働条件が労働者に有利な方向へ変更されるのであれば問題は生じませんが、不利な方向に変更される場合は注意する必要があります。労働条件は、労使双方の合意があれば変更できます。事業場に就業規則がある場合に、使用者は一方的にその内容を変更して労働者の不利益になるようにすることはできません（労契法第9条）。ただし、就業規則の変更が、合理的で労働者に変更後の就業規則を周知させるなどの特別な条件を満たした場合には変更できますが、その要件は厳格なので注意する必要があります（労契法第10条）。

就業規則の変更に関して次のような判例があります。
　事件の概要は、就業規則の変更により、定年制度を改正して主任以上の職の者の定年を55歳に定めたため、新たに定年制度の対象となった労働者が解雇された事例です。それでは、その判決の一部を抜粋してお見せします。
　「元来、『労働条件は、労働者と使用者が、対等の立場において決定すべきものである』（労基法2条1項）が、多数の労働者を使用する近代企業においては、労働条件は、経営上の要請に基づき、統一的かつ画一的に決定され、労働者は、経営主体が定める契約内容の定型に従って、附従的に契約を締結せざるを得ない立場に立たされるのが実情であり、この労働条件を定型的に定めた就業規則は、一種の社会的規範としての性質を有するだけでなく、それが合理的な労働条件を定めているものであるかぎり、経営主体と労働者との間の労働条件は、その就業規則によるという事実たる慣習が成立しているものとして、その法的規範性が認められるに至っている（民法92条参照）ものとい

うことができる。

（中　略）

　右に説示したように、就業規則は、当該事業場内での社会的規範たるにとどまらず、法的規範としての性質を認められるに至っているものと解すべきであるから、当該事業場の労働者は、就業規則の存在および内容を現実に知っていると否とにかかわらず、また、これに対して個別的に同意を与えたかどうかを問わず、当然に、その適用を受けるものというべきである。

（中　略）

　おもうに、新たな就業規則の作成又は変更によって、既得の権利を奪い、労働者に不利益な労働条件を一方的に課することは、原則として、許されないと解すべきであるが、労働条件の集合的処理、特にその統一的かつ画一的な決定を建前とする就業規則の性質からいって、当該規則条項が合理的なものであるかぎり、個々の労働者において、これに同意しないことを理由として、その適用を拒否することは許されないと解すべきであり、これに対する不服は、団体交渉等の正当な手続による改善にまつほかはない。そして、新たな定年制の採用のごときについても、それが労働者にとって不利益な変更といえるかどうかは暫くおき、その理を異にするものではない。」

＜秋北バス事件　最大判　（昭和43.12.25）全基連 HP より引用　労判71号14頁＞

　これは有名な判例ですが、新たな就業規則の作成又は変更による労働条件の不利益変更は許されないが、変更後の就業規則条項が合理的なものであるかぎり、労働者はその適用は拒否できないというものです。この判決を踏まえて就業規則の変更における合理性の内容が他の判決においても展開され、労働契約法の第9条、第10条の規定につながっているのです。

　労働契約法第10条の規定では、次のようになっています。「使用者

が就業規則の変更により労働条件を変更する場合において、変更後の就業規則を労働者に周知させ、かつ、就業規則の変更が、労働者の受ける不利益の程度、労働条件の変更の必要性、変更後の就業規則の内容の相当性、労働組合等との交渉の状況その他の就業規則の変更に係る事情に照らして合理的なものであるときは、労働契約の内容である労働条件は、当該変更後の就業規則に定めるところによるものとする。ただし、労働契約において、労働者及び使用者が就業規則の変更によっては変更されない労働条件として合意していた部分については、第12条に該当する場合を除き、この限りでない。」

このように、労働契約法では、就業規則の不利益変更についてかなり細かな厳しい要件を付けています。

(3) 労働契約の終了

さて、労働契約はいくつかの理由で終了します。契約の終了は、通常意思表示によって行われます。ここでは、労働契約を終了することを表明するというくらいに覚えておきましょう。具体的には、口頭での伝達、文書での通知、電子メールでの連絡などで行われます。労働契約の終了には、以下のものがあります。

① 解雇：使用者のほうから契約を解消する意思表示。俗にいう「クビ」です。
② 任意退職：労働者のほうから契約を解消する意思表示。いわゆる自主退職です。
③ 合意解約：労使の合意による契約解消の意思表示。例えば、退職の募集に労働者が応じる場合などです。
④ 期間満了：期間の定めのある場合の期限到来。有期雇用契約の場合です。
⑤ 定年：一定の年齢に到達したことによる退職です。

⑥ 自然退職：自然退職とは、就業規則所定の事由を満たせば、労働契約が終了する場合です。例えば、就業規則で私傷病休職の休職期間を過ぎると退職すると規定されているような場合です。しかし、休職期間を過ぎると解雇すると規定されている場合は、そのままでは退職にならず解雇手続きが必要です。

⑦ 死亡：労働契約当事者の一方が死亡してしまうと契約は終了します。ただし、会社など法人の場合の代表者の死亡や個人事業主が死亡しても相続人が事業を引き継ぐ場合、契約は存続します。

⑧ 合併・事業譲渡：合併は、合併後設立会社ないし合併存続会社が権利義務を承継するため、労働契約も当然に承継されますが、労働者が合併後の会社に雇用されることを拒否する場合労働契約は終了します。事業譲渡は、合併と異なり法的には事業を構成する権利義務の個別的な承継によって行われます。事業を譲渡する企業から譲受する企業に移籍する労働者の範囲は、両企業が選択でき、労働者も転籍することに拒否権があるということになります。

⑨ 出向：労働者が雇用先の企業に在籍のまま、他企業に出向する場合（在籍出向といいます）契約は終了しません。出向元の会社を退職し、新たに出向先の会社との間に労働契約を締結する場合（転籍といいます）、以前の会社との契約は終了します。

労働契約が終了すると、労使双方の権利義務関係は消滅します。使用者は、労働者の死亡または退職の場合、権利者の請求により7日以内に賃金を支払い、労働者のものとしての金品を返還しなければなりません（労基法第23条）。労働者も、退職の際制服など会社から貸与

されたものは返さなければなりません。ただし、制服などで就労の際に購買させられた場合は、返還する必要はありません。労働契約で制服を購買しているのに、退職の際返還させられた労働者の方を何人か見てきました。退職の際も、労働契約のチェックは大事です。契約では、退職の際使用者に返還すべきものの内容が規定されることが多いのですが、退職の際によくわからない内容で賃金が減額されていることがあります。労働者は、退職時、不明な内容の減額は確認すべきです。使用者から借金があるような場合でも、使用者は労働者の同意がない限り労働者に対する債権と賃金を相殺することはできません（労基法第24条）。そのため、労働者は未払の賃金をまず全額受け取って、その後返すべき金品は返却するということになります。使用者が労働者からの借金の返済を求める場合は、その労働者との契約の内容に従って返済を受けることになります。

第2章 解雇について

第1節 解雇の処理

(1) 解雇の定義

　解雇とは、法律的な表現では使用者が労働者との労働契約を一方的に解約（契約関係の当事者が意思表示により契約関係を将来に向かって消滅させること）することを言います。公務員が職を解かれることは解雇ではなく、「免職」といいます。俗語的な表現では、「クビ」です。民法では、契約当事者が同等の立場であることを前提としているので、当事者が雇用の期間を定めなかったときは、各当事者は、いつでも解約の申入れをすることができ、解約の申入れの日から2週間を経過することによって雇用は終了するとされています。（民法第627条第1項）しかし、賃金を糧とする労働者にとっては2週間前の通知による簡単な解雇をされると生活が急に苦しくなります。そこで、労働法では解雇のための基本原則を労働契約法で定め、かつ労働基準法で解雇予告手当や一定の事由のある場合の解雇制限の制度を設け、雇用保険法では解雇された人への失業給付の優先的適用などの措置を講じています。

(2) 労働契約法による原則

　労働契約法では第16条で「解雇は、客観的に合理的な理由を欠

き、社会通念上相当であると認められない場合は、その権利を濫用したものとして無効とする。」と規定されているので、使用者は簡単に解雇できないようになっています。この規定は一般的な規定なので、実際の適用は裁判においてなされます。従って、客観的に合理的な理由や社会通念上相当であるということは裁判にならないと分かりません。逆に考えると、一般的な規定であるので事前に予想できないような解雇の事例がでてきても、裁判では対応できることになります。従って、私達が解雇の理由の妥当性を判断するには、過去の判例を読んで推測することになります。一例をあげると、午前6時からの10分間のニュース担当の宿直のアナウンサーが2週間に2回寝過ごして番組に穴を空けて解雇されたケースがあります。この例では、就業規則に定める普通解雇の事由に該当する事実のある場合においても使用者は常に解雇しうるものではなく、客観的に合理的な理由を欠き社会通念上相当であると認められないものとし、結果的に解雇権の濫用とされました。以下、一部抜粋した判決内容を示します。

「しかしながら、普通解雇事由がある場合においても、使用者は常に解雇しうるものではなく、当該具体的な事情のもとにおいて、解雇に処することが著しく不合理であり、社会通念上相当なものとして是認することができないときには、当該解雇の意思表示は、解雇権の濫用として無効になるものというべきである。本件においては、被上告人の起こした第一、第二事故は、定時放送を使命とする上告会社の対外的信用を著しく失墜するものであり、また、被上告人が寝過しという同一態様に基づき特に二週間内に二度も同様の事故を起こしたことは、アナウンサーとしての責任感に欠け、更に、第二事故直後においては卒直に自己の非を認めなかった等の点を考慮すると、被上告人に非がないということはできないが、他面、原審が確定した事実によれば、本件事故は、いずれも被上告人の寝過しという過失行為によって発生したものであって、悪意ないし故意によるものではなく、また、

通常は、ファックス担当者が先に起きアナウンサーを起こすことになっていたところ、本件第一、第二事故ともファックス担当者においても寝過し、定時に被上告人を起こしてニュース原稿を手交しなかったのであり、事故発生につき被上告人のみを責めるのは酷であること、被上告人は、第一事故については直ちに謝罪し、第二事故については起床後一刻も早くスタジオ入りすべく努力したこと、第一、第二事故とも寝過しによる放送の空白時間はさほど長時間とはいえないこと、上告会社において早朝のニュース放送の万全を期すべき何らの措置も講じていなかったこと、事実と異なる事故報告書を提出した点についても、一階通路ドアの開閉状況に被上告人の誤解があり、また短期間内に二度の放送事故を起こし気後れしていたことを考えると、右の点を強く責めることはできないこと、被上告人はこれまで放送事故歴がなく、平素の勤務成績も別段悪くないこと、第二事故のファックス担当者Eはけん責処分に処せられたにすぎないこと、上告会社においては従前放送事故を理由に解雇された事例はなかったこと、第二事故についても結局は自己の非を認めて謝罪の意を表明していること、等の事実があるというのであって、右のような事情のもとにおいて、被上告人に対し解雇をもってのぞむことは、いささか苛酷にすぎ、合理性を欠くうらみなしとせず、必ずしも社会的に相当なものとして是認することはできないと考えられる余地がある。したがって、本件解雇の意思表示を解雇権の濫用として無効とした原審の判断は、結局正当と認められる。」

＜**高知放送事件**　最二小　（昭和52.1.31）　全基連 HP より引用　労判268号17頁＞

　この判決は、アナウンサーを起こすことになっていたファックス担当も寝過ごしたが譴責処分で軽かったこと、アナウンサーの平素の勤務成績もわるくなかったこと、これまで放送事故を理由に解雇された事例はなかったこと、アナウンサーも自己の非を認めて謝罪の意を表

明していることなどの事実からして解雇は苛酷にすぎ、合理性を欠き、社会的に相当なものとして是認することはできないと判断されています。

　このように具体的な事情のもとにおいて、解雇に処することが著しく不合理であり社会通念上相当なものとして是認することができないときには、当該解雇の意思表示は解雇権の濫用として無効になるとしており、その考え方が労働契約法第16条に引き継がれているのです。

(3) 解雇制限

　さらに、労働基準法第19条では、次の場合には使用者は労働者を解雇できないとされています。
① 　労働者が業務上負傷し、又は疾病にかかり療養のために休業する期間及びその後30日間
② 　6週間以内に出産する予定の女性が休業を請求した場合と産後8週間を経過しない女性が休業する期間及びその後30日間

　ただし、療養開始後3年を経過しても負傷又は疾病がなおらない場合においては、使用者は、平均賃金の1200日分の打切補償を支払う場合又は天災事変その他やむを得ない事由のために事業の継続が不可能となった場合においては、この限りでないとされています。

　労働災害で休業している期間、あるいは出産の前後の休業期間中は解雇されると次の仕事を探すのは困難ですので、このような規定が設けられています。

　注意しなければいけないことは、一つ目はこの期間中は解雇をしてはいけないが、解雇の予告はしてよいということと、二つ目はこの規定は期間の定めのない労働者を前提としているということです。

　通達では、「一定の期間又は一定の事業の完了に必要な期間までを契約期間とする労働契約を締結していた労働者の労働契約は、他に契約期間満了後引き続き雇用関係が更新されたと認められる事実がない

限りその期間満了とともに終了するので本条の適用はない」（昭和23.01.16基発第56号、昭和24.12.06基収第3908号、昭和63.03.14基発第150号）とされています。つまり、有期労働契約の場合、業務上災害の療養のため休業する期間中の者の労働契約もその期間満了とともに終了してしまうことに注意してください。

労働基準法第19条以外で、解雇が具体的に禁止されている主な場合は以下の通りです。
- 労働基準監督署に申告したことを理由とする解雇（労基法第104条2項）
- 労働組合の組合員であること等を理由とする解雇（労組法第7条）
- 労働者の性別を理由とする解雇（男女雇用機会均等法第6条）
- 女性労働者が結婚・妊娠・出産・産前産後の休業をしたことを理由とする解雇（男女雇用機会均等法第9条）
- 労働者が育児・介護休業を申し出たこと、又は育児・介護休業をしたことを理由とする解雇（育児・介護休業法第10条、第16条）
- 公益通報をしたことを理由とする解雇（公益通報者保護法第3条）

上記の場合において解雇した場合は、無効になります。無効ということになると、使用者は解雇した日からの賃金を支払わなければなりません。

(4) 雇用保険法上の処置

また、解雇された労働者は雇用保険法第23条の規定により同法の特定受給資格者となり、基本手当（失業手当）の支給日数が長くなり、自己の責めによる解雇になった場合や自己都合退職と比べて基本手当が早く支給されるなど、失業後の生活に配慮されています。これと比較して、労働者が自己の責めに帰すべき重大な理由によって懲戒解雇になった場合や自己都合退職には、最大3か月の給付制限期間がある

ので注意が必要です（雇用法第33条）。

　そして、雇用保険法では雇用の安定を図るために各種の助成金が申請により事業主に支給されますが、雇用保険の被保険者を事業主都合で解雇していた場合は支給されないので使用者にとっては解雇をすることは事業の運営上不利になることがあります。

(5) 解雇予告手当

　さて、労働基準法では使用者が労働者を解雇しようとする場合においては、30日以上前にその予告をしなければならず、30日前に予告をしない使用者は30日分以上の平均賃金を支払わなければならないと規定しています（労基法第20条）。つまり、使用者から解約する場合は少なくとも30日以上前に通知しなければならないわけです。逆に、事前の予告なしに「本日でもって解雇する」と通告されたら、30日分の平均賃金を労働者は受け取る権利があるということです。この条文の趣旨は、解雇という事実は労働者にとってはその時点から収入が無くなるので、労働者保護のために再就職準備期間の保障をしてやろうということです。この平均賃金というのは通常支払われている賃金・給料とは異なります。詳しくは、後のコラムで詳しく説明しますのでそちらを見てください。また、労基法第20条1項の予告の日数は、「1日について平均賃金を支払った場合においては、その日数を短縮することができる。」とされています（同法同条第2項）。例えば、8月15日に解雇の通告を行い、8月30日付で退職する場合は15日分の予告手当を支払えばよいことになります。（労働者は8月30日までは、解雇予告をされた後でも働かなければなりません。）

　この解雇予告手当の支払いは、強行規定といって守らなければ罰せられるものです。使用者にとっては、労働者を解雇する場合原則としてこの予告手当を支払わなければなりません。ある労働者への総支給額が約20万円とすると30日前の予告を怠ると約20万円を退職する労働

者に支払わないといけないのです（平均賃金で計算するので、正確な額ではありません）。これは、特に中小企業にとっては働いていない労働者に賃金を支払う結果になるので、使用者は嫌がります。2か月ほど雇ってみたがどうしようもないほど役にたたないので解雇した場合や不正や暴力事件をおこして解雇した場合などでも支払わないといけないわけですから、「絶対に払わない」という使用者もいます。しかし、解雇予告手当が支払われないのは労働基準法違反ですから、その場合に労働者が労働基準監督署に「解雇されたのに解雇予告手当を支払ってくれません」と申告すると是正勧告といって労働基準監督官に呼び出されたり、訪問されて帳簿類を調べられた後、直しなさいと行政指導が行われる場合があります。なお、解雇予告手当は税法上退職所得として扱われ、社会保険料や労働保険料の徴収の対象とはなりません。

(6) **解雇された後の処理**

　このように労働者は、解雇についてはかなり法によって守られていると言えます。一方、「辞めたらどうだ」「では辞めます」といって労働者が自主的に退職した場合はどうでしょうか。これは、使用者が辞めさせたことにはならないので解雇とはなりません。そのため、解雇予告手当の支払義務は生じません。支払わないことが妥当かどうかは裁判をしないとわかりませんが、退職時点では支払いません。高給をもらっている人などでは、1か月の給料が100万円以上になる人もいるでしょう。その場合、即時解雇なら約100万円程度の手当を支払わねばならないのです。解雇か自主退職かで、大きな金額が動くこともあるわけです。プロローグの例に戻って、「明日から来なくていい」、「お前は当社に向いていない」「辞めたらどうだ」、「この会社にいてもお前の働く場所は無い」、「出ていけ」と使用者が言ったとしても、後日解雇の確認に行くと解雇を否定されることがあるわけです。このよ

うに口頭による退職勧告あるいは解雇は、人によって受け取り方も違いますしその場の雰囲気にも左右されますが、後日必ずもめる原因となります。以下、プロローグの例に基づいて口頭で解雇と解される通知をされた場合の手続きを示します。
まず、手続きの全体の流れを見てみましょう。以下のようになります。

(図2-1)

解雇予告手当の請求ステップ

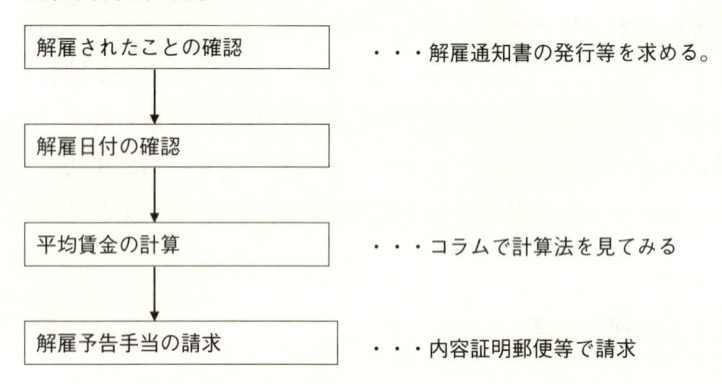

| 解雇されたことの確認 | ・・・解雇通知書の発行等を求める。 |

↓

| 解雇日付の確認 |

↓

| 平均賃金の計算 | ・・・コラムで計算法を見てみる |

↓

| 解雇予告手当の請求 | ・・・内容証明郵便等で請求 |

次に、各ステップについて内容を説明します。

(ステップ1)

例えば「明日から来なくていい」と使用者に言われたら、労働者とすればどうすればよいでしょうか？まず、口頭で言われたことは「それは、解雇ですか」と確認することが大事です。使用者が解雇を否定すれば、自分から退職の意思表示をしない限りその事業所の従業員であり続けることができます。注意しないといけないことは、使用者が退職届の提出を求めてきたときに、自分が納得していないのに退職届を提出してしまわないことです。提出してしまうと自主退職を認めたことになります。労働相談などで、退職届にサインしてしまったので解雇予告手当がもらえなかった人を多数見かけました。労働者にとっ

ては、この時点の確認が大事です。そこで、使用者が解雇を認めれば、「解雇となると私の生活に重要な影響があるので、文書で通知してください」と言いましょう。労働基準法では、労働者が退職の際に退職の事由について証明書を請求した場合においては、使用者は交付する義務があるとされています（労基法第22条）。この違反には30万円以下の罰金処分もあるので使用者は要注意です。また、労働者が、解雇の予告がされた日から退職の日までの間において、解雇理由証明書を請求した場合においては、使用者は、遅滞なくこれを交付しなければなりません。（退職後は解雇理由証明書の交付は不要です。）これらの証明書には、労働者の請求しない事項を記入してはならず、労働者の就業を妨げることを目的として、労働者の国籍、信条、社会的身分若しくは労働組合運動に関する通信をし、前期の証明書に秘密の記号を記入してはならないとされています（労基法第22条）。労働者はこの労基法第22条をもとに、解雇通知書を請求しましょう。「解雇」の事実が証明されるならば、通知書の名目は退職理由書でも解雇通知書でも何でもいいのです。なぜ解雇通知書や解雇を証明する退職証明書が必要かと言えば、口頭での通告はあいまいで必ず「言った、言わない」の争いになるからです。もちろん、テープレコーダーへの録音や他の書類で解雇事実が証明できれば良いのですが、解雇事実の証明が最も明確なのは使用者自身が認めた文書であるからです。

　厚生労働省の退職証明書のモデル書式は次のようになっています。

退職事由に係るモデル退職証明書

（労働者名）　殿

以下の事由により、あなたは当社を　年　月　日に退職したことを証明します。

　　　　　　　年　月　日

　　　　　　　　　　　　　　　事業主氏名又は名称

　　　　　　　　　　　　　　　使用者職氏名

——————————————————————

① あなたの自己都合による退職（②を除く。）

② 当社の勧奨による退職

③ 定年による退職

④ 契約期間の満了による退職

⑤ 移籍出向による退職

⑥ その他（具体的には　　　）による退職

⑦ 解雇（別紙の理由による。）

※　該当する番号に○を付けること。

※　解雇された労働者が解雇の理由を請求しない場合には、⑦の「（別紙の理由による。）」を二重線で消し、別紙は交付しないこと。

（ステップ２）

　解雇通知書など解雇の証明が手に入ったら、内容チェックです。まず、その証明書に解雇の文字があり、解雇の事実がわかるようになっ

ているかを見ます。次に、使用者の名前が記載され印鑑が押されているかを確認します。押印されてないと、後日交付を否定されることがあります。さらに、その発行日付と何日付で解雇になっているかを示す解雇日付を確認しましょう。発行日付と解雇日が同じ（即日解雇）なら、30日分の平均賃金が請求できます。これを解雇予告手当と言うのは既に説明したとおりです。

（ステップ3）
　解雇予告手当がもらえる場合は、平均賃金を計算しましょう。平均賃金というのは単純に過去3か月間に受け取った給料ではありません。平均賃金については、休業手当など他の場合でも使いますので、別途コラムの頁で特別に取り上げて解説しています。とりあえず過去3か月の総収入を過去3か月の暦日数で割ったものが平均賃金であると考えましょう。即日解雇の場合だったら、その計算した額の30倍です。10日後の解雇日なら20倍すれば計算できます。
　平均賃金の計算で注意すべきことがあります。平均賃金の計算について普通は上記の計算式なのですが、労働基準法第12条では第1項第2号で最低保障を設けています。上記の計算式で計算した平均賃金額が最低保障の計算式で計算した賃金額を下回った場合は、最低保障の計算式で計算した額が優先して使用されることになります。使用者は、パートタイマー、アルバイト等、時間給で支払っている場合に注意が必要です。詳しくは、「（コラム1）平均賃金について（86頁参照）」を見てください。

（ステップ4）
　次は解雇予告手当の請求です。請求については、給与が毎日現金払いの支給の場合を除いては給料計算の締日と支払日が通常決められているので、支払日を過ぎても給料がまだ支払われていない場合はそれ

も一緒に請求しましょう。請求の方法は、使用者に確実に請求したことを確認するために書留などに配達証明をつけた郵便で請求したほうが良いでしょう。その際、必ず送付した請求書のコピーを撮っておきます。請求後支払われない場合で行政指導を望む場合は、労働基準監督署に行って申告の手続きをすることになりますが、請求の事実を要求されるので必ず控えは持っておくことです。

　よく利用されるのは、内容証明郵便です。内容証明郵便とは、一般書留郵便物の文書の内容について証明する日本郵便のサービスです。いつ（確定日付）誰が誰にどのような内容の手紙を出したかということを、郵便局が証明してくれます。配達証明を内容証明郵便につけると、配達された日も証明してくれます。配達後は、内容証明郵便の受取人氏名と、書留の引受番号が書かれた配達証明郵便のハガキ（郵便物配達証明書）が差出人に届きます。内容証明郵便では、3通が1セットで1通は相手方に、1通は差出人の控え、後の1通は郵便局の控えになります。内容証明郵便の効果は、相手方に心理的なプレッシャーを与え、送付した証拠になることです。その請求内容については、後ほど見本をお見せしますがかなり挑戦的な内容になるので、相手を怒らせたくないときやすでに相手と交渉して相手が誠意を示しているときは、内容証明郵便は避けてやや穏やかな文面にして通常の書留便などで請求するほうが良いでしょう。なお、内容証明郵便にはインターネットから差し出せるe内容証明郵便もあります。（URLは、http://enaiyo.post.japanpost.jp/mpt/）

　口頭で解雇を通知されたまま労働基準監督署の労働相談に来署した人も、これまで述べた請求までのステップを実行していなかったら、「まず本人が解雇予告手当を請求してください」と言われる場合が多いのです。

　請求書には、解雇の事実、労基法第20条による解雇予告手当支払いの必要性、請求金額、支払期日、支払い方法（原則手渡しなので支払っ

てくれる期日を連絡してもらいますが、それまで給料の銀行振り込みがなされており、予告手当を取りに行くことができない場合は指定銀行の振込口座を記入します）、支払わない場合の処理などを記載します。

それでは、見本をお見せしましょう。

　〇〇会社　代表取締役　〇〇殿

　　　　　　　　　　通知書

　　私は、平成〇〇年〇〇月〇〇日、貴社代表取締役　〇〇氏より同日をもって解雇する旨を言い渡されました。

労働基準法第20条第1項では、貴社は平均賃金30日分の支払い義務がありますので、私は、貴社に対し解雇予告手当として金〇〇万円の支払いを請求します。

本書面到達後平成〇〇年〇〇月〇〇日までに以下に指定する口座に金〇〇万円を振り込みいただきますようお願いいたします。
〇〇〇銀行〇〇支店　普通預金口座　口座番号：〇〇〇〇〇〇〇〇
口座名：〇〇〇〇〇〇〇〇

なお、指定期日までに金員の支払いなき場合には、公的機関への法的措置をとらせていただくことを申し添えます。

平成〇〇年〇〇月〇〇日

　住所

　　　　　請求人名前

〇〇県〇〇市〇〇町〇丁目〇番〇号

　　　〇〇株式会社

　　　代表取締役　〇〇　殿

(ステップ5)

　文書で請求して指定期日までに、自分の預金口座に振り込みがあったり、手渡しの場合は解雇予告手当を取りに行って支払いがなされた場合は、解雇予告手当の処理は終了します。支払が無い場合は、請求文書のコピーをもって所管の労働基準監督署（使用者の事業所を管轄する労基署）に行くことになります。このときは、労働契約書、解雇通知書、給料明細書などを一緒に持っていったほうが請求内容を確認する時間がスピードアップします。そして、労働基準監督官に解雇予告手当が支払われないと申告することになります。監督官は、請求内容をチェックして申告に該当すれば受理します。申告に基づいて監督官が使用者と接触し行政指導を行うわけです。申告の際、監督官から少額訴訟や支払督促を教示されることがあります。請求内容が確定していれば支払督促のほうが早く処理が済みますし、少額訴訟（請求額が60万円以下に限られる）であれば、1日で裁判は終了します。行政指導には強制力がないので、これらは行政指導よりも強力な効果があり、労働基準監督署に申告しないでこれらの制度をすぐに利用する労働者もいます。

　いずれにしても、これらの方法で解雇予告手当を受け取ることになります。

(図２―２)

解雇予告手当のチェックリスト

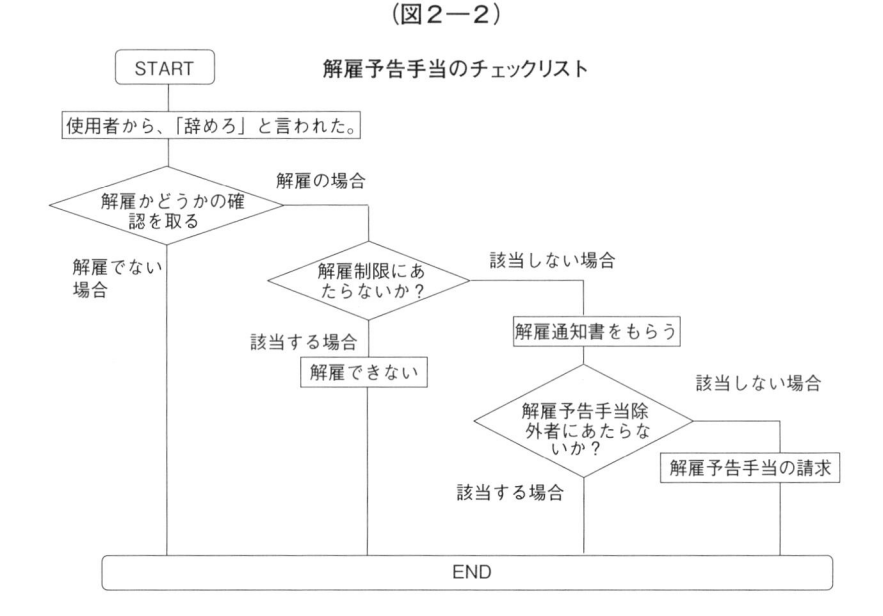

```
START
│
使用者から、「辞めろ」と言われた。
│
解雇かどうかの確認を取る
├─ 解雇でない場合
└─ 解雇の場合
    │
    解雇制限にあたらないか？
    ├─ 該当する場合 → 解雇できない
    └─ 該当しない場合
        │
        解雇通知書をもらう
        │
        解雇予告手当除外者にあたらないか？
        ├─ 該当する場合
        └─ 該当しない場合 → 解雇予告手当の請求
        │
        END
```

(7) 使用者が解雇予告手当を支払う必要が無い場合

　解雇予告手当について注意しないといけないのは、解雇なのに、使用者が解雇予告手当を支払わなくてもよい場合があることです。解雇予告手当は、例えば労働者の落ち度で解雇されることになっても支払われるべきものですが、例外があります。労働基準法第20条第１項但し書きでは、「但し、天災事変その他やむを得ない事由のために事業の継続が不可能となった場合又は労働者の責に帰すべき事由に基いて解雇する場合においては、この限りでない。」となっています。地震や台風で事業自体がつぶれるようになった場合は、客観的に見ても支払う余裕はなさそうです。ただし、ここでいうやむを得ない事由には経営の不振、取引先の倒産、その他使用者の側の責任によるものは含まれません。会社の業績が悪いからというのはやむを得ない事由とは

認められないということです。大地震など極めて限定的にしか認められないものと考えでください。しかし、もう一つの「労働者の責に帰すべき事由に基いて解雇する場合」というのは実務上多いのです。例えば、会社の金を1000万円横領して懲戒解雇になったような場合が当たります。この場合は解雇予告手当を払う必要はないのですが、そのためには、就業規則にこれらの場合は解雇予告手当を支払わないと書かれてあるだけでは解雇予告手当の支払い義務はまぬがれません。東京簡易裁判所**シティズ事件**（平成11.6.21）判決では、「労基法第20条1項但書の労働者の責に帰すべき事由とは、一定期間の無断欠勤、職務上の著しい不正行為など、労働者が予告なく即時解雇されてもやむを得ないと客観的に認められる重大で悪質なものであることが必要とされており、就業規則で懲戒解雇に当るとされている事由であっても、常に解雇予告が必要でないといえない」としています。

　労働者の責めに帰すべき事由の例として、金銭貸付け等を業とする会社に採用された労働者が、身元保証書の提出を拒否したことから、予告なく解雇されたとして解雇予告手当金及び遅延損害金を請求したケースがありますので、その判決を抜粋して示します。

　「労基法20条1項ただし書にいう労働者の責に帰すべき事由とは、当該労働者が予告期間を置かずに即時解雇されてもやむを得ないと認められるほどに重大な服務規律違反又は背信行為を意味するものと解するのが相当である。

　前記（省略）で認定した事実によれば、控訴人が被控訴人を解雇したのは、身元保証書の提出が被控訴人の採用の条件とされていたにもかかわらず、被控訴人は控訴人からその提出を求められた平成10年3月3日以降その提出に応ぜず、同年7月7日には同月中に提出しなければ8月からは貸付けをさせないと申し渡されたにもかかわらずその提出に応じなかったことによるものである。金銭貸付け等を業とする会社である控訴人において社員に身元保証書を提出させる意味に照ら

せば、被控訴人が右のとおり身元保証書を提出しなかったことは従業員としての適格性に重大な疑義を抱かせる重大な服務規律違反又は背信行為というべきであり、被控訴人が控訴人に入社する前に金融機関で勤務したことがあり、その際身元保証書を提出していることからすると、被控訴人も控訴人が身元保証書の提出を求めた意味を十分理解していたものと考えられるのであって、それにもかかわらず、Aから申し渡された期限までに身元保証書を提出しなかったというのであるから、身元保証書の不提出を理由とした控訴人による被控訴人の解雇は労基法20条1項ただし書にいう「労働者の責に帰すべき事由」に基づく解雇に当たるというべきである。

　以上によれば、控訴人は労基法20条1項ただし書により被控訴人に対し解雇予告手当の支払義務を負わない。」＜**シティズ事件**　東京地（平成11.12.16）　全基連HPより引用　労判780号61頁＞
　このケースは、金融業という業種での身元保証書の不提出というものなので労働者の責に帰すべき事由とされましたが、金融業でなければ結果はどうなるかわかりません。一般的には巨額の横領などが労働者の責に帰すべき事由として予想されます。
　解雇予告手当の支払い義務を免れるためには、使用者はその除外認定を所轄の労働基準監督署に申請して認められなければなりません（労働基準法第20条第3項）。しかし除外認定の実際の手続は、認定申請書の他に当該労働者の労働者名簿、解雇事由を裏付ける書類等を添付して提出しますが、認定審査期間には少なくとも2週間程度かかります。その間に労働者からも意見聴取し、総合的に判断した上で、認定か不認定かが決定されます。このように実務上認定手続きは証拠が細かく調査され、しかも解雇を行う前に認定を受けなければならないので時間的にも厳しいものがあります。認定を受ける前に解雇の通知を出してしまうと解雇予告手当の支払い義務が生じます。その結果、横領した者に対しても解雇予告手当を支払わなければならなくなり、

解雇を取りやめて自主退職にさせることもあります。最近の判例では、除外認定を受けなくとも、労働者に責めがある場合支払わなくともよいというものがあります。次の判例がそうです。

「労基署長による解雇予告の除外認定は、行政官庁による事実の確認手続にすぎず、解雇予告手当支給の要否は、客観的な解雇予告除外事由の存否によって決せられるから、就業規則の定めを、労基署長の除外認定を受けていないものの客観的に解雇予告の除外事由があると判断された場合においても、被告が解雇予告手当を支払うことを定めたと解するのは不合理であり、就業規則を定めたＹの合理的意思に反するというべきであるから、客観的に解雇予告の除外事由がある本件においては、就業規則の定めにかかわらず、被告が原告に対して解雇予告手当を支払う義務はない」＜グラバス事件　東京地　（平成16.12.17）　労判889号52頁＞

この判例では、客観的に解雇予告の除外事由があると判断された場合は、解雇予告手当を支払う義務は無いとしています。この考え方が一般化してしまうと、解雇予告手当をもらえない場合、裁判で除外事由の有無を確認しなければならなくなるので、解雇された労働者にとっては不利になります。ただし、その場合の労働者は自分に責めがあると考えられる者ということになります。

また、解雇予告手当そのものを支払う必要が無い場合もあります。以下の人達は解雇されても、予告手当はもらえません。(労基法第21条)
① 　日日雇い入れられる者
　　　日雇い労働者です。労働契約は１日で終了するので当然ですね。ただし、１か月以上雇われるようになると、この例外は適用されません。
② 　２箇月以内の期間を定めて使用される者
　　　例えば、２か月以内のイベント開催中だけに雇われる人です。た

だし、所定の期間を越えて使用されることになると、この例外は適用されません。
③ 季節的業務に４箇月以内の期間を定めて使用される者
例えば、冬の間だけ働く労働者。ただし、所定の期間を越えて使用されることになるとこの例外は適用されません。
④ 試の使用期間中の者
試用期間中の人ですが14日以上経過するとこの例外は適用されません。

(8) 解雇は不利か？

さて、労働者にとって解雇が次の就職に不利かということは気になるところです。労働基準法は第22条第４項で「使用者は、あらかじめ第三者と謀り、労働者の就業を妨げることを目的として、労働者の国籍、信条、社会的身分若しくは労働組合運動に関する通信をし、又は第１項及び第２項の証明書に秘密の記号を記入してはならない。」と規定しています。つまり、使用者からの証明書では労働者の不利になるような内容の文書を出すことは違法とされているのです。

退職の際に発行される離職票には当然離職理由が記載されますが、就職の際に企業に対して離職票の内容を知られることはないようです。そのため、履歴書に「会社都合の解雇」と記載されても、採用する企業側が綿密な調査をしない限り離職理由は分からないでしょう。ただ、採用する側の会社が、在籍確認という電話を以前の会社の人事部にかけることがあります。問い合わせされた会社では、個人情報保護のため退職理由や働きぶりのおおまかな内容しか答えないようです。退職理由は、ちょっとうちの会社とは合わなかったようですという説明ぐらいでしょう。この点は、企業によって対応が異なるので絶対にこうなりますとは断定できませんが・・・。

しかし、再就職する際には面接があると考えられます。面接の際に

は退職理由を細かく聞かれることが多いですので、その際の受け答えで良い印象を与えることが大事です。解雇にしても自主退職にしても、採用先に納得してもらえるような説明が必要です。いかにひどい会社であっても、以前の会社を中傷するような人は本人も問題ありととられるおそれがあるので労働者の方は注意してください。一般的には解雇が再就職に不利というのは、解雇事由に該当するような問題のある人と判断されるからです。しかし、会社の業績低下のため会社都合で退職という理由なら、今のご時世では不利にはならないでしょう。どうしても気になるなら、受け取った離職票についてハローワークに相談してみることです。特に自主退職が解雇と比べて有利ということはありません。

第2節　解雇権濫用の法理

血液型がＢ型で解雇なんて、解雇の理由が納得できないのですが・・・

前節では、解雇を認めた場合の処理の流れについて説明してきました。しかし、解雇された理由そのものが納得できないというケースが多く見られます。例えば、この節のサブタイトルのように「血液型がＢ型なので解雇する」という嘘のような理由の解雇を聞いたことがあります。（実際の理由は他にあると思いますが、労働者への表向きの理由はそういうことです。）裁判では、このような解雇理由は解雇権の濫用として認められません。

「解雇は、客観的に合理的な理由を欠き、社会通念上相当であると認められない場合は、その権利を濫用したものとして無効とする。」という労働契約法第16条の規定は、判例上存在していた解雇権濫用法理が旧労働基準法第18条の２において条文化され、さらに平成20年の労働契約法の施行とともに労契法第16条に移されたものです。このもとになる判例は、＜日本食塩製造事件　最二小（昭和50.4.25）労判227号32頁＞のものです。判決文にある文章がそのまま法律の条文になっています。図で示すと次のようになります。

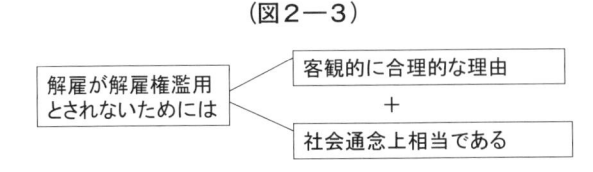

（図２−３）

解雇が解雇権濫用とされないためには	客観的に合理的な理由 ＋ 社会通念上相当である

「客観的合理的理由」は、
① 解雇理由が存在するのか（社内の解雇規定に該当するのか）ということと

② その解雇理由が解雇に値するものかということを見ていきます。
具体的には、
　㋐　労働者の労働能力又は適格性の欠如・喪失、信頼関係の喪失。
　　（病気や障害、勤務成績不良、経歴詐称、副業等）
　㋑　労働者の服務規律違反、風紀の乱れ、職務怠慢
　㋒　経営上の必要性　などが考えられます。

「社会通念上の相当性」は、
① 解雇される労働者の行為が解雇されるほどの内容なのか、
② 同じようなケースがあった場合それと比較して懲罰としては過酷すぎないか、
③ 解雇に至るまでの会社の対応は適切であったか、
④ 解雇される労働者の反省の態度、勤務歴、再就職の可能性など
の点を考慮します。

　ある解雇事実が、合理的な理由があるのか、社会通念上相当であるのかは実際に裁判になってみないとわからないことが多いのです。バブル経済の崩壊以降、終身雇用制度、年功序列型賃金、企業内労働組合という日本の人事システムは変容してきています。そして、パートタイム、アルバイト、契約社員制、派遣、業務請負などの雇用形態が広がっており、過去の判例の考え方もそのまま踏襲できなくなってきています。もちろん、「客観的合理的理由」と「社会通念上の相当性」の大原則は守られますが、最新の判例の動向に注意しておく必要があります。

　次に、解雇権を濫用されているという立証責任はだれが負うのでしょうか？普通に考えれば、解雇の無効を主張する労働者の側で権利濫用となるような事情のあることを主張立証すべきことになります。しかし、裁判実務では逆に会社側に立証責任を負わせています。企業と労働者個人では、立証するにも力の差がありすぎるからでしょう

か。この結果、会社が「客観的合理的な理由と社会通念上の相当性」があることを立証出来ないと解雇は無効とされます。

　解雇権濫用の法理が適用された典型的な判例は、既に述べた高知放送事件です。これから解説していく各種の解雇の判例においても「客観的合理的な理由と社会通念上の相当性」を考慮した解雇権濫用の法理が見られます。

　読者に注意していただきたいのは、解雇の不当性（解雇権濫用）を判断するのは裁判でしかできないということです。労働基準監督署や一般の労働相談では過去の判例の紹介などは出来ますが、解雇の理由が正当かどうかについては判断できないのです。従って、解雇の不当性を正したいのであれば、弁護士に相談して裁判するほかありません。(行政サービスとしての後述の個別労働紛争解決制度を利用して、当事者間で話し合いを行ったり、あっせん制度を利用できますが、その利用については拘束力はありません。)

第3節　整理解雇

(1)　整理解雇とは

　整理解雇とは、企業が合理化など経営上の必要から、余剰の労働者を解雇することにより雇用調整を行う解雇です。他の解雇と異なり、主に使用者側の事情によるものです。判例でも「整理解雇は労働者側に解雇される帰責性がないにもかかわらず、解雇によって失職するという不利益を被らせるものである以上、終身雇用を前提とする我が国の企業においては企業としてもそれ相応の努力をするのが通例であるのに、何の努力もしないで解雇することは、労働契約における信義則に反すると評価される場合があり得る。」とされています。＜**角川文化振興財団事件**　東京地（平成11.11.29）　全基連 HP より引用　労判780号67頁＞従って、整理解雇の場合には解雇権の濫用を防止するため、判例により「四つの要件」が確立されてきました。整理解雇を実施するためには、原則として次の「四つの要件（四要素）」を満たすことが必要です。

(2)　整理解雇の４要件

(ア)　人員削減の必要性

　人員削減の実施に関して、不況、経営上の必要性が強く求められることが必要です。単に業績が悪化しているとか、人件費の削減の必要がある、という程度の理由では不十分です。人員削減をしなければ、企業の存続自体が危ぶまれるような差し迫った状況であることがもとめられます。近年では、現在の体制では近いうちに経営危機に陥ることが確実であるというような経営危機の下にある場合に、人員整理の必要性は認められる傾向にあります。

㈠　解雇回避努力

　人員削減を実施する際には、使用者は賃金カット、一時帰休、経費削減、希望退職の募集など解雇以外の手段によってできる限り解雇を回避するための努力を求められます。これら他の手段を講ずることなく、いきなり整理解雇を実施した場合は解雇権の濫用とされる可能性が大きくなります。

㈢　被解雇者選定の合理性

　労働者の整理解雇がやむを得ない場合であっても、被解雇者の選定は客観的で合理的な基準を設定し公正に適用して行うことが必要です。この基準として認められるものは、欠勤日数、遅刻回数、規律違反の記録などの勤務成績や勤続年数などの企業貢献度、経済的打撃の低さなどがあります。現実には、例えば勤続年数の長いものから解雇するのと短いものから解雇するのではどちらが合理的かという判断は難しいです。

㈣　手続きの妥当性

　就業規則等に解雇の手続きが規定されている場合はその手続きに従います。使用者は、整理解雇の必要性とその時期・規模・方法等について、労働者に対して（労働組合がある場合は組合に対して）誠意をもって協議し、その納得を得るよう努力する必要があります。

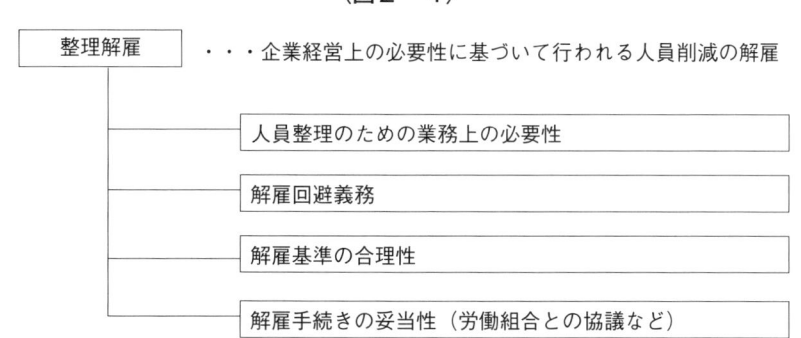

（図2－4）

```
┌─────────┐
│  整理解雇  │・・・企業経営上の必要性に基づいて行われる人員削減の解雇
└─────────┘
      │   ┌──────────────────────────────┐
      ├──│ 人員整理のための業務上の必要性          │
      │   └──────────────────────────────┘
      │   ┌──────────────────────────────┐
      ├──│ 解雇回避義務                          │
      │   └──────────────────────────────┘
      │   ┌──────────────────────────────┐
      ├──│ 解雇基準の合理性                       │
      │   └──────────────────────────────┘
      │   ┌──────────────────────────────┐
      └──│ 解雇手続きの妥当性（労働組合との協議など） │
          └──────────────────────────────┘
```

⑶ 判例の動向

　これまでは整理解雇の4要件が一つでも欠けた場合は、整理解雇は無効になるという考えでした。代表的な判例として、＜**あさひ保育園事件**　最一小（昭和58.10.27）　全基連HPより引用　労判427号63頁＞では、「①園児の減少に対応し保母二名を人員整理することを決定すると同時に、被上告人ほか一名の保母を指名解雇して右人員整理を実施することを決定し、②事前に人員整理がやむをえない事情などを説明して協力を求める努力を一切せず、③希望退職者募集の措置を採ることもなく、④解雇日の六日前になって突如通告した本件解雇は、労使間の信義則に反し、解雇権の濫用として無効である、とした原審の判断は、是認することができないものではなく、原判決に所論の違法はない。」としています。（労働者勝訴）

　しかし、近年では＜**ナショナル・ウエストミンスター銀行（三次仮処分）事件**　東京地（平成12.1.21）　全基連HPより引用　労判782号23頁＞のように「いわゆる整理解雇の四要件は、整理解雇の範疇に属すると考えられる解雇について解雇権の濫用に当たるかどうかを判断する際の考慮要素を類型化したものであって、各々の要件が存在しなければ法律効果が発生しないという意味での法律要件ではなく、解雇権濫用の判断は、本来事案ごとの個別具体的な事情を総合考慮して行うほかないものである。」というように4要件をすべて充足しなくても総合考慮して解雇権濫用の有無の判断を行う傾向にあります。

　また、従来からの雇用契約の合意解約の申し込みと労働条件を切り下げる新たな雇用契約締結の申込を、使用者から同時に受けて承諾しなかった労働者が解雇された事件＜**スカンジナビア航空事件**　東京地（平成7.4.13）　労判675号13頁＞では、「①労働条件の変更が会社業務の運営にとって必要不可欠であり、②その必要性が労働者が受ける不利益を上回っていて、③労働条件の変更を伴う新契約締結の申込がそ

れに応じない場合の解雇を正当化するに足りるやむを得ないものと認められ、④解雇を回避するための努力が十分尽くされているときは、⑤新規契約締結に応じない労働者を解雇することが出来る。」とし、この5要件を満たす解雇は解雇権乱用にならず、有効とするというものでした。

　このように判例は、整理解雇の4つの要件は解雇権濫用に該当するかどうかを考える際の要素としてとらえ、4つの要素がそろわないと解雇できないという法律要件ではないと考えてきています。さらに、4要素だけではなく、割増退職金の有無、再就職先の斡旋など他の要素も加えて個別具体的な事情を総合的に考慮して判断してきています。そもそも整理解雇の4要件としての考えは、終身雇用制を前提とした正社員を中心として考えられてきていますが、契約社員、パート、アルバイトなど雇用形態が複雑化しており中小企業にはそのまま当てはめるのは無理なところがあります。実際に問題が起これば、過去の判例を調べることも必要ですが、判例の動向も注意して裁判に臨むべきでしょう。

第4節　普通解雇

　第2章第1節の(1)で、解雇とは、使用者が労働者との労働契約を一方的に解約する行為だと書きました。その中で労働者に責任が無いのに、企業が合理化など経営上の必要から余剰の人員を一方的に解雇することが整理解雇です。そして、労働者のほうに債務不履行がある場合、それを理由に将来的に労働契約を解消する行為を普通解雇といいます。解雇には、これらの他に使用者が労働者に対し、秩序違反を理由に罰として労働契約を解消する懲戒解雇があります。懲戒解雇については、次の節で説明することとして、ここでは普通解雇について話を進めていきます。

　普通解雇でいう債務不履行とは、どういうものでしょうか。よくあるのが、能力不足で期待されただけの仕事ができない、遅刻や欠勤が多い、協調性が無く他の人と円滑に仕事ができない、仕事中に映画に行ったりして勤務態度がよくない、怪我や病気のため働けなくなった（業務上の災害による怪我や病気は除きます）などの理由が挙げられます。こういった行為は通常就業規則に規定されています。例えば、次の例では

（解　雇）
第XX条　会社は、次の各号に掲げる場合に従業員を解雇することがある。
 1．従業員が身体又は精神の障害により、業務に耐えられないと認められる場合
 2．従業員の就業状況又は職務能力が著しく不良で、就業に適さないと認められる場合
 3．休職期間が満了した時点で、なお休職事由が継続し、復職でき

ない場合（休職期間を更新された場合を除く。）
　４．業務の縮小その他事業運営上の必要がある場合
　５．前各号のほか、やむを得ない事由がある場合
のように、書かれています。

　念のため、上の規定で「３．休職期間が満了した時点で、なお休職事由が継続し、復職できない場合」については、解雇の項目に入れると労働基準法第20条の解雇予告をしなければなりません。別途、休職についての規定があり、その中で「休職期間が満了した時点でなお休職事由が継続し復職できない場合は、自然退職とする」と規定されていれば、解雇とはならないのでここでいう解雇の問題は生じませんので、使用者、労働者とも注意してください。

　さて、上の例では規定のどれかに当てはまると、労働者が労働契約で期待される債務（労働）を履行（提供）できないとして契約解消が行われることになります。現実に裁判上問題となるのは、労働者の行為が解雇の事由に当てはまるかどうかということが最初に出てきます。ただ、解雇の事由をすべて網羅することは出来ないので、「やむを得ない事由がある場合」とか「その他これに準ずるもの」など包括した条項を就業規則の解雇事由の最後に規定されることが多いです。そうなると解雇事由に該当する場合も増えます。

　次に解雇事由に該当しても、その内容が社会通念に照らして、妥当かということが問題になります。また、再教育をおこなったか、配置転換はできなかったかという解雇回避努力の有無についても判断されます。そして、最終的な判断は、解雇権濫用の法理に当てはまらないかどうかということがポイントになるのです。

(図2―5)

普通解雇の判断

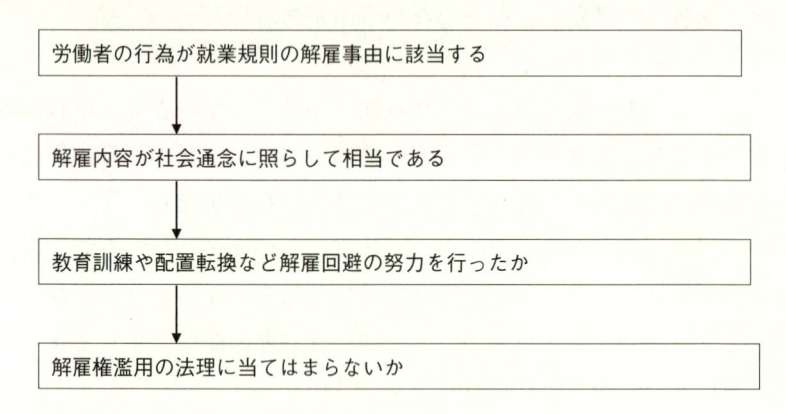

```
┌─────────────────────────────────────┐
│ 労働者の行為が就業規則の解雇事由に該当する │
└─────────────────────────────────────┘
                　↓
┌─────────────────────────────────────┐
│ 解雇内容が社会通念に照らして相当である      │
└─────────────────────────────────────┘
                　↓
┌─────────────────────────────────────┐
│ 教育訓練や配置転換など解雇回避の努力を行ったか│
└─────────────────────────────────────┘
                　↓
┌─────────────────────────────────────┐
│ 解雇権濫用の法理に当てはまらないか         │
└─────────────────────────────────────┘
```

　解雇については、多くの判例があります。ここでは、代表的な判例の一部を紹介することによって解雇権濫用になるのかどうかを見ていきましょう。

(ア)　試用期間終了後の解雇　（採用の自由）
（事件の概要）
　入社試験の際の身上書及び面接において、学生運動等の参加活動を秘匿する虚偽の申告をしていたことが判明、会社側は試用期間終了直前に本採用を拒否した事例。
（判決概要）
　「①憲法19条および14条は、国または公共団体の統治行動に対して個人の基本的な自由と平等を保障する目的に出たもので、私人相互の関係を直接規律することを予定するものでない。②企業者は経済活動の一環として契約締結の自由を有し、いかなる者をいかなる条件で雇うかについて、法律その他による特別の制限がない限り、原則として自由にこれを決定できる。また、企業者が労働者の採否決定に当たり、

労働者の思想、信条を調査し、その者からこれに関する報告を求めることも違法でない。③試用契約の性質について、就業規則の文言、実情、慣行によって判断すべきであるが、本件は、解約権留保付きの雇用契約であり、本採用の拒否は留保解約権の行使すなわち解雇である。また、この場合の留保解約権の行使は通常の解雇の場合よりも広い範囲で解雇の自由が認められるとしつつ、解約権留保の趣旨、目的に照らして、客観的に合理的な理由が存し、社会通念上相当として是認される場合、すなわち、企業者が採用決定後の調査結果により、または、試用中の勤務状態等により、当初知ることができず、又は知ることが期待できないような事実を知るにいたった場合に、その事実に基づきその者を引き続き雇用することが適当でないと判断することが相当であると認められる場合に行使できる。」＜**三菱樹脂事件　最大判　（昭和48.12.12）**全基連HPより引用　労判189号16頁＞
（コメント）

　これは、労働法だけでなく憲法の事例としても取り上げられる有名な判決です。内容は、憲法の規定は私人間の関係には直接適用しない、企業が労働者の思想信条を調査し採用するかどうかは自由である、試用期間中に採用当初知ることができない事実を知り、引き続き雇用することが適当でないと判断するにいたれば、留保していた解雇権を実行できる、という内容です。この判例に出てくる解約権留保付きの雇用契約というのは、試用期間中に労働者の働きぶりを判断し、本採用までに内定通知書や誓約書に記載された採用取り消し事由が生じた場合には、使用者から労働契約を解除できるとする合意が含まれているという契約であるということです。この判決から察すると、企業は自社の考えに合わない者は採用しなくてよいというように思えます。この判決に関連して、内定取り消しの事例をとりあげ、比較してみたいと思います。

　判決の要旨は、「①　採用内定の取消事由は、採用内定当時知るこ

とができず、また知ることが期待できないような事実であって、これを理由として採用内定を取消すことが右採用内定に留保された解約権の趣旨、目的に照して客観的に合理的と認められ社会通念上相当として是認することができるものに限られる。② グルーミーな印象なので最初から不適格と思われたが、それを打消す材料が出なかったので内定を取消すということは社会通念上相当として是認することができず、右解約権の濫用というべきである。」というものです。＜**大日本印刷事件** 最二小 （昭和54.7.20） 全基連HPより引用 労判323号19頁＞です。

　内定当初からグルーミーな（gloomy：陰気な）印象であったが、それを打ち消す材料が出るかもしれないとして内定し、材料が出なかったとして内定を取り消すことは解約権の濫用に当たるとされました。このように、解約権留保付きの雇用契約は、採用内定にも適用されます。大日本印刷事件では、解約権の行使は、客観的に合理的な理由があり、かつ社会通念上相当と是認される場合にのみ許されるとしています。このため、使用者は解約権留保付きの雇用契約であっても行使に当たっては、合理的理由と社会通念上の相当性を示せるようにしておかなければなりません。

(イ)　就業規則の効力

　使用者が労働者を懲戒するには、あらかじめ就業規則において懲戒の種別及び事由を定めておくことを要する」とするとされた判例です。判決内容を見ますと、

　「使用者が労働者を懲戒するには、あらかじめ就業規則において懲戒の種別及び事由を定めておくことを要する（最高裁昭和49年㈹第1188号同54年10月30日第三小法廷判決・民集33巻6号647頁参照）。そして、就業規則が法的規範としての性質を有する（最高裁昭和40年㈹第145号同43年12月25日大法廷判決・民集22巻13号3459頁）ものとし

て、拘束力を生じるためには、その内容を適用を受ける事業場の労働者に周知させる手続が採られていることを要するものというべきである。

原審は、株式会社A社が労働者代表の同意を得て旧就業規則を制定し、これを大阪西労働基準監督署長に届け出た事実を確定したのみで、その内容をセンター勤務の労働者に周知させる手続が採られていることを認定しないまま、旧就業規則に法的規範としての効力を肯定し、本件懲戒解雇が有効であると判断している。原審のこの判断には、審理不尽の結果、法令の適用を誤った違法があり、その違法が判決に影響を及ぼすことは明らかである。論旨は理由がある。」として、原審判決を破棄差戻すものです。＜**フジ興産事件** 最二小（平成15.10.10）全基連HPより引用 労判861号5頁＞

この判決は、企業にとっては重要です。労働者を懲戒するには、事前に就業規則に規定し、周知させなければいけません。この会社では、新就業規則が労基署への届出がなされたのは本件解雇の直前であり、それ以前に同社の労働者に同規則が周知されたという証拠はないとされました。労働相談では、就業規則について尋ねるとほとんどの人が見たこともないという答えです。企業としては就業規則を周知させないまま放置しておくと、解雇の際に解雇権濫用とされる恐れがあります。

(ウ) 企業秩序違反

就業時間中、無断で職場を離脱し、就業中の他の従業員に原水爆禁止の署名を求め、あるいは、その運動の資金調達のために販売するハンカチの作成依頼、販売などをした他の労働者の「企業秩序違反事件」に関し、会社の調査に協力しなかったとしてなされた懲戒譴責処分を無効と解した事例です。判決の要旨は、

「① 企業は企業秩序を維持確保するため、これに必要な諸事項を規

則をもって定め、あるいは具体的に労働者に指示、命令することができ、企業秩序に違反する行為があった場合はその内容、態様、程度等を明らかにして、乱された企業秩序の回復に必要な指示、命令を発し、又は違反者に制裁として懲戒処分を行うため、事実関係を調査できる。
　②　労働者は企業に雇用されることによって、労務提供義務とともに、企業秩序遵守義務を負うとするもの。但し、労働者は、企業の一般的な支配に服するのではなく、企業及び労働契約の目的上、必要かつ合理的な限りでのみ企業秩序に服するとし、同僚の政治的行動に関する事情聴取への非協力を理由とする懲戒処分について、無効とする。」というものです。＜富士重工原水禁事情聴取事件上告審判決最三小　（昭和52.12.13）　労判287号4頁＞
（コメント）
　この判決では、企業秩序の維持のための企業の権利を認めつつも、労働者は企業及び労働契約の目的上必要かつ合理的な限りでのみ企業秩序に服するとしたもので、企業の無制限の権利行使は濫用にあたるとしたものと解されます。

㈎　残業拒否
　36協定（時間外労働協定）を締結し、所轄労働基準監督署に届け出た場合に、使用者が就業規則に当該36協定の範囲内で一定の業務上の事由があれば労働契約の労働時間を延長して労働させることができることを定めているときは、当該就業規則の内容が合理的なものである限り、それが労働契約の内容をなすから、労働者は、その定めるところにより労働契約に定める労働時間を超えて労働する義務を負うとする事例です。判決では、
　残業命令に従わなかったことについて会社の行った懲戒解雇（14日の出勤停止と始末書提出の後も、反省の態度が見られないとして、始末書の受領を拒否し、新たな始末書提出要求に対して反抗的な態度を

とったため、過去の処分歴とあいまってしばしばの処分に関わらず悔悟の見込みなしとの就業規則所定の事由に当たるとして行ったもの）は権利の濫用でないとされています。

＜**日立製作所武蔵工場事件**　最一小　（平成3.11.28）　労判594号7頁＞
　時間外労働協定は、労使間で協定が結ばれ、労働基準監督署へ届けるなど適正な手続きをとり、規定内容が合理的なものである限り、職場内規範として効力を有し労働者を律することができるというものです。この判決は、就業規則の効力とともに労働者の態度、使用者側の過去の処分歴などを総合的に判断して権利濫用でないとしたものです。労働者としては、職場の規律維持違反を起こすと、使用者側の処分が合理的であり社会的に相当である場合には、就業規則に照らし合わせて処分されますので気を付けねばなりません。

㋔　私傷病療養後の労働
　次の判例は、職種や業務内容を特定せずに労働契約を締結し、現場監督業務に従事していた労働者が私病（バセドウ病）に罹患し、現場監督業務に従事することは不可能であるが事務作業は行える場合に、自宅治療を命じその間の賃金等を支給しなかったことを肯定する原審を破棄差戻しするものです。判決では、「労働者が職種や業務内容を特定せずに労働契約を締結した場合において、現に命ぜられた特定の業務についての労務提供が十全にできないとしても、能力、経験、地位、企業規模、業種、労働者の配置・異動の実情及び難易等に照らして当該労働者が配置される現実的可能性が有ると認められる業務について労務の提供をすることが出来、かつ申し出ている場合には債務の本旨にしたがった履行の提供があると解すべきである」としています。＜**片山組事件**　最一小　（平成10.4.9）　全基連HPより引用　労判736号15頁＞
　療養後の職場復帰についての問題です。職種や業務内容を特定して

いない場合、今までの仕事は出来なくとも他の仕事はできるときは、その労働者を解雇できないということです。実際の運用で難しいのは、ギリギリの人数で経営している中小企業では他の仕事を提供できるか、他の仕事を提供できてもその部署の労働者と比較して労働効率が落ちないか、精神的疾患では治って職場復帰しても仕事が変わることで病状が悪化しないか、危険物を扱う仕事を任せられるかなどの問題が起こります。解雇という事実だけの問題ではなく、個人の生活と企業の運営に影響する問題であり、しかも最近このような療養後の職場復帰の相談は多くなってきています。なお、念のために申し添えますが、労働災害による療養については労働基準法第19条が適用されます。

(カ) 職務能力・技量不足

人事本部長として被告会社に中途採用された原告が業務の履行又は能率が極めて悪い等の理由で解雇されたため、人事本部長としての地位確認と賃金支払を求めた事例です。

判決では、「本件契約が認定のとおり人事本部長という地位を特定した雇用契約であるところからすると、被告会社としては原告を他の職種及び人事の分野においても人事本部長より下位の職位に配置換えをしなければならないものではなく、また、業務の履行又は能率が極めて悪いといえるか否かの判断も、およそ「一般の従業員として」業務の履行又は能率が極めて悪いか否かまでを判断するものではなく、人事本部長という地位に要求された業務の履行又は能率がどうかという基準で規則に該当するか否かを検討すれば足りるものというべきである。」＜フォード自動車事件　東京地　（昭和57.2.25）全基連HPより引用　労判382号25頁＞

通常、労働者を能力や適性がないとして解雇する場合、それだけの理由で解雇すると解雇権の濫用ということになるので、その労働者に

教育訓練を受けさせたり、職場を変えたりしていわゆる解雇回避努力をしたかどうかが問われます。しかし、幹部職員として採用した場合はどうなるかということです。ある幹部の仕事が不向きだと言って他の幹部の仕事に回すわけにもいかず、格下げで働かせることも難しいでしょう。この判例では、幹部としての地位に要求された業務の履行又は能率がどうかという基準で規則に該当するか否かを検討すれば足りるとしています。中途入社で、管理職や経営幹部として転職する人は注意しないといけないでしょう。自分が思っているレベルと使用者が期待しているレベルが大きく異なり、使用者側から提供された地位や収入が高いと、最悪の場合解雇される可能性があるということです。転職の場合は、相手方の期待がどのようなものであるかをかなり具体的に確認しておく必要があります。

第5節　懲戒解雇

(1) 懲戒解雇とは

懲戒解雇は、普通解雇のように債務不履行による解雇ではなく、企業秩序を違反したことを理由に罰として解雇することです。

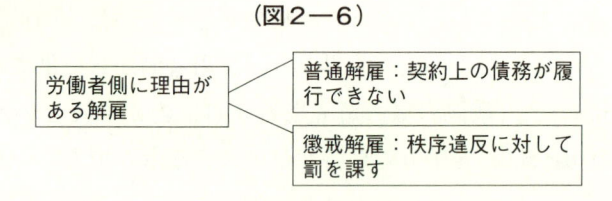

(図2－6)

```
                        ┌─ 普通解雇：契約上の債務が履
労働者側に理由が ────────┤   行できない
ある解雇                 │
                        └─ 懲戒解雇：秩序違反に対して
                           罰を課す
```

罰なので、多くの会社では退職金が減額もしくは無支給と規定され、労働基準法第20条の労働者の責に帰すべき事由として解雇予告手当の除外認定とされることも多いでしょう。従って、企業としては、懲戒の合理性を示すために以下の体制が必要となります。

① 労働者の同意：入社時の労働契約での同意や労働契約に就業規則を順守するという同意がありかつ就業規則に懲戒の規定があること、懲戒に値する行為が行われた時の同意などです。
② 就業規則の規定：懲戒の事由、懲戒の程度、懲戒の内容などが記載されていることです。
③ 懲戒手続き：労働者に弁明の機会が与えられていることが必要です。

裁判において懲戒解雇では無効となりそうなので、普通解雇に変更できるでしょうか。例えば、経歴詐称で懲戒解雇とし、同時に普通解雇にも該当するとした場合です。これは、「できない」というのが今の裁判の主流です。ただし、懲戒解雇に普通解雇を予備的につけておくことは認められるようです。例えば、経歴詐称で懲戒解雇とし、予

備的に勤務不良で普通解雇に該当するとした場合は OK ということになります。

(図2－7)

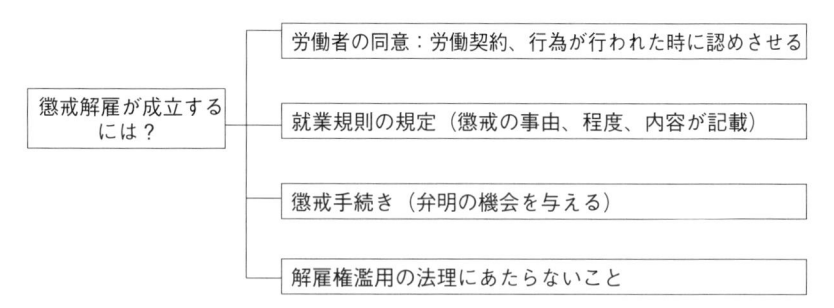

```
懲戒解雇が成立する ─┬─ 労働者の同意：労働契約、行為が行われた時に認めさせる
    には？          ├─ 就業規則の規定（懲戒の事由、程度、内容が記載）
                    ├─ 懲戒手続き（弁明の機会を与える）
                    └─ 解雇権濫用の法理にあたらないこと
```

(2)　就業規則の規定

　例を挙げます。

(制裁の種類、程度)

第XX条　制裁は、その情状により次の区分により行う。

　　　　１．訓　　戒　　始末書をとり将来を戒める。

　　　　２．減　　給　　平均賃金の１日分の半額（事案複数の場合も総額は１ヵ月の賃金総額の10分の１を限度とする。）

　　　　３．出勤停止　　７日以内出勤を停止し、その期間中の賃金は支払わない。

　　　　４．懲戒解雇　　予告期間を設けることなく即時解雇する。この場合において所轄労働基準監督署長の認定を受けたときは、予告手当（平均賃金の30日分）を支給しない。

(訓戒、減給および出勤停止)

第XX条　次の各号のいずれかに該当する場合は、減給又は出勤停止に処する。ただし、情状によっては、訓戒にとどめることが

ある。
1．正当な理由なく、遅刻・欠勤を重ねた場合
2．過失により、営業上の事故又は災害を発生させ、会社に重大な損害を与えた場合
3．第○○条から第△△条までの規定に違反した場合であって、その事案が軽微な場合
4．その他前各号に準ずる程度の不都合な行為を行った場合

(懲戒解雇)
第XX条　次の各号のいずれかに該当する場合は、懲戒解雇に処する。ただし、情状によっては、通常の解雇又は減給もしくは出勤停止にとどめることがある。
1．無届欠勤14日以上に及んだ場合
2．出勤常ならず改善の見込みのない場合
3．故意又は重過失により災害又は営業上の事故を発生させ、会社に重大な損害を与えた場合
4．前条で定める処分を再三にわたって受け、なお改善の見込みがないとき
5．第○○条から第△△条までの規定に違反した場合であって、その事案が悪質又は重大なとき
6．重要な経歴をいつわり採用されたとき
7．刑事事件に関し有罪の判決を受けたとき
8．その他前各号に準ずる程度の不都合な行為を行ったとき

　就業規則上の解雇事由の定めをめぐっては、それが解雇事由を限定的に列挙したものであるか（限定列挙説）、あるいは例示的に列挙したものか（例示列挙説）が問題になります。懲戒処分として行われる懲戒解雇については、懲戒処分を行うための要件として、就業規則等に処分事由が明示されていることが求められることから、学説・判例とも、就業規則上の懲戒解雇事由の定めは限定列挙であると解するこ

とで一致しています。つまり、就業規則で規定されている懲戒解雇事由以外では懲戒解雇は出来ないということです。しかし、実務上は「その他前各号に準ずる場合」などの形で包括的な解雇事由の定めが置かれることが多いのでいずれの説をとっても大きな差は生じません。使用者としては、このような一般条項を入れておくと安心ですし、労働者としては自分の行為が懲戒事項にあたるかどうか不安な面があります。

(3) 諭旨解雇（諭旨退職）

諭旨退職という言葉があるので、少し説明します。懲戒解雇は、企業秩序違反行為に対する罰として行われる解雇で通常は解雇予告手当もなく退職金は不支給とされる場合が多いのですが、諭旨退職というのは懲戒解雇を若干緩和した解雇処分で、退職金は全部支給か一部不支給とされる場合が多いのです。諭旨退職は、退職願、辞表等の提出を勧告し、それに応じない場合に懲戒解雇とされるものです。基本的には、会社側の温情処分です。懲戒解雇の場合、履歴書にその旨を明記しなければなりませんが、諭旨退職なら一身上の都合ということにできます。使用者も解雇権の濫用で争うのが嫌な場合、自主退職させたり、諭旨退職させたりします。退職金も出るので、処分される方にとってもありがたい制度ですが、企業によって諭旨解雇の規定があるところとないところがあります。諭旨解雇も懲戒解雇の一種なので、その内容に納得できないときは争うことができるのは同じです。

(4) 就業規則が無い場合

解雇は、就業規則に規定されていなければなりません。労働基準法では、第89条で「常時10人以上の労働者を使用する使用者は、次に掲げる事項について就業規則を作成し、行政官庁に届け出なければなら

ない。次に掲げる事項を変更した場合においても、同様とする。」とし、その第3号で「三　退職に関する事項（解雇の事由を含む。）」と規定しています。しかし、上の規定では従業員が9人以下の使用者は就業規則を作成する義務は無いわけです。この場合、雇用の際に労働契約書が作成され、その中に規定されていればよいのですが、労働契約書など作成していない使用者の方が多い位です。全国の労働基準監督署には「労働基準法のあらまし」という小冊子が配布され、その中に厚生労働省による労働条件通知書のモデルが含まれていますが、その中にも解雇の基準などは含まれていません。

　つまり、解雇に関する内容は就業規則が無いと使用者の判断だけになってしまいます。こうなると解雇の理由が正しいかどうかは裁判になるまでわからないということになります。その場合は、個々の実情をチェックして「客観的合理的理由」と「社会通念上の相当性」から解雇権濫用の法理をもって判断されるでしょう。私個人の考えでは、これは労使双方において危険な状態と考えます。なぜなら、使用者は自由に解雇できると思ってもその判断基準が無いので、裁判では解雇権濫用とされるリスクが高くなります。労働者にとっては、どのようなことをすれば解雇になるかわからないのですから、不安な状態に置かれています。従って、もし解雇になった場合、本書で紹介した裁判例を参考にしてできるだけ妥当な方向で解決できるよう双方が歩み寄ることが望まれます。もっとも、裁判例はその事実関係に深く入らないと判決の表面だけで判断すると危険です。最高裁まで争った事例では、下級審では労働者側、使用者側がそれぞれ勝訴しているのです。ほんの少し事情が変われば、ここで紹介した事例も全く反対の結論になることは大いにあります。裁判を考えられる際は、必ず弁護士などの専門家の意見を聞いてください。労働相談では、解雇理由の妥当性の判断はできないので、後述する個別労働紛争解決制度や裁判を紹介することになります。

(5) 関連する判例

それでは、懲戒解雇に関連する判例を見ていくことにしましょう。

(ア) 経歴詐称

事件の概要は、現場作業員として高校卒以下の学歴の者を採用する方針をとっていたものの、募集広告に当って学歴に関する採用条件を明示せず、採用のための面接の際被控訴人に対し学歴について尋ねることなく、また、別途調査するということもなかったとして経歴詐称による懲戒解雇を無効としたものです。

（判決抜粋）

「被控訴人が労働契約締結に当り高校卒業以後の学歴を秘匿したことは雇い入れの際に採用条件又は賃金の要素となるような経歴を詐称した行為であるけれども、懲戒解雇は経営から労働者を排除する制裁であるから、経歴詐称により経営の秩序が相当程度乱された場合にのみこれを理由に懲戒解雇に処することができるものと解するのが相当で、控訴会社の就業規則の経歴詐称に関する前記条項も右の趣旨に解すべきものであるところ、前認定のとおり、控訴会社は現場作業員として高校卒以下の学歴の者を採用する方針をとっていたものの募集広告に当って学歴に関する採用条件を明示せず、採用のための面接の際被控訴人に対し学歴について尋ねることなく、また、別途調査するということもなかった。被控訴人は二か月間の試用期間を無事に了え、その後の勤務状況も普通で他の従業員よりも劣るということはなく、また、上司や同僚との関係に円滑を欠くということもなく、控訴会社の業務に支障を生じさせるということはなかったのであるから被控訴人の本件学歴詐称により控訴会社の経営秩序をそれだけで排除を相当とするほど乱したとはいえず、本件学歴詐称が経歴詐称に関する前記条項所定の懲戒事由に該当するものとみることはできず、本件主位的

解雇の意思表示は、その余の点につき判断を加えるまでもなく、無効というべきである。」

＜西日本アルミニウム工業事件　福岡高　（昭和55.1.17）全基連HPより引用　労判334号12頁＞

　この事件では、経歴詐称の問題以外に先ほど述べた懲戒解雇に普通解雇を予備的につけておくケースが含まれた興味深い例です。福岡高裁では、裁判中に当該労働者が入社5年前に起こした犯罪の有罪が確定しており、それについて行われた予備的解雇については認めています。この後、労働者側が上告しましたが最高裁では上告棄却となり判決が確定しました。「最二小　（昭和60.7.19）」

(イ)　セクハラ、信用失墜行為
(事件の概要)

　男性派遣労働者による派遣先女性社員に対するセクシュアルハラスメントを理由とする懲戒解雇につき、解雇権の濫用に当たらず有効とされた事例です。判決内容から抜粋します。「原告（労働者）のAに対する一連の行為は、Aが不快感を示していたにもかかわらずなされたもので、その態様も執拗かつ悪質であり、Aに相当程度の苦痛と恐怖を与えたものである。その結果、ついにAは上司に訴えるところまで追いつめられたのであり、被告（使用者）の顧客であるB商店が、C社長自ら被告に赴いて苦情を言わなければならない程度にまで至っていたのであるから、原告の行為がB商店においてその職場内の風紀秩序を著しく乱し、ひいては被告の名誉・信用を著しく傷つけたことは否定できないというべきである。なお、原告の行為は、被告からの派遣先の職場内におけるものであるが、原告は、被告の従業員であり、B商店は被告から指定された就労場所であるから、派遣先においても被告の指揮命令に服さなければならないことはもとより、原告には懲戒処分も含めて被告の就業規則が適用されることは当然である。」

＜コンピューター・メンテナンス・サービス事件　東京地　（平成10.12.7）全基連 HP より引用　労判751号18頁＞
　この判決も、セクハラ、会社への信用失墜行為、派遣における指揮命令権など労働法上の各種の問題を含んだものです。派遣の場合であっても、使用者の就業規則が適用されるとしたものです。内容的には、わかりやすい妥当な判決と思われます。

(ｳ)　風紀紊乱、整理解雇、無届欠勤
　事件の概要は、解雇された労働者が社有車に知り合いの女性が急いでいたのでたまたま同乗させて解雇になり、整理解雇としても処分され、14日以上の無断欠勤に該当するので懲戒解雇とされたという3つの問題が絡んだものです。各問題に合わせて判決に番号を割り当てています。結論は以下の通りです。
① 　社有車に知り合いの女性を同乗させたことを理由とする解雇につき、病院まで送ったに過ぎないので企業の秩序を乱したとはいえないこと、得意先への割引率を漏洩させたことを理由とする解雇につき、その事実は認められないとして、右解雇が無効とされた。
② 　整理解雇につき、必要性、解雇回避努力、その手続についての要件を欠いており、解雇が無効とされた。
③ 　阪神・淡路大震災に伴い、自宅の後片付けのため19日間無断欠勤をしたことを理由とする懲戒解雇につき、異常な事情が存する中でのことであり、むしろ組合加入を理由とする解雇であって無効とされた。

（判決抜粋）
「①　債権者A（労働者）が債務者会社の自動車に女性を同乗させたのは、たまたま知り合いの女性が急いでいる風であったので、勤務中ではあったが、病院まで送ったことがあるというものであって、その

ことが直ちに「許可なく職務以外の目的で会社の車両を使用しないこと」「職場の風紀・秩序を乱さないこと」に違反するものとして、懲戒解雇の事由になるものとはいえない。

　債権者A、同Bの両名が課長職についてから運賃の決定権が付与されていたことはなく、両名が得意先の値引率を他に漏洩していた事実もこれを認めるに足りる疎明がないこと前記一のとおりなのであるから、右債権者両名について、就業規則四六条七号、八号により懲戒解雇の事由となるとする債務者の主張も理由がない。

　債務者による債権者A、同Bについての懲戒解雇の意思表示は無効というべきである。

　②　債務者は、人員整理の必要性について、阪神大震災による道路事情の悪化、港湾施設の甚大な被害による港湾運送業者の業績の悪化を挙げるが、道路事情は震災直後の事情からみれば急速に改善されつつあるし、港湾施設の復旧も急ピッチでなされていることは顕著な事実であり、震災後、債権者A、同Bに対する解雇までの間に六名が退職している事実もあり、整理解雇の必要性について疎明があるものとはいいがたい。

　債務者が整理解雇の回避について努力をしたかどうかについても、債権者A、同Bの両名に対し配転を提案して拒否されるや本件解雇に及んだ経緯をみれば、解雇回避努力が十分なされたものとはいいがたい。

　③　震災による交通機関の途絶、電気、ガス、水道などいわゆるライフラインの復旧の遅れなど、当時の震災地の異常な諸事情を考えれば、従業員のうちの少なからぬ者が震災後間もない時期に出勤している事実があるとしても、被災者個々にはそれぞれの事情が存するのであり、かかる震災地における異常な事情が存する中で解雇回避努力が十分なされたものとはいいがたいをもって、平常時の無断欠勤の場合を念頭においた従業員就業規則四六条一号にいう「無断欠勤一四日以

上に及んだとき」に当たるものということはできず、右両名の職場復帰の遅れたことが、就業に関する規律に反するものではないし、職場秩序を乱すものでもなく、懲戒解雇の事由があるものとはいえない。

　債務者がなした債権者C、同Dについての本件解雇にはなんら合理的な理由がなく、債権者A、同Bに対する解雇と同様、債権者らがE労働組合に加入し、分会を結成したことを嫌悪し、分会を弱体化しようとしてなされたものということができる。」

＜**長栄運送事件**　神戸地（平成7.6.26）全基連HPより引用　労判685号60頁＞

（コメント）

　これも論点の多い判決です。①会社の車に女性を同上させた例では社会的相当性から考えれば、就業規則に該当しても解雇という重い罰には社会的相当性の観点からは職場の風紀を乱したとは言えないとし、得意先への割引率を漏洩させたことを理由とする解雇につき、その事実は認められないと否定しています。使用者の解雇権濫用が読み取れます。②では、整理解雇についても言及し、4要素の解雇回避努力が十分なされたものとはいいがたいとしています。③就業規則の「無断欠勤14日以上に及んだとき」に形式的に該当する場合でも、震災地における異常な事情を考慮して職場秩序を乱すものでもなく、懲戒解雇の事由があるものとはいえないとしています。この裁判例のように、たとえ形式的に解雇事由に該当しても、個々の実情を鑑みて「客観的合理的理由」と「社会通念上の相当性」から解雇権濫用の法理をもって判断されていることがわかります。

㈗　タイムレコーダーの不正打刻

（事件の概要）

　タイムレコーダーによる不正打刻を理由とする懲戒解雇が懲戒権の濫用とされた事例で、就業規則中に規定された労働基準監督署長の認

定が懲戒解雇の有効要件か否かが争われた例。(控訴一部認容、ただし右争いについては有効要件ではないとされた。)
(判決抜粋)

「① 控訴人には従来、就業規則第二三条第一号ないし第七号に定める懲戒事由に類するような行為があったものと認めるに足りる証拠はなく、控訴人は、普通に勤務していたものであるところ、原審における控訴本人尋問の結果(第一、二回)によると、控訴人の本件不正打刻は、ふとしたはずみで、偶発的になされたものと認めることができるから、これをもって、にわかに最も重い懲戒解雇に値いするものということはできない。

② 懲戒解雇は労働基準監督署長の認定を受けて、予告期間を設けることなく、かつ予告手当を支給することなく即時に解雇する。

本件解雇について、労働基準監督署長の認定を受けていないとの一事をもって、直ちにこれを無効と断定することはできない。」

＜八戸鋼業事件　仙台高(昭和40.2.11)全基連HPより引用＞
(コメント)

本件は、タイムレコーダーの不正打刻という理由で懲戒解雇とされたが、実際は偶発的になされたもので懲戒解雇に値するほどのものではないとされています。これも、社会的相当性の判断が入っているのでしょう。興味深いのは、労働基準法第20条第1項ただし書の認定が解雇の有効要件ではないとしているところです。

(オ) 事件後長期間経過後の懲戒処分

欠勤を年休と振り替えることを拒み賃金カットしたことが原因で人事担当者に暴力をふるった等の暴行事件から、7年以上経過後の懲戒処分(諭旨退職・懲戒解雇)は権利の濫用にあたり無効とされた事案です。判決から、抜粋します。

「本件各事件から7年以上経過した後にされた本件諭旨退職処分は、

原審が事実を確定していない本件各事件以外の懲戒解雇事由について被上告人が主張するとおりの事実が存在すると仮定しても、処分時点において企業秩序維持の観点からそのような重い懲戒処分を必要とする客観的に合理的な理由を欠くものといわざるを得ず、社会通念上相当なものとして是認することはできない。そうすると、本件諭旨退職処分は権利の濫用として無効というべきであり、本件諭旨退職処分による懲戒解雇はその効力を生じないというべきである。＜**ネスレ日本懲戒解雇事件**　最二小（平成18.10.6）全基連 HP より引用　労判925号11頁＞

（コメント）

　これは、暴行事件があってから7年以上経過した後になされた諭旨退職処分について、処分時点において企業秩序維持の観点からそのような重い懲戒処分を必要とする客観的合理性に欠けるとして無効としています。7年後に、あの時はこういう事実があったといわれても当事者も記憶も薄れてくるので、解雇のような重い罰の適用は早目に事実を確定させることが大事だと思います。

　以上で解雇についての説明は終わります。解雇の場合は、その事実を確認し、解雇を労働者が受容する場合は、解雇予告手当の請求など労働基準法に沿った処理がなされることになります。解雇事実を認容できない場合は、裁判等で有効性を争うことになります。

　本書では代表的な判例をとり上げていますが、解雇に関する判例は数多くあり、内容も日々新しいものがありますので、裁判等で争う場合は弁護士等専門家の意見を聞くことをお勧めします。

第6節　退職勧奨

(1) 退職勧奨とは

　退職勧奨とは、労働者に対して「会社を辞めたらどうか」と労働契約の解消を勧めることで、俗にいう「肩たたき」です。使用者から従業員に対する退職の提案ということになります。労働相談実務では、解雇か退職勧奨かでもめることが多いのです。プロローグで取り上げた「明日から来なくていい」、「お前は当社に向いていない」「辞めたらどうだ」、「この会社にいてもお前の働く場所は無い」、「出ていけ」などという言葉も、使用者によっては退職勧奨であって解雇ではないと主張します。

　退職勧奨の行為自体は違法ではありません。企業の業績が思わしくない場合、整理解雇に入る前に、希望退職を募ったり、退職金の割り増しを条件に退職勧奨を行う会社も多いです。解雇が使用者からの一方的な労働契約の解除であるのに対して、退職勧奨は使用者の契約解除の申し込みに対して労働者が応じる合意退職のことです。

　使用者にとって、解雇は労務コスト削減の最後の手段です。できれば円満に雇用関係の解消をはかりたいと考えている使用者は多いでしょう。最近は労働者が使用者を相手取って訴訟をするなど解雇をめぐる紛争も増えています。労務関係のコンサルタントも解雇をできるだけ避け、労働者の方から自主的に退職させる方向に持っていくことを勧めています。そこでとられる手段が、合意による退職を勧奨する行為です。退職勧奨は、法的には労使の合意により労働契約を終了させる合意解約の申し込みまたは自主退職の誘引と考えられ、労働者は何の拘束もなく自由に意思決定できます。労働者が嫌なら退職勧奨に応ずる義務は一切ないのです。

退職勧奨に応じるのは労働者（被勧奨者）ですから、法律的には自主退職となり、労働基準法上の解雇規制や労働契約法上の解雇権濫用規定の制約を受けることはありません。また、退職勧奨は解雇とは異なり、人員整理の場合でも整理解雇の四要素を満たす必要もありません。

(2) **退職勧奨と希望退職の募集**

退職勧奨と関連するものに希望退職の募集や早期退職優遇制度があります。希望退職の募集は、整理解雇の前に行うなど主として経営合理化のために実施し、早期退職優遇制度は実質的に定年を早め年配の従業員に早くから第二の人生のチャンスを与えたり、人員の循環を活発化したりして若い人を登用するなど両者の目的は異なる場合がありますが、一定の期間を区切って実施し、募集人員、募集対象者（全員の場合もありますが、会社が認めた者のみとする場合もあります）、退職の条件（年齢幅、勤続年数など）、退職日などを決めて実施する点は同じです。どちらも、退職にあたっては退職金の増額など優遇策を設けていたり、会社都合退職にしたり労働者にとって有利な面を持っています。ここでは、希望退職の募集や早期退職優遇制度を同じものとして扱い、希望退職の募集として説明します。

希望退職の募集も労働者の退職申し込みの意思表示を誘引する行為なので、退職勧奨と同様に使用者は自由に行うことができます。しかし、希望退職の募集は公開して従業員からの応募を待つのに対して、退職勧奨は積極的に労働者に働きかけるという点が異なります。労働者にとっては、希望退職の募集は条件を見て嫌なら応募しないだけですが、退職勧奨なら嫌でも返事をしなければなりません。なによりも、なぜ自分が選ばれたのかショックを受けるでしょう。こう考えると退職勧奨は、希望退職の募集と指名解雇の中間に位置付けられます。

経営悪化による人員整理の場合などは、希望退職の募集――＞退

勧奨──＞整理解雇（指名解雇）のステップを踏みます。ただ上で述べたように、退職勧奨は解雇予告の代わりに用いられるなど希望退職の募集とは全く関係なしに行われることも多く、その場合は退職金の割り増しなどの制度もないことが多いです。

　希望退職の募集の場合は、まず社内全体に公開して従業員に周知させることが必要です。また、募集に応じた人に何らかの上積み（割増金）を提示するのが常です。退職希望者に割増金を与える条件として、会社側の承認を必要とする場合があります。誰でも応募できるようにすると、社内に残ってほしい優秀な人材が割増金などを求めて辞めてしまう場合があり、会社としては優秀な人材を失い円滑な経営ができなくなります。しかし、承認を条件にすると希望退職に応じない人が増えることにもなります。応募したら、適用されないということになって、応募を撤回しても会社への忠誠心が薄いとみられる惧れがあるからです。希望退職の募集は、会社は自由に行えますが、応募者の数と人員選抜のように相反する要素が含まれているので運用面で難しいところがあります。

　退職勧奨も人員整理の一環として行うのであれば、割増金の提示などが必要です。通常は会社施設内において就業時間内で行われます。退職勧奨の面談の中で、会社の勧奨理由と人選理由を対象者に理解してもらうと同時に、対象者の意見や事情を聞いてやり、できればアドバイスもしてやることが望ましいでしょう。「この会社にいても、貴方のための業務は無いし、待遇も悪くはなってもよくはならない」などと告げるだけでは、対象者に反感を持たれます。その結果、退職後訴訟を起こされることは会社にとって不利益です。少なくとも対象者のプライドは傷つけないようにすべきです。

(3)　退職勧奨の客観的合理的な理由と社会通念上の相当性

　さて、退職勧奨においてもその内容に合理性や相当性は必要です。

次のような行為は違法または不法行為とされます。
① 結婚や妊娠を理由に退職勧奨したり、退職の基準に男女間で年齢格差をつけること。（男女雇用均等法第9条）
② 皆の見ているまえで侮蔑的な表現で侮辱したり、労働者が退職を拒否すると長期間にわたり何度も数人で取り囲んで勧奨するなど、労働者の自由な意思決定を妨げるような場合。
③ 勧奨を受諾しなければ、懲戒免職になると脅し降格や減給を受け入れるか、自主退職するかを選択させるような社会通念上許される限度を超えた手段、方法による退職勧奨。
④ 退職勧奨を拒否した者に対するいやがらせ行為が目的の配転などを命じた場合。
⑤ 退職勧奨を拒否し続けた後に退職した者に対して、退職勧奨の最初に提示された割増金などの優遇措置を与えない場合

(4) **関連する判例**

(ア) 退職の基準に男女間で年齢格差

男女年齢差のある退職勧奨年齢基準に基づく退職勧奨が行われた事例です。判決から抜粋します。

「退職勧奨そのものは雇用関係にある者に対し、自発的な退職意思の形成を慫慂するためになす事実行為であり、場合によっては雇傭契約の合意解約の申入れ或いはその誘因という法律行為の性格をも併せもつ場合もあるが、いずれの場合も被勧奨者は何らの拘束なしに自由に意思決定をなしうるのであり、いかなる場合も勧奨行為に応じる義務はないものであるから、任命権者は雇傭契約の一方の当事者として人事管理等の必要に基づき職務行為として自由にいつでも被用者に対して退職勧奨をなすことができるというべきである。

しかしながら、退職勧奨は往々にして職務上の上下関係を利用してなされることが多く場合によっては不当な強要にわたり実質的に強制

退職を強いる結果となる場合があることは弁論の全趣旨に照らし容易に推測することができる。そうすると、事実行為にすぎない退職勧奨とはいえそれには自ら限界があるものというべきであり、それは被勧奨者が退職勧奨を受けるに相当な年齢に達しており、かつその選定が公平なものであって、また説得のための手段・方法が社会通念上相当であることを要するものと解するのが相当である。しかして、右選定が不公平であったりまた説得のための手段・方法が社会通念上相当性を欠く場合は、このような退職勧奨は違法性を帯びると評価せざるを得ない場合もあり、殊に右勧奨に応じない場合は将来退職する際に一般的には採られる優遇措置も講じないという一連の手続のもとでは、事実行為に過ぎないとされる右退職勧奨の違法性も強度になるものと思料される。結局以上の認定・考察の結果によると、県教委が男女年齢差のある退職勧奨年齢基準を設定し、これに基づき原告らに対し退職勧奨を行い、最終的には退職手当につき優遇措置を講じなかった一連の行為は、男女差別に基づく継続的な一連の一個の不法行為を構成するというべきである。＜**鳥取県教育委員会事件**　鳥取地（昭和61.12.4）　全基連 HP より引用　労判486号53頁＞

　男女差別、優遇措置を講じなかった例です。この判例の中で、使用者が退職勧奨を自由に行うことを認めつつ、退職勧奨に関連する違法な行為が例示されています。この判決は、退職の強要についても述べており、次の判例と併せて読むと不当な退職勧奨のイメージがつかめます。

(イ)　退職の強要
（事件の概要）
　市立高校の教諭が、自らに対する過度の退職勧告を違法であるとして市に対して国家賠償法に基づき損害賠償を請求した事例です。判決内容の抜粋は、次のようになります。

「そもそも退職勧奨のために出頭を命ずるなどの職務命令を発することは許されないのであって、仮にそのような職務命令がなされても、被用者においてこれに従う義務がないことは前述のとおりであるが、職務上の上下関係が継続するなかでなされる職務命令は、それがたとえ違法であったとしても、被用者としてはこれを拒否することは事実上困難であり、特にこのような職務命令が繰り返しなされる時には、被用者に不当な圧迫を加えるおそれがあることを考慮すると、かかる職務命令を発すること自体、職務関係を利用した不当な退職勧奨として違法性を帯びるものと言うべきである。そして、被勧奨者が退職しない旨言明した場合であっても、その後の勧奨がすべて違法となるものではないけれども、被勧奨者の意思が確定しているにもかかわらずさらに勧奨を継続することは、不当に被勧奨者の決意の変更を強要するおそれがあり、特に被勧奨者が二義を許さぬ程にはっきりと退職する意思のないことを表明した場合には、新たな退職条件を呈示するなどの特段の事情でもない限り、一旦勧奨を中断して時期をあらためるべきであろう。

　また、勧奨の回数および期間についての限界は、退職を求める事情等の説明および優遇措置等の退職条件の交渉などの経過によって千差万別であり、一概には言い難いけれども、要するに右の説明や交渉に通常必要な限度に留められるべきであり、ことさらに多数回あるいは長期にわたり勧奨が行なわれることは、正常な交渉が積み重ねられているのでない限り、いたずらに被勧奨者の不安感を増し、不当に退職を強要する結果となる可能性が強く、違法性の判断の重要な要素と考えられる。さらに退職勧奨は、被勧奨者の家庭の状況等私事にわたることが多く、被勧奨者の名誉感情を害することのないよう十分な配慮がなされるべきであり、被勧奨者に精神的苦痛を与えるなど自由な意思決定を妨げるような言動が許されないことは言うまでもないことである。このほか、前述のように被勧奨者が希望する立会人を認めたか

否か、勧奨者の数、優遇措置の有無等を総合的に勘案し、全体として被勧奨者の自由な意思決定が妨げられる状況であったか否かが、その勧奨行為の適法、違法を評価する基準になるものと考えられる。

＜下関商教諭退職勧奨損害賠償請求事件　山口地下関支（昭和49.9.28）全基連HPより引用　労判213号63頁＞

　退職勧奨は、往々にして行き過ぎたものとなり労働者に圧力をかけるものになりがちです。本判決では、まず退職勧奨のために職務命令で出頭を命ずることが不当な退職勧奨として違法性を帯びるとしています。さらに、被勧奨者が退職しない旨言明した場合であっても、しつこく退職をせまり、多数回あるいは長期にわたり勧奨が行なわれることは不当に退職を強要する結果となる可能性が強いとしています。そして、被勧奨者に精神的苦痛を与えるなど自由な意思決定を妨げるような言動が許されないと言い切っています。このように、しつこい退職勧奨は、違法であるとされています。

　労働相談においても、退職勧奨しても辞めない労働者を数時間部屋に閉じ込めて自主退職を受諾するまで「辞めたらどうだ」、「この会社にいてもお前の働く場所は無い」などと暴言を吐く使用者がいる話を聞きます。労働者としては、録音機でも携帯していない限りその時の記録は証明できないので不当な退職勧奨を証明することはできません。ただ、このように圧力をかけられたことを証明するのは、録音という証拠だけに限らないので何らかの証明ができるのであれば、裁判により違法な退職勧奨による自主退職として無効とされる可能性はあります。

　使用者は、退職勧奨を行う場合、ここに示した判例を参考にして行き過ぎた勧奨行為がないように注意していただきたいと思います。

第2章　解雇について

第7節　合併、事業譲渡、出向

(1) 合併と事業譲渡

　最近よく耳にするM&A（Merger and Acquisition）も雇用契約に影響してきます。M&Aは、合併や事業譲渡のことです。合併とは、2つ以上の会社が一つの会社になることです。合併には新設合併と吸収合併があります。新設合併とは、例えばA社とB社が合併する場合にA社とB社を解散させて新しくC社を設立することをいいます。吸収合併とは、A社またはB社のどちらか一方を存続会社としてもう一方を消滅させ、存続会社に消滅会社の全ての資産負債その他一切の権利義務を承継させることをいいます。合併は、包括承継なので消滅会社の雇用関係は当然承継されます。消滅する会社の従業員は、その会社との雇用関係は終了しますが、存続会社にそのまま雇用関係は移転しますので労働関係の消滅の問題は生じません。労働条件については変化がある場合が多いですが、有給休暇の残日数などはそのまま引き継がれるでしょう。通常は、存続会社または新設会社に権利義務の承継が行われ、労働者各人に労働関係の確認の書類が送られます。もちろん合併に反対の労働者は退職できます。

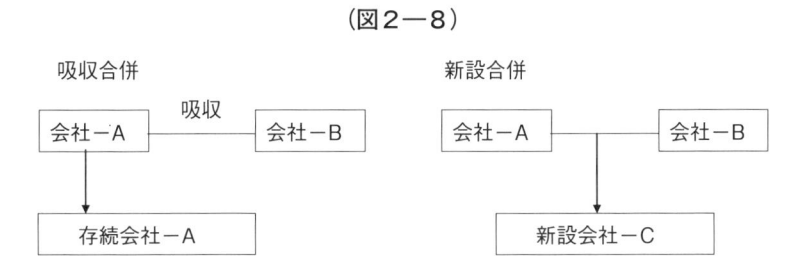

（図2－8）

吸収合併

会社－A　—吸収→　会社－B
　↓
存続会社－A

新設合併

会社－A　———　会社－B
　　　↓
　新設会社－C

合併後の会社は、旧の会社の権利義務を引き継ぐ。

事業譲渡は、会社の中で、必要な事業に関連する資産・負債のみを売買する方法です。土地建物、売掛金・在庫、営業権（のれん）や人材、ノウハウなども譲渡対象となるので、買い手の企業は必要な資産のみを譲り受けることができます。事業譲渡は、売り手にとって、自社に不要な部分だけを売却して自社の戦略部門に経営資源を集中できるというメリットがあります。買い手にとっても、必要とする資産、人材、技術などを素早く手に入れることができるので、事業規模の拡大や新規事業への参入がしやすくなります。財産については合併では包括的に移転されますが、事業譲渡の場合は個々の財産別に個別に移転が必要となってきます。従って、ある会社の事業譲渡が行われた場合は、雇用関係がどうなるかを譲渡会社はその従業員に早期に知らせる必要があります。労働者は、自分はどうなるのだろうと不安に思うので、使用者としてはできるだけ早く安心させてやることです。労働契約を承継するには、原則として譲り渡し会社と譲り受け会社の合意及び労働者の同意が必要になります。譲り受け会社と雇用条件が決まれば、労働者としての身分は移転するので問題はありませんが、譲り受け会社が人員の移転を拒否した場合は問題が起こります。譲渡し会社は、受け入れ拒否された人員を引き受け、配置転換や整理解雇を考えなくてはならなくなります。

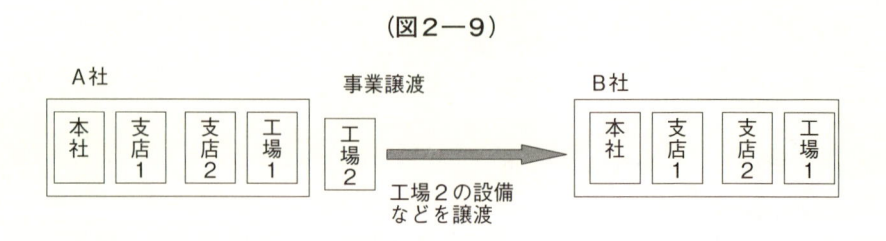

（図2－9）

A社　本社｜支店1｜支店2｜工場1　　事業譲渡　工場2　→　工場2の設備などを譲渡　　B社　本社｜支店1｜支店2｜工場1

　関連する判例として、「赤字対策として工場の分離・子会社化することに伴い移籍を命じた労働者がこれを拒否したため、会社が経営規

模の縮少を余儀なくされ、または会社の合併等により他の職務への配置転換その他の方法によっても雇用を続行できないときにあたるとしてなした解雇が無効とされた事例があります。判決から抜粋します。

「業績不振または業務縮小に伴う人員削減が、希望退職、出向、配置転換、自然減による欠員の不補充などの任意的手段で行われるのでなく、解雇という方法で行われるときは、労働者はその責任のない事由により意に反して職を失い、生活上重大な不利益を受けることになるので、そのような事態が肯認され得るには、解雇時点において使用者側に合理的かつ客観的に首肯し得る程度の人員削減の必要性があり、解雇に至るまでに解雇を回避するための諸措置をはかる努力が十分なされたこと、経営危機の実態や人員整理の必要等について労働者側に十分な説明をし、協議が尽くされたこと等の条件が満たされなければならないと解される。

なぜなら、わが国の場合、一般に労働者は、特段の事情がなければ、企業に終身雇用されることを期待して就労するのが通例であり、途中退職のばあい、特に中高年齢層労働者にとっては、再就職は困難か著しく不利な条件を余儀なくされることは公知の事実であり、一方企業の側でも、特段の事情のない限り、このような労働者側の意識を十分認識のうえ採用するものである以上、このような労働者の期待に出来る限り応え雇用維持を図ることが、継続的法律関係である労働契約における信義則上要請されているものというべきであるからである。

したがって、使用者側における業務縮小に伴い、ある時期に一定の職種の労働者の労働力が不要になったからといって、直ちにその者の解雇がなんらの制約なしに許容されるものではなく、当該企業の規模、業績、人員削減の必要性・緊急性の程度、希望退職や自然減による他の職種・職場における欠員の可能性、本人の職種転換の能力、職種転換に要する訓練等の費用・時間などを総合勘案し、その者を雇用し続けることが企業経営上なお相当に困難であり、その者の解雇が労

働契約上の信義則を考慮してもやむを得ないと認められる場合であれば格別、右要件に該当しない解雇は、前記のいわゆる整理解雇の要件を欠くものであり、解雇権を濫用するものとして無効となると解せられる。そして、このことは、本件の場合のように、会社は、業務縮小あるいは職種転換等によっても雇用継続困難の場合解雇することができる旨就業規則及び労働協約で定められ、特にそのような要件が明示されていない場合であっても、その解釈適用にあたっては、上記のような考慮を及ぼすことが条理上要請されているというべきである。」

＜千代田化工建設（本訴）事件　東京高　（平成5.3.31）全基連 HP より引用　労判629号19頁＞

　事業譲渡に伴い移籍を命じた労働者がこれを拒否したため、解雇をしたというものです。解雇という時点から、論点は整理解雇ということになり、整理解雇の4要素が考慮され解雇権を濫用するものとして無効とされています。従って、事業譲渡の場合では労働者としては無理に譲渡先に転籍させられることはなく、転籍を拒否したために解雇させられる場合は整理解雇と同様の厳しい要件に守られていると言えるでしょう。

(2)　出向

　出向とは「従業員が自己の雇用先の企業に在籍のまま、他の企業の事業所において相当長期間にわたって当該企業の業務に従事すること」です。通常在籍出向といいます。出向と似たものに転籍があります。転籍出向と呼ぶ人もいます。これは、今雇われている企業と労働契約を終了し、他の企業と新たな労働契約を結ぶことをいいます。転籍には現在雇用されている企業との労働契約を合意解約し、新しい労働契約を別企業と締結するという方法と現在雇用されている企業が労働契約上の使用者たる地位を譲渡するという場合（民法第625条）がありいずれも労働者の同意が必要となります。

(図2—10)

出向と転籍　出向：A社に在籍、B社で労働。A社に戻れる可能性あり。

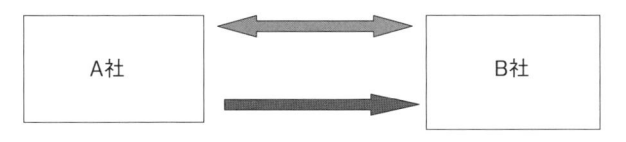

A社　⇔　B社

転籍：A社を退社、B社と労働契約。A社に戻れる可能性なし

　出向も転籍も労働者の同意が必要ですが、就業規則や労働協約に出向の規定がある場合はどうなるでしょうか。出向の場合は、労働者にとって賃金などの労働条件が不利益が生じず、配転と同じような効果を持つ場合は労働者との個別の同意は不要とされます。転籍の場合は、就業規則に基づく労働者の包括的同意は原則認められません。個別の同意が必要です。しかし、採用時などに労働者が事前に説明を受け、実質的に配転と変わらないような場合は包括的同意でも良いとされることがあります。いずれの場合でも、使用者の権利の濫用が認められる場合は無効となります。（労契法第14条）
関連する判例を見ていきましょう。

(ア)　出向命令権の限界
　電鉄会社の駅務員が子会社のオートテニス場に出向を命ぜられたことにつき、その効力を争った事例です。判決から、抜粋します。
　「右認定の事実によると、債権者と債務者間の労働契約は、債権者が債務者の駅務員の業務に従事することを内容とするものであったと考えられるところ、本件出向命令は、それとは業務の内容を異にするオートテニス場の管理を命じたものであって、労働契約所定の範囲外のことを命じたことになるから、労働者である債権者の同意がない以上、拘束力をもたないというべきである。駅務員の業務とオートテニ

ス場の管理業務がともに接客業であり、似た面があることは、この判断を覆すものではない。」
＜神戸高速鉄道事件　東京高　（昭和62.8.31）全基連 HP より引用　労判507号59頁＞

　出向先の業務は、労働契約所定の範囲外の業務なので、労働者である債権者の同意が必要という例です。

(イ)　就業規則の一方的不利益変更
　就業規則を改正して、転籍を業務の都合により従業員に命じうるとし、転籍に応じない従業員を解雇した会社に従業員としての仮の地位の保全を命じた仮処分決定に対して異議が申したてられた事例です。判決から、抜粋します。
　「会社では従来転籍は従業員の承諾の下に行われ、それに副った労働協約条項も存在していたところ、会社は右協約の一方的な廃棄通告をして就業規則44条で転籍に関し従業員は正当な理由がなければこれを拒むことができないと定めたのであるが、転籍とは、元の会社を退職することによってその従業員としての身分を失い、移籍先の会社との間に新たに雇傭関係を生ぜしめることで、元の会社との関係においていわば新労働契約の締結を停止条件とする労働契約の合意解除に相当するものであるから、従業員はその合意解除契約締結の自由が保障されなければならないのである。
　すなわち、転籍は、移転先との新たな労働契約の成立を前提とするものであるところ、この新たな労働契約は元の会社の労働条件ではないから、元の会社がその労働協約や就業規則において業務上の都合で自由に転籍を命じうるような事項を定めることはできず、従ってこれを根拠に転籍を命じることはできないのであって、そのためには、個別的に従業員との合意が必要であるというべきである。しかるに、被申請人はもともとそのような内容の労働協約の定めがあったものを一

方的に従業員に不利益に変更したもので、その変更自体無効といわざるをえないが、改正後の就業規則44条に基づき転籍を命じることもできないといわざるをえない。したがって、右条項にもとづく転籍命令は無効である。」

＜ミロク制作所事件　高知地　（昭和53.4.20）全基連 HP より引用　労判306号48頁＞

　転籍は、移転先との新たな労働契約の成立が前提で、この新たな労働契約は元の会社の労働条件ではないから、元の会社がその労働協約や就業規則において業務上の都合で自由に転籍を命じうるような事項を定めることはできない。そのためには、個別的に従業員との合意が必要であるとされる例です。

　以上で、期間の定めのない労働契約の解雇に関連する説明は終了し、次章からは有期労働契約や派遣契約について説明していきます。

(コラム1) 平均賃金について

解雇予告手当のところで平均賃金という言葉が出てきましたので、ここでご説明しましょう。平均賃金は、解雇予告手当（労基法第20条）、休業手当（労基法第26条）、年次有給休暇中の賃金（労基法第39条）、災害補償（労基法第76条、第77条、第79条、第80条、第82条）、減給の制裁（労基法第91条）などの場合に使われます。通常の生活水準を保証する金額として用いられます。

(1) 通常の計算式

労働基準法第12条では「この法律で平均賃金とは、これを算定すべき事由の発生した日以前3箇月間にその労働者に対し支払われた賃金の総額を、その期間の総日数で除した金額をいう。」とされています。また、「前項の期間は、賃金締切日がある場合においては、直前の賃金締切日から起算する。」とされています。平均賃金には、過去三か月間に支払われた賃金のすべてが含まれます。従って、残業手当の計算には含まれない通勤手当や住宅手当なども含まれるのです。ただし、次の賃金は含まれません。

① 臨時に支払われた賃金
② 3箇月を超える期間ごとに支払われる賃金並びに
③ 通貨以外のもので支払われた賃金で一定の範囲に属しないもの

また、次の賃金等はその金額と期間（日数）が平均賃金の計算から除外されます。

① 労働災害にかかり療養のために休業した期間
② 産前産後の規定によって休業した期間
③ 使用者の責めに帰すべき事由によって休業した期間
④ 育児休業、介護休業をした期間
⑤ 試みの使用期間

それでは、以下の例をもとに計算してみましょう。
（例）　5月の総支給額：210,000円（給料のみ）
　　　　6月の総支給額：250,000円（給料＋40,000円の臨時に支払われた交通費支給）
　　　　7月の総支給額：180,000円（2日間育児休業：休業手当なし）

平均賃金の計算

$$\frac{210{,}000 + 250{,}000 + 180{,}000}{31 + 30 + 29} = 7{,}111$$

1日につき、7111円となります。

　解雇予告手当を計算するときは、即時解雇の場合は30日分なので、213,333円になります。

　なお、雇入後3か月に満たない者については、第1項の期間は、雇入後の期間とし、賃金が通貨以外のもので支払われる場合、日日雇い入れられる者、上記の方法によって算定し得ない場合の平均賃金の総額に算入すべきものの範囲及び評価に関し必要な事項は、厚生労働省令で定めることになっています。

(2)　**最低保証がある場合**

（2－1）

　賃金が、労働した日若しくは時間によって算定され、又は出来高払制その他の請負制によって定められた場合においては、賃金の総額をその期間中に労働した日数で除した金額の百分の六十で計算した金額が(1)の計算式で計算した金額を上回るときは、こちらで計算した額を適用しないといけないのです。つまり、パートやアルバイトなどで時間給により賃金が支払われる場合です。1週間に1回、3時間だけ働くような短時間労働も含みます。

　例えば、時給800円、毎週金曜日の午前中3時間だけ働く場合、3

か月間（14週間と仮定します）の賃金総額は、800×3×14週間＝33,600円÷14日×0.6＝1,440としましょう。この例では、毎月の賃金は、大体9,600円〜12,000円です。しかし、解雇予告手当を計算すると

1,440円×30の計算によると43,200円となり毎月の給料よりずっと高くなってしまいます。おそらく、労働基準法を作ったときにはこのようなパートの労働形態は予想していなかったと思われます。そのため、週1回働いていた人でも解雇予告手当などは30日分の平均賃金を支払うことになり毎月の賃金よりも多く支払わないといけないような場合も出てくるのです。

（2—2）

賃金の一部が、月、週その他一定の期間によって定められた場合においては、その部分の総額をその期間の総日数で除した金額と前号の金額の合算額ということなので、例えば3か月の労働をしたと仮定して、どの月も固定給が毎月50,000円、変動給として時給800円として1日4時間、1月に20日働くとすると、通常の給料は50,000円＋800×4×20という計算で114,000円となりますが、解雇予告手当は、平均賃金がこの最低保障の計算では

50,000×3÷（31＋30＋31）＋（800×4×20×3）÷60×0.6≒3,550円／日となり、解雇予告手当はこの30倍ですから106,500円となります。通常のやり方ですと、毎月同じ額の給料をもらっていると仮定すると、

（114,000×3）÷（31＋30＋31）≒3,717／日×30日≒111,522円となりこの場合は通常の計算式で計算したほうが有利となります。

このようにパートタイマーやアルバイト、歩合制の賃金の場合は通常の計算とは異なる方式も考えないといけないので注意が必要です。

第3章 有期雇用契約と雇止め

第1節 有期雇用契約とは

　これまでは、雇用期間の定めのない労働契約についてお話ししてきました。期間の定めがないということは、通常定年あるいは死亡まで働くことを前提としています。しかし、雇用契約には、いろいろな形があります。例えば、引っ越しの手伝いを考えると、通常の家庭の引越しなら1日で終わります。その日だけ働いてもらえばよいわけです。そうすると1日だけ働く労働契約が生まれます。このような契約で雇われた労働者を、日雇い労働者といいます。労働基準法では、日々雇い入れられる者（労基法第21条）と書かれています。また、ビジネス・ショーなどで働くコンパニオンなどは、そのショーの期間だけ働く契約を結びます。ショーの期間が2か月以内なら、その期間を定めて使用されます。その他、北海道など寒い地域の農業従事者の人は、冬は雪のため仕事ができません。そのため、冬の期間だけ別の場所で建設作業員などの仕事をします。このような労働者を季節労働者と言います。これらの労働は通常短期間で期間が限定されています。

　しかし、近年短期間の雇用契約を何度も繰り返すような通称契約社員と呼ばれる労働者の人が増えてきました。読者は、フリーターという言葉をご存知ですね。和製外国語のフリー・アルバイターの略ですが、一部の労働者にとっては、一時期働いてお金がたまったら登山など自分の好きなことをして暮らして自分の望む人生がおくれるわけで

す。一方、経営者にしても正社員（期間の定めのない労働契約で雇用する労働者）については、入社してから自社に向いていないとわかっても簡単に解雇できません。期間の定めのある社員を使えば、契約期間が過ぎれば雇わなくてもいいので人件費が固定化せず、使い勝手が良いのです。このようにして、契約社員の利用が増えてきましたが、今ではもともとフリーターとしての雇用を希望する人よりも、正社員を望む人が契約社員として多数雇用されるようになったのです。

　ここで、少しお断りしておきましょう。契約社員やフリーターという言葉は一般的で、その中身は委任や請負など労働契約でない場合もあり、日雇い契約の場合もあるでしょう。従って、実務においては契約の実態で判断しないといけません。ここで私が契約社員と言っているのは、期間の定めのある労働契約（有期雇用契約）を結んだ労働者を意味すると考えてください。契約社員は、その雇用契約期間が過ぎれば失業します。そうすると、仕事を探さなければなりません。年齢が高くなると仕事も得難くなりなります。また、契約社員の多くは正社員と変わらない仕事を行っています。正社員なら、年齢が上がるにつれて賃金も上昇していきますが、契約社員の場合は雇用契約で金額が決まりますので、必ずしも昇給するとは限らないのです。多くの契約社員は生活が不安定になるため正社員の地位を求めていますが、経営者としても契約社員のメリットを利用したいので、なかなか希望者を正社員には移行してくれません。そこで有期雇用だけに発生するトラブルもでてきました。厚生労働省でも、「有期契約労働者を雇用する事業主の皆様へ」というパンフレットを作って、有期契約労働者の雇用管理の改善に関するガイドラインを発行しています。本書は解雇や退職といった雇用契約の終了をめぐる問題について解説していますが、有期契約の終了をめぐる問題に入る前に、このガイドラインの中身について少し見ていきたいと思います。

　有期契約労働者にはフルタイム有期契約労働者と短時間有期契約労

働者の2種類があります。フルタイム有期契約労働者と呼ばれる人は、1週間の所定労働時間が通常の労働者（期間の定めのない雇用契約の労働者で短時間労働者でない人）と同じ有期契約労働者を言います。このガイドラインは、フルタイム有期契約労働者を対象にしています。ここでは、ガイドラインの(1)安定的な雇用関係に配慮した雇用環境の整備についての箇所だけ抜粋してご紹介します。

　使用者の方には、有期労働契約の期間満了後にトラブルの発生を避け、円滑な労使関係を築くためにも、ここで紹介するガイドラインに目を通していただきたいと思います。

　労働者の方は、雇止めの際に使用者がこのガイドラインに沿った形で雇用してきたかチェックしてみると良いでしょう。

第2節　有期契約労働者の雇用管理の改善に関する　ガイドライン

　厚生労働省では、「有期契約労働者を雇用する事業主の皆様へ」というパンフレットを作って、有期契約労働者の雇用管理の改善に関するガイドラインを発行しています。
（URL:http://www.mhlw.go.jp/bunya/koyou/other25/dl/01.pdf　）
ここでは、簡単にその骨子を述べて、使用者が心がけなければならないことをまとめます。
(イ)　使用者は、労働契約の締結に際し、労働者に対して、労働契約の期間に関する事項を書面の交付によって明示しなければなりません（労基法第15条第１項）。
(ロ)　使用者は、有期労働契約の締結に際し、労働者に対して、更新の有無を明示しなければならず、更新する場合がある旨明示したときは、更新の判断基準を明示しなければなりません（雇止め告示第１条）。
　　○　明示すべき「更新の有無」の具体的内容については、
　　　(1)　自動的に更新する
　　　(2)　更新する場合があり得る
　　　(3)　契約の更新はしないなどが考えられます。
　　○「判断の基準」の具体的な内容については、
　　　(1)　契約期間満了時の業務量により判断する
　　　(2)　労働者の勤務成績、態度により判断する
　　　(3)　労働者の業務を遂行する能力により判断する
　　　(4)　会社の経営状況により判断する
　　　(5)　従事している業務の進捗状況により判断するなどが考えられます。

⑻　使用者は、有期労働契約について、その労働契約により労働者を使用する目的に照らして、必要以上に短い期間を定めることにより、その労働契約を反復して更新することのないよう配慮しなければなりません（労契法第17条第２項）。

⑼　使用者は、有期労働契約（１回以上更新し、かつ、雇入れ日から起算して１年を超え継続勤務している者に係るものに限る。）を更新しようとする場合には、契約の実態及び労働者の希望に応じて、契約期間をできる限り長くするよう努めなければなりません（雇止め告示第４条）。

⑽　使用者は、有期労働契約について、やむを得ない事由がある場合でなければ、その契約期間が満了するまでの間において、労働者を解雇することができません（労契法第17条第１項）。

⑾　使用者は、労働契約の締結に際し、退職に関する事項（解雇の事由を含む。）を明示しなければなりません（労基法第15条第１項）。

⑿　使用者は、労働者を解雇しようとする場合には、少なくとも30日前にその予告をしなければなりません（労基法第20条第１項）。

⒀　労働者が、退職の場合において、証明書を請求した場合には、使用者は、遅滞なく交付しなければなりません（労基法第22条第１項及び第２項）。

⒁　使用者は、有期労働契約（３回以上更新し、又は雇入れ日から起算して１年を超えて継続勤務している者に係るものに限り、あらかじめ更新しない旨明示されているものを除く。）を更新しないこととしようとする場合には、少なくとも30日前までにその予告をしなければなりません（雇止め告示第２条）。

⒂　事業主は、女性労働者が妊娠したことや出産したこと等を理由として雇止め等の不利益な取扱いをしてはなりません（均等法第９条第３項）。

第3節　雇止めと解雇権濫用の法理

(1) 有期雇用契約の特徴

　前節のガイドラインの概要をごらんになってどう思われたでしょうか。労働契約の内容を文書で明示するなど、期間の定めのない労働者と変わりませんね。有期雇用契約の特徴は、労働契約の期間が限定されているということです。労働基準法では、第14条で「労働契約は、期間の定めのないものを除き、一定の事業の完了に必要な期間を定めるもののほかは、3年（指定された専門分野や60歳以上の労働者との間の労働契約にあっては、5年）を超える期間について締結してはならない。」と規定しています。これは、長い契約期間を締結してしまうと労働者の自由を不当に拘束する恐れがあるから設けられたものです。通常は3年契約が限度ですが、公認会計士や医師など高度な専門的知識をもつ労働者は5年が限度です（平成5年10月22日　厚労省告示356号）。それでは、期間の定めのない契約ならもっと長いじゃないかと思われる方もいるでしょう。実は期間の定めのない契約は、各当事者はいつでも解約の申し入れをすることができるのです（民法第627条）。期間の定めのある契約では契約期間中は労使双方とも解約できないのですが、労働者については「期間の定めのある労働契約を締結した労働者は、当該労働契約の期間の初日から一年を経過した日以後においては、その使用者に申し出ることにより、いつでも退職することができる（労基法第137条）。」と規定されています。

　前節のガイドラインの「契約期間、更新の有無の明示等について」の箇所に「更新の有無及び判断基準の明示」というものがありました。使用者側から契約更新があるかどうかをまずはっきりさせ、次に更新がある場合は自動的に更新するのか、更新する場合があるのかを

明確にします。実務上では、更新の手続きも問題になります。更新の際、きっちり面談を行い契約内容の確認をして書面を交付する場合と、口頭だけで更新を告げたり、或いは契約書の期間だけ修正したものを交付する場合とでは、後に裁判になった場合判断が異なることがあります。更新する場合の判断基準もはっきりさせておく必要があります。例として挙げられているのは、契約期間満了時の業務量、労働者の勤務成績、態度、労働者の業務を遂行する能力、会社の経営状況、従事している業務の進捗状況などがあります。労働契約は、書面で明示することを要請されていますので、これらの内容も契約書に規定することが要請されています。

　次に、契約期間についての配慮というのがありましたね。一つは、有期労働契約について短い期間を何度も更新しないように配慮するということでした。例えばあるシステム開発プロジェクトの期間が１年なのに、システム・エンジニアとしての契約期間が３か月で満了毎に更新するという場合、労働者にとってもいつ契約満了を告げられるかわからないので落ち着いて仕事に専念できません。このような場合は、１年契約とした方が労働者も自分の生活設計も立てやすいし契約内容についても納得しやすいでしょう。

　また、契約更新時の配慮というのもありました。雇い入れ日から１年以上継続勤務している人や、有期労働契約を１回以上更新している人は、労働者の希望に応じて契約期間を長くするというものでした。期限の定めのない契約をした労働者は試用期間が終了すると正社員としての地位が確立します。通常は解雇されない限り定年までその勤務先で働けるわけです。試用期間は、長くても１年くらいでしょう。３か月から６か月というところが多いのではないでしょうか。それにひきかえ、有期労働契約では１年以上継続勤務しても、期間満了になれば労働者としての地位を失うわけです。そのため、有期労働契約という形態は継続するとしても長く継続勤務してきた人には、次の契約は

より長い期間で契約更新してあげなさいということなのです。

(2) 雇止めとは

　さて、契約期間中に契約を解消する点については次節で説明するとして、ここでは契約満了について考えてみましょう。市民感覚では、契約期間が満了すれば通常労働契約は消滅します。しかし、例えば半年ごとの労働契約を10回以上自動的に更新してきた場合、労働者が次期も更新されるであろうと期待するのは当然ではないでしょうか。ところが、契約上は6か月なので、最後の契約満了時に「はいご苦労さん」といわれて契約が解消してしまったら、労働者は急いで次の仕事を探さなければいけません。契約解消について身に覚えがある場合ならともかく、いままで自動的に更新されてきたような場合だと信頼を裏切られたような気持になるのもやむを得ないと思います。このように、有期労働契約では契約期間が満了し形式上では契約解消しても何も問題は無いように見えても、労働者にとっては期待を裏切られ生活に響くことがあります。このように期間満了とともに次期の契約更新をしないことを雇止めといいます。

　期間の定めのない労働者は、経営上の事情で解雇されることを別にすると、自らの事情で解雇されない限りは継続して雇用されることが保障されています。期間の定めのある労働者は同じ仕事をしていても期間満了になれば職を失います。これが、1回限りの契約ならあまり問題にはならないでしょうが、何度も契約更新して正社員と変わらないような労働なのに突然契約更新しないと言われた労働者が、従業員としての地位を求めて訴えるケースが増えてきています。このような場合、その労働契約が実質は期間の定めのない契約であると判断された場合に、第2章で述べた解雇権濫用の法理が類推適用されるのです。

　ここで注意していただきたいのは、労働者の意思により契約更新しない場合は雇止めとはなりません。また、臨時的な仕事で期間があら

かじめ限定されており、予定通り期間満了になって契約が終了する場合も同様です。大学や塾の非常勤講師などは、授業数が専任講師より少なく、学校の会議に参加しない、仕事を掛け持ちしている等学校との関わり合いも薄い場合、1年契約はその年ごとに消滅します。有期労働契約では、原則として期間満了で終了するのです。しかし、契約を何度も更新し、契約期間が長い労働者が契約更新を期待するのを保護する必要がある場合に、例外的に雇止めに対して解雇権濫用の法理を適用するわけです。従って、労働者本人に帰責事由があるような場合は認められません。また、雇用の通算期間が1年未満ならば解雇権濫用の法理は適用されないでしょう。先ほどの1年のシステム開発プロジェクトの例でいうと、プロジェクトが予定通り1年で終了し、プロジェクトチームも解散して有期労働契約も期間満了すると契約終了となり、特別な状況でもない限り雇止めによる解雇権濫用の法理の適用は無いと思われます。労働相談にも、有期労働契約が期間満了したので何とかならないかというケースがありますが、通常は期間満了で終わる場合が多いのです。

(3) 雇止めの判断で考慮される事項

　それでは、どのような場合に雇止めに解雇権濫用の法理が類推適用されるのでしょうか。雇止めの判断で考慮される事項を一つずつ見ていきましょう。（労働省「有期労働契約の反復更新に関する調査研究会報告」（平成12年9月）に基づく。）

　(ア)　業務の客観的内容

　　　業務内容は一時的なものか、恒常的に行われるものか、或いは業務内容が正社員と同一のものかが考慮されます。

　(イ)　契約上の地位の性格

　　　契約上の地位が非常勤講師など臨時的なものか、労働条件について正社員と同一性があるかなど。

(ウ) 当事者の主観的態様

　　継続雇用を期待させる当事者の言動や認識の有無など
(エ) 更新の手続きや実態

　　反復更新の有無・回数・勤続年数など、契約更新に際しての手続きが厳格におこなわれているか、時期や方法が適正かなど
(オ) 他の労働者の更新状況

　　同様の地位にある他の労働者の雇止め状況
(カ) その他

　　有期労働契約を締結した経緯や雇止めする合理的理由

　上記の内容をチェックして、実質的に正社員（期間の定めのない労働者）と変わらない扱いができるかどうかを総合判断します。例えば、本来正社員として雇うところ予算の関係で契約社員になり、労働条件は正社員と同じで業務内容も同じ、これまで10回以上雇用契約を自動更新してきて勤続年数も10年になる。上司からは正社員への登用の可能性を告げられ、周りの契約社員もそのまま雇用契約を更新しているというようなケースでは雇止めがあると解雇権濫用の法理が類推適用されるでしょう。

(4) 雇止めが有効になる場合

　使用者にすれば、期間を限定して雇用しているのに契約終了を認められず解雇権濫用の法理を持ち出されるのは不本意でしょう。逆に、労働者からすればどのような形で契約が締結されれば、有期雇用であっても継続雇用が認められるかという基準が欲しいところです。(3)の雇止めの判断で考慮される事項を見れば、予測がつくと思いますが、もう一度まとめてみたいと思います。使用者にとって、雇止めが有効になる場合は、

　① 正社員と契約社員の間に業務内容に差を設ける。（同じ仕事はさせない）

② 労働条件特に労働時間に差を設ける。（契約社員には残業をさせないなど）
③ 雇用継続を期待させる言動は避ける。（真面目に仕事をすればいつまでも働けるなど言わない。）
④ 更新手続きは厳格に行う。（面談して意思確認をし、契約書にも明示する）
⑤ 雇止めの実績を作る。

などの措置がとられていれば有効となる可能性が高いでしょう。逆に労働者側からは、上記のポイントで欠けているところがあれば交渉の可能性はあるでしょう。

(5) 雇止めに関連する判例

雇止めに関しては、有名な判決がありますので、それを見ていきましょう。一つ目は、雇止めを認めなかった例で、二つ目と三つ目は雇止めを認めた例です。

(ｱ) **東芝柳町工場事件** ＜最一小（昭和49.7.22）全基連HPより引用　労判206号27頁＞
(事件の概要)
　電気機器等の製造販売を目的とする会社（Y社）に契約期間を2か月と記載してある臨時従業員（X：複数）として雇用され、10か月ないし3年9か月にわたり右契約を反覆更新してきた臨時工が雇止めされたためにその効力を争った事例。同社では、基幹臨時工として従事する仕事の種類や内容は本工と差異はなく、毎年相当数が採用され2か月間の期間満了で雇止めされた例はない。Y社では、契約期間は2か月であるが、Xに対し本工へ登用を期待させる言動があった。契約更新は5回から20回行われたが、その都度直ちに更新手続きをとっていたわけではない。Y社はXに対し勤務態度不良や業務量の減少を理

由として契約更新をしなかった。1審及び原審は実質上期間の定めのない契約と異ならないとして、雇止めを認めなかった。
（判決抜粋）
「原判決は、以上の事実関係からすれば、本件各労働契約においては、上告会社としても景気変動等の原因による労働力の過剰状態を生じないかぎり契約が継続することを予定していたものであって、実質において、当事者双方とも、期間は一応2か月と定められてはいるが、いずれかから格別の意思表示がなければ当然更新されるべき労働契約を締結する意思であったものと解するのが相当であり、したがって、本件各労働契約は、期間の満了毎に当然更新を重ねてあたかも期間の定めのない契約と実質的に異ならない状態で存在していたものといわなければならず、本件各雇止めの意思表示は右のような契約を終了させる趣旨のもとにされたのであるから、実質において解雇の意思表示にあたる、とするのであり、また、そうである以上、本件各雇止めの効力の判断にあたっては、その実質にかんがみ、解雇に関する法理を類推すべきであるとするものであることが明らかであって、上記の事実関係のもとにおけるその認定判断は、正当として首肯することができ、その過程に所論の違法はない。
　そこで考えるに、就業規則に解雇事由が明示されている場合には、解雇は就業規則の適用として行われるものであり、したがってその効力も右解雇事由の存否のいかんによって決せらるべきであるが、右事由に形式的に該当する場合でも、それを理由とする解雇が著しく苛酷にわたる等相当でないときは解雇権を行使することができないものと解すべきである。ところで、本件臨就規8条は上告会社における基幹臨時工の解雇事由を列記しており、そのうち同条3号は契約期間の満了を解雇事由として掲げているが、上記のように本件各労働契約が期間の満了毎に当然更新を重ねて実質上期間の定めのない契約と異ならない状態にあったこと、及び上記のような上告会社における基幹臨時

工の採用、傭止めの実態、その作業内容、被上告人らの採用時及びその後における被上告人らに対する上告会社側の言動等にかんがみるときは、本件労働契約においては、単に期間が満了したという理由だけでは上告会社において雇止めを行わず、被上告人らもまたこれを期待、信頼し、このような相互関係のもとに労働契約関係が存続、維持されてきたものというべきである。そして、このような場合には、経済事情の変動により剰員を生じる等上告会社において従来の取扱いを変更して右条項を発動してもやむをえないと認められる特段の事情の存しないかぎり、期間満了を理由として雇止めをすることは、信義則上からも許されないものといわなければならない。しかるに、この点につき上告会社はなんら主張立証するところがないのである。もっとも、前記のように臨就規8条は、期間中における解雇事由を列記しているから、これらの事由に該当する場合には傭止めをすることも許されるというべきであるが、この点につき原判決は上告会社の主張する本件各傭止めの理由がこれらの事由に該当するものでないとしており、右判断はその適法に確定した事実関係に照らしていずれも相当というべきであって、その過程にも所論の違法はない。そうすると、上告会社のした被上告人らに対する本件傭止めは臨就規8条に基づく解雇としての効力を有するものではなく、これと同趣旨に出た原判決に所論の違法はない。」

（コメント）

　この判決では、契約期間は一応2か月であるが期間の満了毎に当然更新を重ねて、あたかも期間の定めのない契約と実質的に異ならない状態で存在していたとして、解雇権濫用の法理を適用し雇止めを認めなかったわけです。ポイントとしては、簡易な更新手続きを何度も繰り返してきたことと過去に雇止めの事例がなかったことから期間満了を理由として雇止めをすることは、信義則上からも許されないとされたということでしょう。

(イ) **日立メディコ事件** ＜最一小（昭和61.12.4）全基連HPより引用　労判486号6頁＞
（事件の概要）
　2か月の労働契約を5回にわたって更新してきた臨時員に対する更新拒絶につき、解雇に関する法理を適用すべきであるが、更新拒絶はやむを得ないものとして、原審の判断を正当とした事例。
（判決抜粋）
　「(1)上告人（労働者）は、昭和45年12月1日から同月20日までの期間を定めて被上告人（使用者）の柏工場に雇用され、同月21日以降、期間2か月の本件労働契約が5回更新されて昭和46年10月20日に至った臨時員である。(2)柏工場の臨時員制度は、景気変動に伴う受注の変動に応じて雇用量の調整を図る目的で設けられたものであり、臨時員の採用に当たっては、学科試験とか技能試験とかは行わず、面接において健康状態、経歴、趣味、家族構成などを尋ねるのみで採用を決定するという簡易な方法をとっている。(3)被上告人が昭和45年8月から12月までの間に採用した柏工場の臨時員90名のうち、翌46年10月20日まで雇用関係が継続した者は、本工採用者を除けば、上告人を含む14名である。(4)柏工場においては、臨時員に対し、例外はあるものの、一般的には前作業的要素の作業、単純な作業、精度がさほど重要視されていない作業に従事させる方針をとっており、上告人も比較的簡易な作業に従事していた。(5)被上告人は、臨時員の契約更新に当たっては、更新期間の約一週間前に本人の意思を確認し、当初作成の労働契約書の「4雇用期間」欄に順次雇用期間を記入し、臨時員の印を押捺せしめていた（もっとも、上告人が属する機械組においては、本人の意思が確認されたときは、給料の受領のために預かってある印章を庶務係が本人に代わって押捺していた）ものであり、上告人と被上告人との間の5回にわたる本件労働契約の更新は、いずれも期間満了の都度新たな契約を締結する旨を合意することによってされてきたもので

ある。

　以上の認定は、原判決挙示の証拠関係に照らし、正当として肯認することができ、その過程に所論の違法はない。

　原審の確定した右事実関係の下においては、本件労働契約の期間の定めを民法90条に違反するものということはできず、また、5回にわたる契約の更新によって、本件労働契約が期間の定めのない契約に転化したり、あるいは上告人と被上告人との間に期間の定めのない労働契約が存在する場合と実質的に異ならない関係が生じたということもできないというべきである。

　柏工場の臨時員は、季節的労務や特定物の製作のような臨時的作業のために雇用されるものではなく、その雇用関係はある程度の継続が期待されていたものであり、上告人との間においても5回にわたり契約が更新されているのであるから、このような労働者を契約期間満了によって雇止めにするに当たっては、解雇に関する法理が類推され、解雇であれば解雇権の濫用、信義則違反又は不当労働行為などに該当して解雇無効とされるような事実関係の下に使用者が新契約を締結しなかったとするならば、期間満了後における使用者と労働者間の法律関係は従前の労働契約が更新されたのと同様の法律関係となるものと解せられる。(2)しかし、右臨時員の雇用関係は比較的簡易な採用手続で締結された短期的有期契約を前提とするものである以上、雇止めの効力を判断すべき基準は、いわゆる終身雇用の期待の下に期間の定めのない労働契約を締結しているいわゆる本工を解雇する場合とはおのずから合理的な差異があるべきである。(3)したがって、後記のとおり独立採算制がとられている被上告人の柏工場において、事業上やむを得ない理由により人員削減をする必要があり、その余剰人員を他の事業部門へ配置転換する余地もなく、臨時員全員の雇止めが必要であると判断される場合には、これに先立ち、期間の定めなく雇用されている従業員につき希望退職者募集の方法による人員削減を図らなかった

としても、それをもって不当・不合理であるということはできず、右希望退職者の募集に先立ち臨時員の雇止めが行われてもやむを得ないというべきである。」

（コメント）

　この裁判の事実認定では、労働者（上告人Ｘ）は臨時的に採用されたもので、学科試験などは受けず簡易な方法で採用されており、仕事も簡単な作業であったこと、契約も期間満了のつど新たな合意のもとに締結されており、5回の契約更新によりＸ（労働者）と被上告人（Ｙ社）との間に期間の定めのない労働契約が存在する場合と実質的に異ならない関係が生じたということもできないとしています。そのため、本工を解雇する場合とはおのずから合理的な差異があるべきとし、事業上やむを得ない理由により人員削減をする必要があり、希望退職者の募集に先立ち臨時員の雇止めが行われてもやむを得ないというべきであると結論づけています。契約更新の回数だけではなく、契約の内容、仕事の内容、採用の経緯、契約更新の方法など総合的に考慮して雇止めを認めたものです。ポイントとしては、業務内容が正社員とは異なること、過去に雇い止めの事例があることと、適性な更新手続きでしょう。また、事業上やむを得ない場合正社員に先立って臨時員の雇止めを認めるのは、整理解雇の4要件の趣旨から被解雇者選定の合理性に通じるものがあるような気がします。

　(ウ)　**亜細亜大学事件**　＜東京高（平成2.3.28）全基連HPより引用＞
（事件の概要）

　一年間の雇用契約を20回更新してきたインド人のヒンディ語非常勤講師に対する更新拒否につき、期間満了により右雇用契約が終了したとされた事例です。判決を抜粋すると以下のようになります。

　「講義が恒常的に設置されていても、雇用期間の定めのある講師を雇用することは当然ありうることである。また、前記のとおり、被告

の原告に対する毎年の辞令交付は一年という期間を限定したもので、重要な更新手続に当るといえる。その交付が4月1日以降であったのは、毎年の金額が固定していない賃金額を記載する都合によるものであった。

　そして、右1のとおり、被告のY大学においては、専任教員はその職務及び責任の面で全般的な拘束を受けその地位が期間の定めなく継続するのに対し、非常勤講師は限られた職務を本来短期間担当する地位にあり、大学から全般的な拘束を受けないことを前提としており、非常勤講師の賃金等の雇用条件も専任教員とは異なっている。仮に被告が原告との契約の更新を予定していた時期があったとしても、被告において非常勤講師につき期間を定めて雇用するという形態は、その限られた職務内容と責任を反映したもので、その嘱託に当っては大学が裁量に基づき適任者を選任することを予定したものであり、被告はいつでも適任者を選任することができるというべきであるし、被告が昭和59年以降原告との契約の更新を予定していたとは認められない。

　また、非常勤講師の側から見ても、他に本務・兼務をもつことはさしつかえなく、他にも収入を得ることは十分可能である。原告の場合も、他大学の教員の仕事も担当して相当額の収入を得ており、かつ、その拘束の度合等からして被告との結び付きの程度は専任教員と比べると極めて薄いものであって、原告は、被告との雇用契約がそのような性質のものであることを十分に知り又は知り得たというべきである。

　以上のような諸事情を考慮すると、原・被告間の雇用契約は、20回更新されて21年間にわたったものの、それが期間の定めのないものに転化したとは認められないし、また、期間の定めのない契約と異ならない状態で存在したとは認められず、期間満了後も雇用関係が継続するものと期待することに合理性があるとも認められない。したがって、被告の更新拒絶につき解雇に関する法理を類推して制約を加える必要があるとはいえない。」（東京地　昭和63.11.25）

「当裁判所も、控訴人の本訴請求は、失当としてこれを棄却すべきものと判断するが、その理由は、次のとおり訂正、付加するほか、原判決の理由説示と同一であるからこれを引用する。当審における証拠調べの結果によっても、この認定判断を覆すに足りない。」(東京高平成2.3.28)

(コメント)

　契約更新の回数が20回、勤続年数が20年以上にわたり、亜大の非常勤講師250名中最も勤続年数の長い外国人の非常勤講師であること、控訴人の担当するヒンディー語の講座は亜大において恒常的に開設されている講座であり、その職務は臨時的なものではないこと、控訴人は、昭和51年から昭和58年まで亜大においてヒンディー語の講座を担当した唯一の教員であり、この間、特に、昭和53年に新設された経済学部国際関係学科においてヒンディー語を教授するなど亜大の発展に貢献したことなどの諸事情を考慮してみても、右の判断を動かすには足りないと判決されています。雇い止めが認められたポイントは、契約当事者の期間満了による契約の終了の認識、労働者は契約内容により全般的な拘束を受けないもので他に本務・兼務をもつことはさしつかえないものであったこと、厳格な更新手続き、同様の地位にある労働者の雇い止めの例があることなどでしょう。

第4節　期限到来前の契約解除

(1)　やむをえない事由

　有期労働契約は、契約期間が定められているわけですからその期間内では労働者は労働力を提供し、使用者は雇用する義務があるわけです。民法では、第628条で「当事者が雇用の期間を定めた場合であっても、やむを得ない事由があるときは、各当事者は、直ちに契約の解除をすることができる。この場合において、その事由が当事者の一方の過失によって生じたものであるときは、相手方に対して損害賠償の責任を負う。」と規定されています。労働契約法においても、第17条で「使用者は、期間の定めのある労働契約について、やむを得ない事由がある場合でなければ、その契約期間が満了するまでの間において、労働者を解雇することができない。」とされています。同法第16条で正社員の解雇は、「合理的な理由等」があれば解雇が有効であるとしていますので、第17条の解釈からは、正社員より契約社員を期間途中解雇する場合により厳しい条件を求めていることになります。すなわち、「やむをえない事由」が無い限り契約期間内では雇用は継続するわけです。厚生労働省でも、「やむを得ない事由」があると認められるのは、解雇濫用法理における場合よりも狭いとされ、さらに「やむを得ない事由」があることの立証責任は、使用者側が負うものと解されています（平成20年1月、基発0123004号）。それでは、「やむをえない事由」とはどのようなことを指すのでしょうか。

　契約期間は労働者と使用者が合意により決定したものであり、遵守されるべきものであることから、「やむを得ない事由」があると認められる場合は、解雇権濫用法理における「客観的に合理的な理由を欠き、社会通念上相当である」と認められる場合よりも狭いと解されま

す。つまり、裁判になると厳格に判断されるということです。契約期間中の解雇について労働者及び使用者が合意していた場合であったとしても「やむを得ない事由」があると認められるものではなく、実際に行われた解雇について「やむを得ない事由」があるか否かが個別具体的な事案に応じて判断されるものであるとされています。これでは、実際に契約期間中の契約解消が起こらないと判断ができないことになります。実務上では、正社員を整理解雇する際に求められる業務上の必要性と同程度の必要性が求められ、単に不況だからというような理由では「やむを得ない事由」とは認められないでしょう。ただ、日立メディコ事件にもみられるように、経営悪化のため正社員の解雇に先んじて契約解消することは認められるのではないかと思われます。

　それでは契約期間中の解雇（契約解消）が、勤務態度不良など労働者側に責任がある場合はどうなるでしょうか。使用者としては解雇権濫用法理が適用されないためには、合理的な理由が必要でしょう。少なくとも、労働者の行為が就業規則の解雇事由に該当する必要があると思われます。配転や教育などの解雇回避義務があるかどうかは分かりません。実際のケースにより社会的相当性の判断も変わってくると思われます。

(2) **損害賠償**

　やむをえない事由があっても当事者に過失があれば損害賠償請求される可能性もあります。使用者の過失により生じた解雇の場合、使用者は労働者について生じた損害を賠償する必要があり、この場合の賠償限度額は本来得られたはずの賃金相当額、つまり契約期間満了までの賃金相当額と考えられます。このように、残りの契約期間分の給与の支払いを請求することは一般的には可能です。ただし、損害が発生しないためにとった会社の対応措置等により、損害賠償が認められなかったり、賠償額が減額となる可能性もあります（民法第628条）。

(3) 労働者側からの契約解消

　契約期間中の労働者側からの退職は可能でしょうか。契約期間途中でも、「正当な理由」があれば、期間の途中でもただちに解約できると思われます。正当な理由としては、
- 会社が残業代を支払わないなどの労基法違反を行っている
- セクハラ、やパワハラが行われている。
- 病気や介護など「やむを得ない事由」がある
- 実際の労働条件が労働契約と相違する（労基法第15条第2項）

等が考えられます。

実務上、契約期間中の契約解除の妥当性の判断は裁判によることになります。裁判をしてみないと明確な答は出ないので労使間で争いになる可能性は高いと思われます。内容によっては、労働者側敗訴という可能性もあります。

　また、労働契約の初日から一年を経過した日以降においては、使用者に申し出ることにより、いつでも退職できます（労基法137条）。

　労働者側として気を付けないといけないことは、労働者側に過失があった場合は相手方に損害賠償の責任を負うということです。例えば、契約期間中に急に退職すると使用者は急いで代替要員を見つけなければならないなど不測の損害を受ける場合があります。その結果、損害賠償を請求されるおそれがあります。退職の際には、自分に非が無いようにしましょう。

第5節　パートタイマーとアルバイト

　これまで説明してきた内容は、正社員や契約社員というイメージを前提に行われたように受け取られる読者もいるでしょう。現実には、一日のうち3時間で毎週1回だけ働くというようなパートタイム・ワークや、勉学や仕事の傍らアルバイトをするなど多様な労働のスタイルがあります。

　パートタイマーやアルバイトなど、短時間雇用については解雇や契約解除以外の部分でいろいろな課題がありますが、本書では扱う範囲が広がりすぎるため取り上げません。パートタイム労働者の雇用管理について興味のある方は、厚生労働省のホームページに詳しく説明されています。URLは、

　http://www.mhlw.go.jp/topics/2007/06/tp0605-1.html　となっています。

　ここでは、厚生労働省の「事業主が講ずべき短時間労働者の雇用管理の改善等に関する措置等についての指針」から、事業主が講ずべき短時間労働者の雇用管理の改善等に関する措置等について一部抜粋したものを掲げておきます。

事業主は、次の事項について適切な措置を講ずるべきである。
一　短時間労働者の雇用管理の改善等
　㈠　労働時間
　　イ　事業主は、短時間労働者の労働時間及び労働日を定め、又は変更するに当たっては、当該短時間労働者の事情を十分考慮するように努めるものとする。
　　ロ　事業主は、短時間労働者について、できるだけ所定労働時間を超えて、又は所定労働日以外の日に労働させないように

努めるものとする。

(二) 退職手当その他の手当

事業主は、短時間労働者法[*1]第8条及び第9条に定めるもののほか、短時間労働者の退職手当、通勤手当その他の職務の内容に密接に関連して支払われるもの以外の手当についても、その就業の実態、通常の労働者との均衡等を考慮して定めるように努めるものとする。

(三) 福利厚生

事業主は、短時間労働者法第8条及び第11条に定めるもののほか、医療、教養、文化、体育、レクリエーション等を目的とした福利厚生施設の利用及び事業主が行うその他の福利厚生の措置についても、短時間労働者の就業の実態、通常の労働者との均衡等を考慮した取扱いをするように努めるものとする。

二 労使の話合いの促進

(一) 事業主は、短時間労働者を雇い入れた後、当該短時間労働者から求めがあったときは、短時間労働者法第13条に定める事項以外の、当該短時間労働者の待遇に係る事項についても、説明するように努めるものとする。

(二) 事業主は、短時間労働者の就業の実態、通常の労働者との均衡等を考慮して雇用管理の改善等に関する措置等を講ずるに当たっては、当該事業所における関係労使の十分な話合いの機会を提供する等短時間労働者の意見を聴く機会を設けるための適当な方法を工夫するように努めるものとする。

(三) 事業主は、短時間労働者法第19条に定める事項以外の、短時間労働者の就業の実態、通常の労働者との均衡等を考慮した待遇に係る事項についても、短時間労働者から苦情の申出を受けたとき

[*1] 正式には、短時間労働者の雇用管理の改善等に関する法律 （平成五年六月十八日法律第七十六号）という名前です。

は、当該事業所における苦情処理の仕組みを活用する等その自主的な解決を図るように努めるものとする。
三　不利益取扱いの禁止
　㈠　事業主は、短時間労働者が、短時間労働者法第7条に定める過半数代表者であること若しくは過半数代表者になろうとしたこと又は過半数代表者として正当な行為をしたことを理由として不利益な取扱いをしないようにするものとする。
　㈡　事業主は、短時間労働者が、短時間労働者法第13条に定める待遇の決定に当たって考慮した事項の説明を求めたことを理由として不利益な取扱いをしないようにするものとする。
四　短時間雇用管理者の氏名の周知
　事業主は、短時間雇用管理者を選任したときは、当該短時間雇用管理者の氏名を事業所の見やすい場所に掲示する等により、その雇用する短時間労働者に周知させるよう努めるものとする。
　まとめて表にすると、次頁のようになります。

　日本の労働契約は、正規労働者やパートタイマー等の労働の態様というより、期間の定めのない労働契約、期間の定めのある労働契約というように法律上分類されます。従って、契約内容によってパートタイマーやアルバイトであっても、委任や請負のような労働者ではないケースもあり、期間の定めのない労働者のケースもあり、期間の定めのある労働者であるケースも存在します。だから、解雇などの事実が発生した時は自分の契約がどのようなものであるかを考える必要があり、それによって適用内容が異なってくることに注意してください。
　もともとパートタイマーは、部分的な時間で働く労働者つまり短時間労働者としてとらえられてきました。正社員は解雇が難しいため人件費が固定化しますので、パートタイマーは都合の良い時間帯に働く雇用調整的な役割を果たしてきました。当初は、補助的・臨時的な労

第3章　有期雇用契約と雇止め

パートタイム労働者の待遇の取り扱い

【パートタイム労働者の態様】正社員と比較して、

職務（仕事の内容及び責任）	人材活用の仕組み（人事異動の有無及び範囲）	契約期間	賃金		教育訓練		福利厚生	
			職務関連賃金 ・基本給 ・賞与 ・役付手当	左以外の賃金 ・退職手当 ・家族手当 ・通勤手当等	職務遂行に必要な能力を付与するもの	左以外のもの（ステップアップを目的とするもの）	健康の保持又は業務の円滑な遂行に資する施設の利用	左以外のもの（慶弔休暇、社宅の貸与等）
[1] 正社員と同視すべきパート 同じ	全雇用期間を通じて同じ	無期 or 反復更新により無期と同じ	◎	◎	◎	◎	◎	◎
[2] 正社員と職務と人材活用の仕組みが同じパート 同じ	一定期間は同じ	—	□	—	○	△	○	—
[3] 正社員と職務が同じパート 同じ	異なる	—	△	—	○	△	○	—
[4] 正社員と職務も異なるパート 異なる	異なる	—	△	—	△	△	○	—

（講ごる措置）
◎…パート労働者であることによる差別的取扱いの禁止
○…実施義務・配慮義務
□…同一の方法で決定する努力義務
△…職務の内容、成果、能力、意欲、経験等を勘案する努力義務

働力としてとらえられてきたので、解雇権濫用の法理も考えられなかったのですが、近年正社員とほとんど変わらない労働条件で働くパートタイマーも増加し、雇用形態がパートタイマーというだけの労働者が増えてきました。そこで、パートタイマーの待遇を改善する動きができてきてパートタイム労働法（短時間労働者の雇用管理の改善等に関する法律）もできました。このような労働者には、解雇についても解雇権濫用の法理の適用を考えなければならなくなってきています。アルバイトやフリーターにしても同様のことが言えます。もともとは学生などを対象とし、余暇の時間に働くことを前提としているので賃金も低く、補助的・臨時的な労働力としてとらえられてきましたが、最近は正社員と変わらない労働力として扱われている人もいます。このような人たちも、労働の実態から契約内容を見ていく必要があります。以下に、労働契約と雇用形態のマトリックスを載せていますので参考にしてください。（第〇章）とあるのは、この本の該当章の説明が適応することを意味しています。

　次のマトリックスの表の使い方ですが、解雇については、パートタイム労働者でもアルバイトでも、雇用期間が定まっている人は第3章の有期雇用契約の箇所が該当します。また、雇用期間が定まっていない人は第2章を見てください。短期間友人の仕事を手伝うなど雇用関係のない労働では、第1章を見てください。

　なお、パートタイム社員の解雇について、一つだけ以下の判例を紹介します。

　「1年の期間を定めた定勤社員（パートタイマー）契約が1回以上更新されている場合につき、同契約は期間の定のある契約にほかならず、実質的に期間の定のない労働契約と異ならない状態で存在していたとはいえないが、定勤社員（パートタイマー）の契約書に契約の継続を半ば期待させるような記載があること、定勤社員契約の更新の際には会社から交付された書面への署名押印という簡易な手続だけで契

(図3―1)
労働契約と雇用形態のマトリクス

	期間の定めのない労働契約	期間の定めのある労働契約	委任・請負・業務委託契約
正社員	該当する（第2章）		
契約社員		該当する（第3章）	該当する場合あり（第1章）
パート・タイマー	該当する場合あり（第2章）	該当する場合あり（第3章）	該当する場合あり（第1章）
アルバイト	該当する場合あり（第2章）	該当する場合あり（第3章）	該当する場合あり（第1章）

約更新を繰返して来たこと、定勤社員は臨時社員として2年以上継続勤務した上ではじめて資格の得られる定勤社員契約を1回以上更新していること、その作業が会社にとって必要不可欠のものであったこと等から、定勤社員契約の継続に関する当事者の期待は少なくなかったとして、定勤社員の雇止めには解雇に関する法理が類推され、会社は従業員数の削減を行うほかないやむをえない特段の事情のある場合に限って雇止めを行うことができる。」としています。

「定勤社員の雇止めに関して右特段の事情があるといえるためには、人員削減をなすべき経営上の必要性が認められることのほか、定勤社員の中で希望退職者を募集し、各定勤社員の個別的事情を考慮するなどして、雇止めを回避すべき相当の努力を尽くすべきであるところ、右努力が尽くされていない」。と結論づけています。

＜三洋電機（パート雇止め第一、第二）事件　大阪地　（平成3.10.22）　労判595号9頁＞

この判例の考え方は、有期雇用の雇止め及び整理解雇の場合と同じです。すなわち、パートタイマーであっても、契約更新を簡単に繰り返し労働者に永続雇用を期待させた場合、雇止めであっても解雇権濫用の法理が適用されるとし、さらに解雇においては経営上の必要性、解雇回避努力など整理解雇の要素を考慮すべしとの内容です。このよ

うに、パートタイマーであっても解雇については特別に他の雇用形態と異なることはありません。

　使用者の方はパートやアルバイトだからといって簡単に解雇すると、裁判になったときに自分が思っていたことと反対の裁定が下される可能性があるので、日常の労務管理を適切に行う必要があることに注意して下さい。

第4章　派遣契約の場合

第1節　派遣労働契約とは

(1) 労働者派遣

　近年増加しているのが、派遣や業務委託というものです。個人の業務委託については第1章で説明しましたが、実際の社会で多いのは企業として業務委託を受けることが多いです。例えば、会社の受付業務、社員食堂の賄い、設備のメンテナンス、警備など一定の仕事を他の企業に丸ごと任せてしまうのです。このような業務委託の場合は、企業として業務を受けているわけですから、委託先との契約が終了しても労働者にとっては雇用契約がそもそも存在しているので解雇や契約満了の問題は起こりません。つまり労働基準法などでは、使用者と労働者の関係を問題にしているので、企業間の契約解消は別次元（民法や商法を中心とする民事法の領域）と考えます。

　同じことは、派遣という労働形態にも当てはまります。派遣労働とは、事業主（派遣元）が、その雇用する労働者を自分のためにではなく、他の事業主（派遣先）に派遣して派遣先から指揮命令を受けさせて派遣先のために労働させる事業です。派遣元の事業主は、それにより報酬を受け自己の労働者に賃金を支払います。派遣労働の範囲は、業務委託と同じような場合もありますが、より範囲が広く通訳、秘書、一般事務、インストラクター、プログラマーなど多岐にわたります。

派遣が許されないのは、港湾運送業務、建設業務、警備業務、医療関係業務など一部の業務に限られます（労働者派遣法第4条）。派遣労働の場合でも、労働者の雇用主は派遣元の企業です。従って、労働者が派遣先との問題を生じたときは派遣元が調整しなければなりません。解雇の問題についても、派遣元で雇用されているので派遣元との労働関係が問題になります。すなわち、「派遣先からもう来なくてよい」と言われたら、派遣元の事業主が自己の責任で仕事を探すなどの責任を負います。従って、派遣労働者の人は、困ったことがあればまず派遣元の担当窓口の人に連絡しましょう。

(2) **派遣と請負の違い**

派遣事業とよく似ているものに、請負事業があります。上で述べた業務委託も法律上では請負と同じように扱えるので、ここでは請負としてまとめて説明します。この2つは、「労働者派遣事業と請負により行なわれる事業との区分に関する基準」によって区別されています。

派遣事業では、労働者が派遣先企業の指示・命令に従って仕事をします。つまり、労働者にとって雇い主と実際に働く会社は違ってきます。仕事した結果に関する責任（例えば、期日までに仕事を終了できなかったなど）は、派遣先企業の責任になります。そして労働安全衛生法による健康診断・危険防止・作業場の環境整備など事業者の責任は、派遣元会社と派遣先企業の双方にかかってきます。

一方請負事業は、請負元と仕事の注文主が請負・業務委託契約を結びます。そして請負元は自分の会社で雇っている労働者に指示を出して仕事をさせます。労働者にとっては働く場所は異なる場合があっても、雇い主は同じになります。仕事の結果に関する責任は請負元にかかり、労働安全衛生法による事業主の責任も請負元にあります。仕事の注文主はどちらにも責任ありません。（建設業や製造業の元方事業者は、労働安全衛生法による事業主の講ずべき措置がもとめられてい

ます。)

(図4—1)　　　　　　　(図4—2)

労働者派遣契約　　　　　請負契約

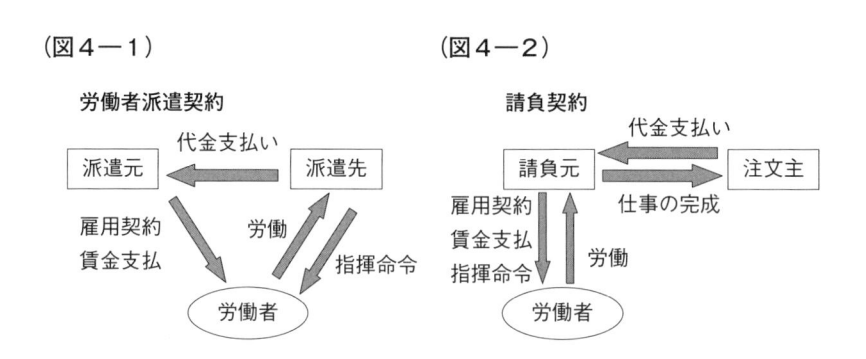

[図：派遣元 ← 代金支払い ← 派遣先／派遣元と労働者間に雇用契約・賃金支払／労働者から派遣先へ労働／派遣先から労働者へ指揮命令]

[図：請負元 ← 代金支払い ← 注文主／請負元と注文主間に仕事の完成／請負元と労働者間に雇用契約・賃金支払・指揮命令／労働者から請負元へ労働]

　このように、派遣契約は派遣先が労働者の指揮命令権を持ち、請負契約は請負元が自社の労働者に対し請負事業の指揮命令をするわけです。派遣契約の場合、注文主は労働者に対し負う労働基準法上の義務が重くなるために、それを逃れるために契約を請負としている場合もあり、事前面接がし放題という状態もあります。(派遣の場合は、事前面接が禁じられています。) そのため、契約上などでは請負という形を取っているが、その実態は労働者を注文主の管理下へ常駐させ、注文主の指揮命令の下に業務をさせる偽装請負が問題になりました。派遣か請負かは、契約形式ではなく実態に即して判断され、労働者と注文主との間に指揮命令関係があれば労働者派遣と判断されます。

　なお、企業間で請負契約がなされている場合、請負会社の従業員は使用者が請負会社なので、労働契約は請負会社との間でなされており、労働者派遣法(労働者派遣事業の適正な運営の確保及び派遣労働者の就業条件の整備等に関する法律)の適用はありません。通常の労働基準法等の適用になります。

　それでは、派遣に関連する判例を見てみましょう。
(事件の概要)
　13年余りにわたって同じ銀行支店に派遣され、この間派遣元会社と

の雇用契約を反復更新してきた社員に対する雇止めを違法・無効として、同社員が派遣元・派遣先両社に対し雇用関係存在確認、賃金支給及び損害賠償を請求した事案の控訴審判決である。

第一審松山地裁は、いわゆる「登録型派遣」においても、更新拒絶に解雇の法理が類推適用される場合があるとしながらも、本件では、同社員が雇用継続について強い期待を抱いていても、その期待に合理性がないから保護されず、同社員と派遣先会社との間で黙示の労働契約が成立したとは認められないとして、請求をいずれも棄却した。原告は控訴した。

(判決抜粋)

「派遣労働者（X）と派遣先（Y1）との間に黙示の雇用契約が成立したといえるためには、単に両者の間に事実上の使用従属関係があるというだけではなく、諸般の事情に照らして、派遣労働者が派遣先の指揮命令のもとに派遣先に労務を供給する意思を有し、これに関し、派遣先がその対価として派遣労働者に賃金を支払う意思が推認され、社会通念上、両者間で雇用契約を締結する意思表示の合致があったと評価できるに足りる特段の事情が存在することが必要である。

〔中略〕

以上の事実に照らすと、控訴人（X）が被控訴人伊予銀行（Y1）の指揮命令のもとに被控訴人伊予銀行に労務を供給する意思を有し、これに関し、被控訴人伊予銀行がその対価として控訴人に賃金を支払う意思が推認され、社会通念上、控訴人と被控訴人伊予銀行間で雇用契約を締結する意思表示の合致があったと評価できるに足りる特段の事情が存在したものとは到底認めることができない。

したがって、控訴人（X）と被控訴人伊予銀行（Y1）との間に黙示の雇用契約が成立したと認めることもできない。〔中略〕

以上の次第で、被控訴人ISS（Y2）は、派遣元として必要な人的物的組織を有し、適切な業務運営に努めており、独立した企業として

の実体を有し、派遣労働者の採用や、派遣先、就業場所、派遣対象業務、派遣期間、賃金その他就業条件の決定、派遣労働者の雇用管理等について、被控訴人伊予銀行とは独立した法人として意思決定を行っており、被控訴人（Y2）は、被控訴人伊予銀行の第二人事部でもなければ、賃金支払代行機関でもない。

　したがって、被控訴人（Y2）の実体が被控訴人伊予銀行と一体と見られ、法人格否認の法理を適用しうる場合、若しくはそれに準ずるような場合とは認められないことが明らかであり、法人格否認の法理の適用ないしは準用により、控訴人と被控訴人伊予銀行との間に黙示の雇用契約が成立したと認めることもできない。〔以下省略〕」
＜伊予銀行・いよぎんスタッフサービス事件　高松高　（平成18.5.18）全基連 HP より引用　労判921号33頁＞
（コメント）

　既に述べてきたことですが、本件でも労働者（X）は、派遣元 ISS（いよぎんスタッフサービス）から伊予銀行（派遣先）に派遣されていたわけで、ISS も独立した企業としての実体を有しているし、X は ISS に雇用されていることが確認されています。また、労働者（X）と派遣先との間に雇用契約を締結するための要件を示し、本件の場合はその要件に合致しないとしています。つまり、派遣されて長い期間派遣先企業で指揮命令を受けていてもその派遣先との雇用関係は生じないというわけです。

　読者に注意していただきたいのは、紹介予定派遣という制度があることです。紹介予定派遣とは、労働者派遣のうち派遣元事業主が派遣労働者・派遣先に対して職業紹介を行うことを予定しているものをいいます。メリットとしては、労働者派遣期間中に、派遣先は派遣労働者の業務遂行能力等が直接雇用するのに相応しいか見定め、派遣労働者は派遣先における仕事が自分に合うかどうか等を見定めることができます。また、紹介予定派遣に限り、派遣就業開始前の面接、履歴書

の送付等が可能です。紹介予定派遣の場合は、同一の派遣労働者について派遣期間は6か月以内です。このように、派遣労働の場合も雇用のやり方が変わっていくので、社会の変化に注意することが大事です。

第2節　派遣先の責任

　派遣先の責任については、労働者派遣法第39条—第43条に規定されていますが、契約の解除については厚生労働省がパンフレットでわかりやすく述べているのでそこから転載します。(URL:http://www.mhlw.go.jp/houdou/2009/03/dl/h0331-21c.pdf)

＜派遣先の講ずべき措置に関する指針＞
(1)　派遣契約の解除の事前の申入れ
　派遣先は、派遣会社の合意を得ることはもとより、あらかじめ相当の猶予期間をもって派遣会社に解除の申入れを行うことが必要です。
(2)　派遣先における就業機会の確保
　派遣先は、派遣先の関連会社での就業をあっせんするなどにより、派遣労働者の新たな就業機会の確保を図ることが必要です。
(3)　損害賠償等に係る適切な措置
　①　派遣労働者の新たな就業機会の確保を図ることができないときには、少なくとも中途解除により派遣会社に生じた損害（※）の賠償を行うことが必要です。
　②　その他派遣先は派遣会社と十分に協議した上で適切な善後処理方策を講ずることが必要です。
　③　派遣先は、派遣会社から請求があったときは、中途解除を行った理由を派遣会社に対し明らかにすることが必要です。
　　※　損害賠償は、例えば、次のように行う必要があります。
　　㋐　派遣会社が派遣労働者を休業させる場合は、休業手当に相当する額以上を賠償
　　㋑　派遣会社がやむを得ず解雇する場合は、次の賃金に相当する額以上を賠償

(ⅰ) 派遣先の予告がないために派遣会社が解雇予告ができなかったときは、30日以上
   (ⅱ) 解雇予告の日から解雇までの間の期間が30日に満たないときは、解雇の30日前の日から解雇予告の日までの期間の日数分以上

※　なお、派遣契約の締結時に、派遣契約に（2）と（3）①の事項を定める必要がありますが、契約に定めがない場合であっても、派遣先は措置を行う必要があります。

　以上のように、派遣先は簡単に派遣労働者を解雇しないことが求められています。損害賠償を請求される場合もあるので、使用者は慎重な対応をすべきでしょう。

　派遣先の責任に関連する判例を紹介します。
（事件の概要）
　Xは、請負会社社員として2004年1月からパナソニックの子会社「パナソニックプラズマディスプレイ」（大阪府）の茨木工場で勤務したが、05年5月、大阪労働局に「勤務実態は請負ではなく派遣で違法だ」と告発。その後、半年間の期間工として直接雇用されたが、1人だけの職場で働かされ、06年1月、期間満了を理由に職を失った。
　2審は「作業はプラズマ社が直接指示しており、雇用契約が成立していた」と認定。最高裁判決は、Xの勤務実態を違法な偽装請負だとしたものの、「プラズマ社側は採用や給与の決定にかかわっておらず、暗黙のうちに雇用契約が成立していたとはいえない」と判断した。
（判決抜粋）
　「前記事実関係等によれば、被上告人（X）は、平成16年1月20日から同17年7月20日までの間、C（派遣元）と雇用契約を締結し、これを前提としてCから本件工場に派遣され、上告人の従業員から具体

的な指揮命令を受けて封着工程における作業に従事していたというのであるから、Cによって上告人（プラズマ社：Y）に派遣されていた派遣労働者の地位にあったということができる。そして、上告人は、上記派遣が労働者派遣として適法であることを何ら具体的に主張立証しないというのであるから、これは労働者派遣法の規定に違反していたといわざるを得ない。

　しかしながら、労働者派遣法の趣旨及びその取締法規としての性質、さらには派遣労働者を保護する必要性等にかんがみれば、仮に労働者派遣法に違反する労働者派遣が行われた場合においても、特段の事情のない限り、そのことだけによっては派遣労働者と派遣元との間の雇用契約が無効になることはないと解すべきである。そして、被上告人とCとの間の雇用契約を無効と解すべき特段の事情はうかがわれないから、上記の間、両者間の雇用契約は有効に存在していたものと解すべきである。

　次に、上告人と被上告人との法律関係についてみると、前記事実関係等によれば、上告人はCによる被上告人の採用に関与していたとは認められないというのであり、被上告人がCから支給を受けていた給与等の額を上告人が事実上決定していたといえるような事情もうかがわれず、かえって、Cは、被上告人に本件工場のデバイス部門から他の部門に移るよう打診するなど、配置を含む被上告人の具体的な就業態様を一定の限度で決定し得る地位にあったものと認められるのであって、前記事実関係等に現れたその他の事情を総合しても、平成17年7月20日までの間に上告人（Y）と被上告人（X）との間において雇用契約関係が黙示的に成立していたものと評価することはできない。（略）

　したがって、上告人と被上告人との間の雇用契約は、本件契約書が取り交わされた同年8月19日以降に成立したものと認めるほかはない。前記事実関係等によれば、上記雇用契約の契約期間は原則として

平成18年1月31日をもって満了するとの合意が成立していたものと認められる。(略)
　しかるところ、期間の定めのある雇用契約があたかも期間の定めのない契約と実質的に異ならない状態で存在している場合、又は、労働者においてその期間満了後も雇用関係が継続されるものと期待することに合理性が認められる場合には、当該雇用契約の雇止めは、客観的に合理的な理由を欠き社会通念上相当であると認められないときには許されない。
　しかしながら、前記事実関係等によれば、上告人と被上告人との間の雇用契約は一度も更新されていない上、上記契約の更新を拒絶する旨の上告人の意図はその締結前から被上告人及び本件組合に対しても客観的に明らかにされていたということができる。そうすると、上記契約はあたかも期間の定めのない契約と実質的に異ならない状態で存在していたとはいえないことはもとより、被上告人においてその期間満了後も雇用関係が継続されるものと期待することに合理性が認められる場合にも当たらないものというべきである。したがって、上告人による雇止めが許されないと解することはできず、上告人と被上告人との間の雇用契約は、平成18年1月31日をもって終了したものといわざるを得ない。(以下省略)」
＜パナソニックプラズマディスプレイ（パスコ）事件　最二小　（平成21.12.18）　労判993号5頁＞
（コメント）
　大阪高裁では、この請負契約が、実態が労働者派遣であり、脱法的な労働者供給契約であるとして、民法第90条の公序良俗違反で無効としました。その結果、メーカーと労働者との間に黙示の雇用契約があるとされました。また、メーカーと労働者との間の雇用契約は2か月に更新され、メーカーが労働者に雇用契約が終了する旨通告したことは、解雇権の濫用であるとしました。さらに配置転換された作業は、

大阪労働局に事実を申告したことに対する報復としてメーカーの不法行為を認めました。

　しかし、最高裁は、この高裁判決のうち不法行為のみ認め、他は脱法行為であっても、それだけでは契約は無効にはならず、労働者と派遣元との雇用契約は続いているとしたものです。この結論については、賛否両論ありますが、一応裁判所の判断としては確定しました。本判決は、労働者派遣と請負契約、有期労働契約と雇止め、労働者の告発に対するいやがらせなど議論の多い内容を含んだ判決です。

　派遣先としては、ここで紹介した「派遣先の講ずべき措置に関する指針」等を参考にされ、適切な運営を行うことが望まれます。

第3節　派遣元の責任

　派遣元の責任は、重いものと言えますが、現実は責任を十分に果たしていない企業も多いようです。労働相談にも、派遣労働者が派遣先でセクハラや嫌がらせを受けたケースなどが報告されますが、派遣元は力関係のせいもあり、あまり派遣先に強く主張できないようです。派遣元責任者の行う業務には主に次のようなものがあります。

　派遣労働者に対しては就業条件などの明示・苦情処理・助言・指導など、派遣先に対しては派遣労働者の通知・連絡・調整など、その他派遣元として派遣元管理台帳の作成・記載・保存、個人情報管理、安全衛生に関する連絡調整などがあります。（労働者派遣法第30条—第38条）ここでは、派遣先との契約解除についての派遣元の責任を取り上げます。先ほどと同じように「派遣会社の事業所の皆様へ」と題した厚生労働省のパンフレットがわかりやすく説明してあるのでそれから転載します。
(URL: http://www.mhlw.go.jp/bunya/koyou/haken-shoukai15/dl/01c.pdf)

(1)　労働者派遣契約が中途解除された場合には
　派遣契約と労働契約は別であり、派遣契約が解除されたからといって、即座に派遣労働者を解雇できるものではありません。
　派遣会社は、
　①　派遣先と連携して派遣先の関連会社での就業のあっせんを受ける
　②　派遣会社において他の派遣先を確保する
など、派遣労働者の新たな就業機会を確保するようにしてください。
　新たな就業機会を確保できないときは、まず休業等を行い、雇用の

維持を図るようにしてください。
(2) 賃金又は休業手当の支払いが必要です
　派遣契約が中途解除されても、派遣労働者と派遣会社とは雇用期間満了まで労働契約は継続しており、派遣会社は賃金を支払う必要があります。派遣労働者を休業させる場合は、休業期間中について、労働基準法に基づき、平均賃金の6割以上を休業手当として支払わなければなりません。
(3) やむを得ず派遣労働者の雇止めや解雇をしようとする場合には、労働基準法等に基づく責任を果たさなければなりません
　(ア) 解雇について労働契約法の規定を守らなければなりません。
　　① 期間の定めのない労働契約の場合
　　　権利の濫用に当たる解雇は、労働契約法の規定により、無効となります。
　　② 有期労働契約（期間の定めのある労働契約）の場合
　　　登録型派遣のような、派遣労働者と派遣会社との労働契約が有期労働契約の場合には、やむを得ない事由がある場合でなければ、契約期間中に解雇することはできません。期間の定めのない労働契約の場合よりも、解雇の有効性は厳しく判断されます。
　　　解雇が無効とされた場合には、派遣会社は、解雇後の期間についても賃金の支払い等を行う必要があります。
　(イ) 解雇を行う場合には、労働基準法に基づく解雇予告等を行わなければなりません。
　　　解雇は少なくとも30日前までの予告が必要です。予告を行わない場合には、解雇までの日数に応じ解雇予告手当を支払う必要があります。労働者から請求があった場合には、解雇の理由等について、証明書を交付する必要があります。
　(ウ) 有期労働契約の雇止めについては、その基準が定められていま

す。

　有期労働契約における使用者が講ずるべき措置について「有期労働契約の締結、更新及び雇止めに関する基準」が定められています。

　この基準によれば、有期労働契約が3回以上更新されているか、1年を超えて継続勤務している有期契約労働者について、有期労働契約を更新しない場合には、少なくとも30日前までに予告をしなければなりません。したがって、派遣会社が、派遣労働者（契約を3回以上更新されているか、1年を超えて継続勤務している場合に限ります。）との有期労働契約を更新しない場合には、少なくとも30日前までの予告が必要です。

　また、裁判例によれば、反復更新の実態等の状況に照らし、解雇に関する法理の類推適用等により雇止めが認められない場合があります。

(4) 相当数の離職者が生じるときはハローワークへの届出が必要です

　1か月以内に30人以上の離職者が生じるときは、再就職援助計画又は大量雇用変動の届出を作成し、ハローワークに提出しなければなりません。

パンフレットの内容を読むと、今まで述べてきた労働基準法上の保護や有期労働契約の締結、更新及び雇止めに関する基準、解雇権濫用の法理などについて述べられていることが判ります。派遣労働と言っても、使用者としての派遣元事業者の責任は他の事業者と変わりはありません。派遣労働者の方は、これを参考にして自社の使用者に必要な支援を求めると良いでしょう。ここでは、解雇を中心に事業主の責任を述べてきましたが、労働者派遣法では労働契約上の事業主の責任を他にも求めていますので、派遣元事業主の方は厚生労働省のパンフレットを参照して下さい。

派遣元の責任に関連する判例としては、次のものがあります。
(事件の概要)
　派遣労働者による派遣先会社における現金領得行為につき、現金取扱い業務が労働者派遣基本契約に基づく業務内容であること等により、損害賠償に関する派遣元会社の使用者責任が認められた事例。
(判決抜粋)
　「前記認定事実によれば、被告Y（労働者）の前記内訳書への転記が正確になされているかについて、同人の派遣先Xの上司であるB等の監視、確認がその都度厳格になされていれば、本件領得を未然に妨げた可能性が高いと考えられるけれども、他方、各種給付金は、社内従業員が支給の額や時期を予測できるものが多いため、領得された場合、ほどなく苦情が出されることから（本件領得も受給該当者の苦情が発覚の端緒となった）一定の監視が及んでいると言えること、前記内訳書への記載も経理担当者が隣にいる机の上で作成されていること、過去において各種給付金の領得の事故はなかったこと、右事情において、故意に各種給付金を領得した被告Yに対する本件損害賠償請求につき原告の過失相殺を認めるのは相当でないところ、被告会社Y2（派遣元）は、被告Yから住民票の提出も受けないで雇用して原告に派遣し、派遣後は右3のとおり被告Aを監督し派遣料を得ていたことに照らすと、被告会社に対する損害賠償請求につき原告の過失相殺を認めるのも相当でない。」
＜**パソナ事件**　東京地　(平成8.6.24) 全基連 HP より引用＞
(コメント)
　これは、派遣先の会社が、派遣された労働者が派遣先で現金を盗んだことによる損害賠償を派遣元に請求した事件です。派遣元は、派遣労働者が引き起こした盗難について損害賠償の責任があるとされました。単純な内容ですが、派遣元の管理責任が問われています。

以上で、派遣労働についての説明を終わります。判例を読まれて気づかれたと思いますが、派遣労働では指揮命令権が派遣先と派遣元に分かれるが、雇用に関しては派遣元の指揮命令権に従うということです。また、解雇等に関しては派遣であっても請負であっても、派遣元に雇用されている以上、法律上は通常の雇用形態と変わらない扱いをされることを理解しておけばよいと思われます。

第5章 退職と雇用保険

第1節　自主退職の概要と注意点

(1) 自主退職について

　解雇（有期契約の期間満了を含む）以外で、使用者と労働者の雇用契約が終了・中断する場合はいろいろな形態があります。皆さんが、よく知っているのは定年、死亡などでしょう。他にも、就業規則に私傷病休暇が終了したが職場復帰できない場合自然退職とするというような規定があれば、期限が来れば雇用契約は終了します。また、リストラなどで退職勧奨に応じた場合、退職者優遇制度に応募した場合、転籍になった場合、合併があったとき新会社に移籍しない場合なども終了します。しかし、最も多い退職の形としては自主退職です。

　自主退職は、字の通り労働者が自主的に退職することです。退職の理由についてはいろいろあるでしょう。働いてみたら最初に聞いていた労働条件と違っていた、会社の将来に期待ができない、いじめや嫌がらせにあった、社風が合わない、もっと自分の力を試したい、親が病気になって郷里に帰らないといけなくなった、脱サラする等々です。理由はともかく労働者側から退職の意思表示をすることなので、積極的に退職する場合と消極的に退職に追いやられる場合があります。

　さて、自主退職以外の退職では原則的に会社の方で退職時に必要なことを準備し、通知してくれます。自主退職の場合は、労働者が自分

の都合で退職するわけですから、退職の手続きも自分で行う必要があります。これから、述べる内容は自主退職を中心として手続きを含む退職に絡む諸問題を取り上げていきます。

(2) 退職の準備

ケンカして急に退職する場合は別にして、通常は退職前にいろいろ思い悩むものです。転職の場合は退職だけでなく、次の職場のことも気になるでしょう。しかし、「立つ鳥あとを濁さず」という言葉もあるようにできるだけ円満に退職することを心がけましょう。そのために考えるべきことは、就業規則をチェックするということと業務の引き継ぎをどうするかということです。次の就職が決まっていない場合は、どう食いつなぐかということも考えなければなりません。

(ア) 就業規則のチェック

なぜ、就業規則をチェックしなければいけないのでしょうか。それは、就業規則には企業内のルールが定められており、その中には労働条件や賃金などの規定の他に、退職に関する事項（解雇の事由を含む）や退職手当に関する事項も規定されているからです。（もっとも、退職手当については必ずしも支給する義務は無いので規定が無いところもあります。）従って、退職に伴うトラブルを避け、正当な権利を主張するためには、企業内のルールを確認しておく必要があるのです。

既に説明したように常時10名以上の労働者を使用する使用者は、就業規則を作成して労働基準監督署に届ける義務があります（労基法第89条）。また、就業規則は従業員に周知させる義務もあります（労基法第106条）。就業規則は通常、パンフレットや手引き、服務規程などの形で配布されたり、LAN（ローカル・エリア・ネットワーク）でつながれたパソコンの中にデータベースとして入っていたり、社員食堂の片隅に規程集として置かれていたりします。どこにあるのかわか

らない場合は、人事労務担当者に聞きましょう。労働組合があるところでは、組合に聞いてみましょう。小さい会社などでは、専任の担当者がいないことが多いと思われます。そういうところは、通常は社長の奥さんなどが経理業務なども含めて労働・社会保険の手続きをしていますので、奥さんに聞くという方法もあります。会社や事業に顧問の社会保険労務士がいれば、その先生に聞くこともできます。ただその場合は、事業主の許可がいると思われます。もちろん社長や事業主に直接聞いても結構です。ひとつ注意していただきたいのは、労働基準監督署に行って会社の届けた就業規則を見せてほしいと言っても原則見せてくれません。会社に就業規則がある場合は、自分で探して見つけるしか方法はありません。

　就業規則が手に入ったら、退職の箇所を見ます。(解雇の場合は、解雇規定を見ることになりますが、ここでは通常の退職についてチェックします)

　よくあるのは、以下のような規定です。(これは一つの例なので、すべての会社には当てはまらないのでご注意をお願いします。)

第X章　　退　職・解　雇

(定　年)
第○○条　従業員の定年は満60歳とし、定年に達したときをもって自然退職とする。ただし、本人が希望する場合は、定年後65歳まで再雇用する。
(退　職)
第○○条　従業員が次の各号のいずれかに該当するに至った場合は、その日を退職の日とし、従業員としての地位を失う。
　　１．死亡した場合
　　２．期間を定めて雇用した者の雇用期間が満了した場合

3．本人の都合により退職を届け出て会社の承認があった場合、又は退職届提出後、1か月を経過した場合

（退職手続）

第△△条　(a)　従業員が自己の都合により退職しようとする場合は、少なくとも1か月前までに退職届を提出しなければならない。

　　　　　(b)　退職届を提出した者は、会社の承認があるまでは従前の業務に服さなければならない。ただし、退職届提出後1か月を経過した場合はこの限りでない。

　　　　　(c)　退職届を提出した者は、退職までの間に必要な事務の引継ぎを完了しなければならない。

　この例をもとに注意すべき点を見ていきましょう。なお、ここでは自己の都合により退職というのは自主退職と同じ意味と考えます。（雇用保険上の自己都合退職と自主退職は少し意味が異なります。）

①　チェック・ポイントの一番目は、「第△△条　（a）　自己の都合により退職しようとする場合は、少なくとも1か月前までに退職届を提出しなければならない」と書かれてある点です。民法の規定では、雇用契約の解約の申し入れはいつでもでき、2週間経過すると契約は終了することになっています（民法第627条　期間の定めのない雇用の解約の申し入れの場合）。しかし、この例では退職届提出後1か月経過しないと退職できないことになっています。これは、使用者にしても退職を告げられて2週間で代わりの人を探さないといけなくなり困るので、せめて1か月の余裕が欲しいという事情を予測していると思われます。このように、多くの企業では従業員からの退職の通知を法律の規定より長目にしています。中には「退職する3か月前に退職願を提出し、事業主の了解がないと退職できない」といった規定を設けているとこ

ろがあります。このような規定は有効でしょうか。判例を見てみましょう。次の判例では、民法の規定を優先させています。すなわち、「期間の定めのない雇用契約にあっては、労働者は、その雇用関係を解消する旨の一方的意思表示（退職申入れ）により、いつにでも雇用関係を終了させることができるのであり、そして、この場合原則として、労働者の退職申入れ後2週間の経過によって終了するものである（民法627条1項）。労働者は一方的な退職申入れにより雇用関係を終了させることができるのであって、使用者の承諾を何ら必要とするものではないし、また仮に、被告に労働者の退職に使用者の承諾を要する旨の就業規則なり労働慣行などがあったとしても、これらは民法627条1項後段の法意に反し無効というべきであり、したがって、被告の右主張は失当である。」として退職の申し入れ後2週間で労働契約は終了するとしています。＜**平和運送事件** 大阪地 （昭和58.11.22）全基連HPより引用 労判421号〔カード〕19頁＞

　これは、労働者にとっては非常に心強い判例です。覚えておくと使用者がなかなか辞めさせてくれないときなどに役に立ちます。

② 　二番目のポイントは、退職届を提出しなければいけないということです。通常、退職の申し入れの形式については法律では規定していないので口頭でも良いわけです。この就業規則では、退職の事実を明確にするために文書での届け出を要求しています。文書を提出しないで退職した場合、後から退職の意思表示はいつ行ったかなどの事実関係の確認が難しくなります。就業規則の規定に従って退職すれば、使用者から文句なく退職できるはずです。

　法律上では労働者は口頭で2週間前に退職の通知を行えばよいので裁判まで争えば就業規則を守らない形の退職でも有効となりえますが、実務上は使用者は就業規則の規定に従った退職を要求してきます。そのため、辞めるにあたって余計なトラブルを起こ

さないためには、労働者側に特別な事情が無い限り就業規則通りの退職手続きをとる方が良いでしょう。

(イ) 退職の通知と業務の引き継ぎ

就業規則が無い事業所でも、退職の通知は書面で行ってください。口頭だけの通知は、「退職の通知をした、しない」と双方のトラブルのもとになります。電子メールで退職届を送るのはどうでしょうか。一応、有効とは言えますが、電子メールは回線などの具合により届かないことがあります。また、他人が入力している可能性があり本人確認ができないので事業主側からは届けを受け取っていないと拒否される可能性があります。

就業規則の規定に反した形での退職届については、どのような問題の発生が予想されるでしょうか。いくつか挙げてみると、以下のような内容が考えられます。

- ◆ 使用者から、聞いていない、退職届を受け取っていないと否定される。
- ◆ 退職届が提出されていない、辞表では処理できないと否定される。
- ◆ 口頭で退職を告げ、その後有給休暇を使うといった場合、正式の手続きを踏んでいないので無断欠勤扱いされる。
- ◆ 退職願の場合、使用者の許可をとっていないと言われる。
- ◆ 無断欠勤として懲戒解雇される。

これらの場合、改めて退職届を提出するとか、後に述べる個別労働紛争解決制度を利用することはできますが、時間もかかり面倒です。紛争になれば、労働基準監督署に行けばいいという方もおられますが、退職は私人間の契約の終了です。労働基準法違反の事実が無い限り、労働基準監督署では処理のしようがありません。基本的に、当事者同士がトラブル解決に向かって歩みよることが求められます。

次に業務の引き継ぎについて考えましょう。簡単に引き継げるよう

な業務なら良いのですが、引き継ぎ事項が多く時間がかかる場合も出てくると思われます。基本的には、使用者と労働者双方で妥協できる範囲で引き継ぎ期間を決めたほうが良いのですが、妥協できない場合も多いと思われます。就業規則の規定に従って辞意表明した後は、労働者には引き継ぎのために長く働き続ける義務はありません。仕事の引き継ぎを考えるのは使用者の責任です。使用者と労働者が良好な関係であれば、退職届を出す前に引き継ぎについて使用者と相談しておくと良いと思いますが、そうでない場合は退職の通知を受けてから使用者は仕事の引き継ぎを考えることになります。退職通知が短く急なものであれば、使用者は困るので労使間でトラブルが起こる可能性があります。引き継ぎ期間があまりに短いと使用者も業務に支障をきたすでしょうし、長ければ労働者も次の就職や個人的な都合に問題がおこると思われます。そう考えると、就業規則どおりに退職することが互いに譲れる線となるでしょう。どうしても就業規則通りに退職できない場合は、労働者の方はせめて民法の規定通り2週間前に通知してください。突然の退職は、使用者側から損害賠償を請求される可能性があります。

(ウ) 退職後の収入について

　退職の際、次の就職先が決まっている場合は良いのですが、決まっていない場合は退職後どうするのかも考えておかねばなりません。自己都合退職（雇用保険法ではこのように言います）の場合、失業保険が給付されるのは、7日間の待機期間プラス3か月（給付制限期間）後です（雇用保険法第33条）。また、失業の給付（基本手当）の支給日数も、被保険者期間によって異なりますが、一般の受給資格者では10年未満の場合90日です。つまり、求職の手続きをして直ぐには基本手当は支給されないので、その間の食い扶持をどうするか考えておかねばなりません。自分の貯金を使うのは良いですが、消費者金融から借り

るのは、確定収入が得られるのが未定の間はやめた方が良いでしょう。

　このほか、退職後の住民税の支払い方法について市町村と確認しておき、退職金を受け取る人は退職所得の受給に関する申告書を提出します。住民税は今まで会社が納付作業を代行してくれましたが、再就職しない場合は自分で納付しなければなりません。住民税は前年度の所得を基礎に計算しますので、前年度の収入の高い人は退職後収入がなくなるとかなり生活に影響する場合があります。退職金は、分離課税方式がとられています。退職金にかかる所得税は、退職金収入から勤続年数に応じた所得控除額を差し引いた額の半分を課税対象額とします。この税金は、会社から退職金が支払われる段階で源泉徴収されますが、退職所得の受給に関する申告書を提出していないと退職金額に20％をかけた額が所得税として源泉徴収されます。（その場合は、確定申告を行うと余分に支払った税金は取り戻せます。）

(3)　**退職手続き**

　さて退職を決意したら、できれば直属上司には話しておきましょう。上司に話す前に同僚に話すのは、まずいので避けてください。通常は、上司には退職理由を聞かれます。きちんと説明できるようにしたいものです。上司の立場になって考えると、部下に辞められると仕事に差し支えるのと自分の業務の評価にもつながるので、あまりうれしいことではありません。そのため、上司は必死に引き止めにかかります。このとき、労働者の退職の意思の強さと退職理由が問題になります。上司の説得に応じるような意思と退職理由では、自分の意思が覆される場合があります。給料が低いからとか同僚と折り合いが悪いからというような理由なら、改善するから留まるようにと約束されます。約束されても、守られるかどうかは分かりません。しかし、退職を撤回して会社に残っても、一度退職しようとしたという事実は残ります。居心地もよくないでしょう。その結果、また退職届を提出する

ケースも多いようです。筆者の経験でも、一度退職を決めた人は説得されて思いとどまっても、結局辞めてしまうことが多いのです。同僚には、退職届を出した後に、尋ねられたら答える程度でよいでしょう。円満退職を望むなら、直属上司より先に他の人が労働者の退職の事実を知っていたというようなことは避けるべきです。

　さて退職届ですが、テレビドラマなどでは辞表をたたきつけるようなシーンがありますが、実際に多いのは定型フォームに書かれるものを静かに提出することが多いです。
以下に、例を示します。

```
                  退 職 届

                            平成○○年○○月○○日
株式会社○○建設
代表取締役社長　○○　○○　殿


                          ○○　部　○○　課
                          氏名　　　　　　印

この度一身上の都合により、来る平成△△年△△月△△日をもっ
て退職いたしたくお届けします。
```

　労働相談に来る方の中には、退職理由をいっぱい書きたがる人がいます。今までの恨み辛みを書きたいという気持ちのようですが、ケンカ別れを避けるには、上のような無機質な書き方にしておく方が良いのです。
退職届けの定型フォームが無い場合は、
　① 退職届というタイトルにする。
　② 提出日を記入する。

③ 宛先を明確にする。(事業主宛て)
④ 自分の所属を書く。
⑤ 名前（できるだけ自筆で書く）
⑥ 押印する。
⑦ 退職届の文面（退職日を入れる）を記入する。

以上のことに気を付けてください。提出日・退職日を記入しておくと、就業規則通り提出していることが明確になります。自筆で署名すると本人であると確認できます。

退職届は、上司を通じてあるいは直接会社の人事部に提出されます。

退職日が確定したら、同僚や取引先に通知します。業務の引き継ぎを兼ねて、引き継ぎする人と同行して取引先に挨拶に行くこともあります。円満退職を求めるなら、このとき退職理由を聞かれても決して会社の悪口を外部に言わないことです。退職日までの残りの期間は業務の引き継ぎなどを行います。使用者との合意を得て、有給休暇の残りの日数を消化して休むことも可能です。

退職の直前には、私物の処分や会社から貸与されたものを返却します。制服などはクリーニングしてから返却しましょう。返却すべきものとしては、健康保険被保険者証、定期券・名刺・身分証明書、社員証、バッジ、鍵類、携帯電話、制服、事務用品などが考えられますが、これらは企業によって異なります。また、会社に預けてあるものは返してもらいます。

退職時には会社から下記の書類を間違いなく受け取りましょう。

① 雇用保険被保険者離職票（離職票）
② 雇用保険被保険者証（事業主が預かっている場合）
③ 厚生年金手帳（事業主が預かっている場合）
④ 健康保険被保険者資格喪失確認通知書
⑤ 源泉徴収票

①は、次の就職先が決まっている場合は不要ですが、その会社を短期間で退職する場合などには必要となるので受け取っておきます。失業給付の受給に必要です。②も、失業給付の受給に必要です。転職先にも提出しなければなりません。入社時に本人に渡している会社もあります。③は、会社が預かっていて退職時に本人に渡す会社もあれば、入社時に本人に渡している会社もあります。転職後、次の会社に提出します。④は、国民健康保険に加入する場合、必要です。⑤は、年末調整に必要なので転職先に提出します。年末調整をしなかったときには確定申告のときに必要となります。

(4) 退職時のトラブル

今までの説明(2)及び(3)の形で退職すると問題が起こる可能性は低く、起こっても解決はしやすいのですが、現実は十分な準備なしにおこる退職も多いのです。以下、いくつかの例を見ていきます。

(ア) 労働者が、会社に出社しない

ここでは少し使用者の立場で考えてみましょう。使用者にとって困る退職は、従業員が無届で出社しないことです。特に、どこに行ったのか連絡が取れない場合です。真面目な会社ほど、従業員を探すために苦労します。多くの会社では就業規則に、「無届欠勤14日以上に及んだ場合は懲戒解雇とする」というような規定があります。震災などの非常事態で連絡がつかない場合は別にして、通常は2週間連絡が無ければ労働者は働く意思が無いものと考えられます。しかし、懲戒解雇という最も重い罰を課すのですから、使用者もその扱いには慎重に行わなければなりません。電話、Ｅメール、郵便、訪問などあらゆる手段でコンタクトを取る必要があります。どうしても、連絡がつかない場合は裁判所に行って公示送達（民訴法第110条）の手続きを行います。

公示送達とは、民事訴訟法上の送達の一種で、当事者の住所、居所その他の書類を送達すべき場所が不明の場合に、裁判所の掲示場に一定期間公示の手続を執ることにより、その期間が経過したときは、送達の効力が生ずるものとする制度です。公示送達は、当事者の申立てに基づき裁判所書記官が行います。当事者は、申立てにあたり、住居所が不明であることを明らかにしなければならないため、住民票の写し、最後の住居所や住民票上の住所の民生委員の不在証明、戸籍附表写し、申立人の調査報告書等を資料として添付する必要があります。

　未払の賃金などが残っている場合で、支払う相手が見つからない場合には供託します。供託とは、金銭、有価証券などを国家機関である供託所（法務局・地方法務局、それらの支局・出張所）に提出して、その管理を委ね、最終的には供託所がその財産をある人に取得させることによって、一定の法律上の目的を達成しようとするために設けられている制度です。現実は、このような面倒な手続きを経ないでいる事業場も多いと思われますが、無届けで姿を見せない労働者は未払の賃金も放置している場合も多いと思われます。

　労働者側から考えると、去っていく会社の迷惑など知ったことかと言えるかもしれませんが、使用者にすれば出社しないという事実は労働者の意思を確認するためには大変手間がかかることなので、このような形での退職が起こらないように労使双方が意思疎通を図っておくことが大事です。

　なお、出社しないで退職した判例として次のものがあります。退職の意思表示と懲戒解雇のタイミングが1日差で退職金が受け取れたというものです。

　「原告（労働者）は、仙台支店長という重要な職責にあったにもかかわらず、平成8年8月13日午前11時半ころ、勝手に仙台支店から退出するとともに借上社宅から転居して転居先を隠して所在を明らかにせず、同日以降、被告に無断で職場を離脱して職務を放棄し、かつ、

被告（使用者）からの連絡、出社指示等に一切従わなかった。しかも、原告は、業務の引継ぎをしなかったので、支店長の目標設定に基づき運営される支店業務に著しい支障が生じ、顧客との対応にも問題が起こり、また、支店従業員に不安、動揺を及ぼし、その志気に著しい悪影響を与えたので、被告は、その対応に奔命させられた。

　このような原告の行為は、（略）その情状は極めて悪質であるので、被告は同月26日付けで本件懲戒解雇をしたものである。

　原告は、同月13日、自己が使用していた机の引き出しの中に本件退職届を入れて、（略）同日、B副長が、原告の使用していた机の引き出しの中から本件退職届を発見し、電話口で本件退職届の内容を読み上げたことによって、同日午後5時過ぎころ、原告の退職願の受領権限を有する同部長が本件退職届の内容を知ったものであるから、この時点で、原告の退職の意思表示は被告に到達したものと認めることができ、したがって、就業規則19条の定めによって、同日の翌日から起算して14日後である同月27日の経過により、原告の退職の効果が発生したものというべきである。（略）

　原告は、就業規則の定めにより、被告に対して退職金（退職一時金）請求権を取得したことが明らかで、同月28日原告に到達した本件懲戒解雇は、既に退職の効果が発生し、被告の従業員たる身分を喪失した後にされたものということができるから、（略）原告の退職金請求権の取得に消長を来すものとはいえない。」

＜**東京ゼネラル（退職金）事件**　東京地　（平成11.4.19）全基連HPより引用　労判768号62頁＞

　内容については、判旨で詳しく述べられていますのでわかると思いますが、仙台支店長（労働者）が酒席で退職の意思表示を行い、8月13日机の引き出しの中に本件退職届を入れて被告の仙台支店を退出しました。同日午後5時過ぎごろ、原告の退職願の受領権限を有する部長（使用者側）が本件退職届の内容を知ったので、同日の翌日から起

算して14日後である同月27日の経過により、原告の退職の効果が発生しました。労働者は、13日以降、被告（使用者）に無断で職場を離脱して職務を放棄し、被告からの連絡、出社指示等に一切従わず業務の引き継ぎも行わなかったので、懲戒解雇の処分がくだされましたが、それは同月28日に労働者に到達したので、懲戒解雇の前に自主退職の効果が発生し、退職金規定により退職一時金を労働者が得るという結果になったものです。この例でも分かるように退職の日付が非常に重要です。もし退職届の提出が遅れていたら懲戒解雇となって退職金がもらえなくなっていたのです。（もっとも、出社していたら懲戒解雇にはなっていなかったと思われますが・・・・）

(イ) 労働者が、突然辞めた

　退職のトラブルで、最も多いのが突然の退社です。使用者や上司・同僚とケンカして「辞めます」と宣言してそのまま出社しなくなるケース、職場のいじめなどで会社に行くのが嫌になり電話で「辞めます」と通知したまま出社しなくなったケース、理由は不明ですが数日間出社しないでその後「辞めます」と電話で連絡してくるケースなどいろいろなケースがあります。労働相談では、このような辞め方で相談に来る労働者は比較的多いのです。

　しかも多くの場合、退職後数週間から数か月してから、未払の賃金はもらえないかというように、未払賃金と絡んだ相談がでてきます。賃金の未払いについては、後ほど説明しますが、請求はできます。しかし賃金を受け取るまでは、労働者もいろいろな手順を踏まなければならず、電話で「辞めます」と言って終わるだけの単純なものではありません。労働者側にもいろいろな事情はあるでしょうが、使用者にとっては急に労働者が来なくなりそのまま辞められると代わりの要員の手配や仕事の引き継ぎなど大いに困ります。使用者にとっては迷惑この上ないので怒っている状態のときに、未払賃金を請求されると怒

りも二重になります。そのため、退職を認め賃金も支払うが、損を受けた分の損害賠償を請求するという使用者がいます。これについても別途説明しますが、使用者側から急に退職したことによる損害賠償を請求すると言われると労働者もびっくりするでしょう。損害賠償まで言われなくとも、怒っている使用者のところへ賃金を受け取りに行くのは労働者としても気が重いと思われます。余計なトラブルを避ける意味でも、突然の退職は避けるべきです。

　なお第3章で既に述べていますが、有期労働契約で雇用されている労働者の方は、1年を経過するまでは、やむを得ない事情が無いと退職できませんので注意が必要です（労基法第137条、民法第628条）。契約期間内に突然辞めると、損害賠償請求される可能性は高くなります。

　さて、正式な退職の意思表示が無い場合、退職の意思はどう判断されるでしょうか。

　次の判例は、上司と激しい言葉のやりとりをした後、身分証明書とバッヂを置いて帰り、その後出社しなかったことにつき、退職の意思表示があったものとした事例です。判決は次のように述べています。

　「退職または解雇の意思表示については、法令上特別の方式によるべき旨の規定がないので、民法総則所定の意思表示に関する原則に従い、雇用契約を終了させる旨の効果意思とその表示行為によって成立し、かつ表示行為は、就業規則等に特別の方式によるべきことの定めのない限り、書面または口頭による告知のみならず、相手方に了知可能な挙措動作によってもこれをなしうるものと解すべきであり、このようにして成立した意思表示は、それが心理的圧迫を加えられて強要されたものである等任意になされたものでない場合を除き、当然には無効とならないものと解すべきである。本件についてこれを見ると、前認定の事実によれば、原告は、昭和53年2月12日夕刻、被告会社の当時の新宿支店長であったAと激しい言葉のやりとりをした後、Aの面前で被告会社発行の原告の身分証明書と被告会社から交付された

バッジを置いたうえ、「帰る」と言って同支店を退出し、翌日から同支店に出勤しなかったというのであるから、これによって被告会社を退職する意思表示をしたものというべきである。」

＜三和開発事件　東京地　（昭和54.10.25）全基連 HP より引用＞

　この判例では、解雇か退職の意思表示かを争ったものですが、この例で見ると退職の意思表示はとくに形式が決まっていないので、就業規則等に特別の方式によるべきことの定めのない限り、退職の気持ちとその表示行為によって成立するとしています。もっとも、多くの場合は就業規則で退職手続きは決まっているので、その形式に従うことになります。

　退職の意思を電話や口頭で伝えた場合、規定された方式とは異なりますが、実際上退職を希望している労働者を無理やり働かせることはできないので、最終的には使用者も退職を認めざるを得なくなります。

(ウ)　事業主が、辞めさせてくれない

　今度は、労働者の方が困るケースです。会社の規定に従って退職手続きを行っても、なかなかやめさせてくれない場合があります。労働者本人が非常に優秀なので辞められると困るとか、忙しくて本人が辞めると代わりの人を探せない、競合会社に渡したくないなど理由はいろいろあると思いますが、辞めたい本人にとっては迷惑な話です。中には、身元保証人の家に行って退職の意思を撤回させるとか、辞めると多額の損害賠償を請求すると言って脅す使用者もいます。ここまでくると脅迫に該当し、警察にお願いしなければならないでしょう。

　長くお世話になった会社に対しては、できる範囲で協力して、忙しい時期に辞めるのは避ける等の融通を利かしてあげることは良いのですが、使用者側が対応策を出さないでズルズル退職を引き延ばしにするのはよくありません。労働者が会社に協力する場合でも、退職日の期限を設定して行うほうが良いでしょう。

事業主による退職の制限に関しては、重要な判例があります。

次の事例は、退職にさいして係長以上の役付者は6か月以前の退職願の届出、会社の許可を必要とする旨の就業規則を有する会社の企画係長が、退職願を提出してから約3か月勤務した後に退職し、退職金等を請求したというものです。判例から要点を抜粋します。

「法は、労働者が労働契約から脱することを欲する場合にこれを制限する手段となりうるものを極力排斥して労働者の解約の自由を保障しようとしているものとみられ、このような観点からみるときは、民法第627条の予告期間は、使用者のためにはこれを延長できないものと解するのが相当である。

従って、変更された就業規則第30条の規定は、予告期間の点につき、民法第627条に抵触しない範囲でのみ有効だと解すべく、その限りでは、同条項は合理的なものとして、個々の労働者の同意の有無にかかわらず、適用を妨げられないというべきである。

同規定によれば、退職には会社の許可を得なければならないことになっているが、このように解約申入れの効力発生を使用者の許可ないし承認にかからせることを許容すると、労働者は使用者の許可ないし承認がない限り退職できないことになり、労働者の解約の自由を制約する結果となること、前記の予告期間の延長の場合よりも顕著であるから、とくに法令上許容されているとみられる場合を除いては、かかる規定は効力を有しないものというべく、同規定も、退職に会社の許可を要するとする部分は効力を有しないと解すべきである。」

＜高野メリヤス事件　東京地　（昭和51.10.29）全基連HPより引用　労判264号35頁＞

退職にあたり会社の許可を要するというような就業規則は多いと思いますが、この判例では予告期間の点につき、民法第627条に抵触しない範囲でのみ有効であるとしています。民法の規定は、通常は任意規定として契約などの場合はその方を優先していますが、この判例で

は民法第627条を強行規定と考えているようです。先ほどの平和運送事件の判例を共通するところがありますね。

　この判例に関連して、使用者の許可についてもう一つ判例を紹介します。

　「民法第627条第1項の規定を排除する特約はこれを無制限に許容すべきではなく、労働者の解約の自由を不当に制限しない限度においてその効力を認むべきものと解するのが相当である。換言すれば、労働者の退職が使用者の承認を要件として効力を生ずるとの特約がある場合においても、使用者の承認を全くの自由裁量に委すものとするときは労働基準法の前記法意に抵触するわけであり、かかる趣旨においてはその特約は無効というべきであるが、使用者において労働者の退職申し出を承認しない合理的な理由がある場合の外はその承認を拒否し得ない趣旨と解するならば、その特約は必ずしも労働基準法の法意に反せずその効力を認めて差し仕えないと解される。これを本件についてみるならば、申請人等の労働契約における前述の特約は、相手方において申請人等の退職申し出を承認しない合理的な理由がある場合の外は相手方はその承認を拒否し得ないという限度において右特約の効力を認むべきものと解するのが相当である。」

＜**大室木工所事件**　浦和地　（昭和37.4.23）全基連 HP より引用＞

　こちらの判例は、使用者において労働者の退職申し出を承認しない合理的な理由がある場合は、会社の許可を要するという規定の効力も認めるべきとしています。もっとも、大室木工所事件の場合は争議行為中の暴行を理由として有罪判決のあることを停止条件として懲戒解雇する旨通告をうけた者が右条件の成否未定の間に一方的に退職を申し出、退職金を請求したのに対し使用者が拒否したというもので、一般的に使用者の許可を要すというものではないことに注意する必要があります。

　それでは、使用者に対する退職の予告期間は民法第627条の規定に

より2週間前で十分でしょうか、それとも就業規則どおりの予告が必要でしょうか。労働基準法では、使用者側からの解雇の予告は30日前となっています（同法第20条）。労働者保護という労働基準法の精神からは、労働者が辞める場合30日以上前に使用者に通知しなければならないというような就業規則の規定であると、会社から辞めさせられる場合より予告期間が長く労働者にとって不利になるので、裁判では無効とされる可能性が高いと思われます。

　いずれにしても、なかなか退職させてくれない使用者に対しては、高野メリヤス事件の判例は頼もしいものとなるでしょう。念のために申し添えますが、民法第627条第2項の規定は完全月給制の場合（遅刻や早退しても減額されないような場合）、第3項の規定は年俸制についてのものなので、該当する人は注意してください。

⑷　辞める気が無いのに退職届を書かされた

　上の例とは反対に、会社を辞める気が無いのに退職届を書かされたというケースもあります。気の毒なケースとしては、解雇されたのに退職届を書かされる場合があります。解雇は、使用者による意思表示であり、使用者が解雇通知書などを発行すべきことです。しかし退職届を提出してしまうと、自主退職として扱われ解雇予告手当などが請求できなくなります。解雇の場合、「おかしいな」と思ったら退職届には署名しないで、解雇通知書や退職理由書などを使用者から発行してもらうことです。

　上の例のように退職する気が無いのに、退職手続きをとると退職になってしまいます。ただし、相手（使用者）がその真意を知っていた場合は、その退職の意思表示は無効になります。これを心裡留保といいます（民法第93条）。退職する気が無いのに、使用者と通じて退職手続きをとることは無効です。ただし、その事実を知らない人に「実は無効でした」とは主張できません。これを虚偽表示といいます（民

法第94条）。退職届を提出しないと解雇されると錯誤に陥り、退職届に署名した場合は無効です（民法第95条）。詐欺や強迫によって退職届に署名した場合は、取り消すことができます（民法第96条）。

　これらのように心の中で思っていることと自分の行動が不一致な状況を、意思表示の欠缺（ケンケツといいます。要件が欠けているということです。）に対しては、法律では無効であったり、取り消しできたりできるのですが、現実の問題になるのは証拠です。特に人事の話になると、他人のいないところで二人もしくは少人数での話し合いとなるので、口頭だけでは相手に否定されてしまうとお手上げになります。絶対に事実であると労働者が主張しても、証拠となる書面等が無ければ第三者には認められ難いのです。労働相談でも、話を聞いていると大変気の毒なケースがあり、何とかしてあげたいと思っても、労働者の話を裏付ける証拠が何もない人にはどうしようもない場合があります。証人がいるという人もいます。ただ第三者の目で見て、友達が証人の場合は、どの程度証言力を認められるのかは裁判になってみないとわかりません。また証人とされる人が、まだ使用者に雇われているような場合だと、労働者の味方に立って証言してくれるか疑問です。このように法律では、無効を主張するか取り消しできる場合でも、現実は手が出せない場合が多いので、中にはICレコーダーをこっそり忍ばせて使用者と会談する人もいます。

　心裡留保については、私立大学の教授として勤務していた者が、勤務継続の意思を持ちながら、反省の意味で退職願いを提出して受理された後、右退職の意志表示は心裡留保により無効であるとして、退職の効力を争った判例があります。

　「債務者（使用者）は、債権者の平成3年3月12日付けの退職願を同年5月15日に受理することにより退職の合意が成立し、右合意に基づき同年9月末日に退職を発令したものである旨主張する。しかしながら、右認定事実によれば、債権者（労働者）は反省の意を強調する

意味で退職願を提出したもので実際に退職する意思を有していなかったものである。そして、右退職願は勤務継続の意思があるならそれなりの文書を用意せよとのA学長の指示に従い提出されたものであること、債権者は右退職願を提出した際にA学長らに勤務継続の意思があることを表明していること等の事実によれば、債務者は債権者に退職の意思がなく右退職願による退職の意思表示が債権者の真意に基づくものではないことを知っていたものと推認することができる。そうすると債権者の退職の意思表示は心裡留保により無効であるから（民法93条ただし書）、債務者がこれに対し承諾の意思表示をしても退職の合意は成立せず、債権者の退職の効果は生じないものというべきである。」

＜昭和女子大学事件　東京地　（平成4.2.6）全基連HPより引用　労判610号72頁＞

このケースは、客観的に心裡留保が推定される状況であったため認められたと考えます。

次の判例は、依願退職が錯誤によってなされたという労働者の主張が認められなかったケースです。

旅行会社に勤務し、近々に55歳後の最初の3月31日を迎える社員が、役職定年制の主旨を内示された関連会社への移籍を断った場合には退職しなければならないものと誤信して退職届を提出したことにつき、依願退職は錯誤により無効であるとして、地位の確認と退職以降の賃金等の支払を求めた事案です。ポイントは錯誤であったとしてもその錯誤には重大な過失がある場合は無効を主張できないというものです。

（事実関係の認定）

会社が役職定年制を採用しており、管理職が55歳に達すると会社の提示する移籍先への移籍に応ずるか、プロフェッショナル職として会社の従業員にとどまるかを選択することができるので、労働者としては退職する必要はないこととされていました。にもかかわらず、労働

者は、退職届提出までこのような選択について検討した形跡は窺われなかったのです。労働者は、会社が役職定年制においては移籍しない場合は退職するのがその制度であると原告を誤信させたと主張しましたが、会社作成の書類（「2006年度役職定年についてのご案内」を見ても、積極的に誤信を招くような記述は見当たらないとされています。会社側の部長が労働者に対し退職を前提として事後の手続をとるよう指示したのは、労働者が桐生周辺の移籍先がなければ自分で就職先を探す旨述べていたためであると認められるとしています。このような事実関係の認定で以下の判決がなされました。

（判例抜粋）

「そして、上記誤信は、自らが退職するという効果意思と表示行為との間に不一致があったというものではなく、退職届を提出する必要がある場合か否かについての錯誤であるから、動機の錯誤にとどまるというべきであり、これが要素の錯誤に当たるためには、そのことが表示されたことを要するところ、原告（労働者）は、終始役職定年制に伴う移籍に応じられないことから退職することを考えていたのであり、このことはA部長らにとっても当然の前提とされていたものと解されるから、退職の動機が役職定年により移籍を拒否するからである旨黙示に表示したものとみる余地もある。

しかしながら、被告（会社）の就業規則（〈証拠略〉）には、定年が60歳に達した月の末日である旨が明記されていて（49条）、役職定年に関する労使協定（〈証拠略〉）にも、役職定年に伴い職位を外れた後は、移籍とプロフェッショナル職として被告にとどまることとの二つの場合があることが明記されていること、原告としては、これらを確認することや人事担当者に質問することなどで自らの誤信を解く機会は十分にあったとみられることからすると、原告に錯誤があり、これが表示されたものと解したとしても、原告が錯誤により退職の意思表示をしたことについては重大な過失があったものといわざるを得ず、

したがって、原告が退職の意思表示につき無効を主張することはできないものといわざるを得ない。」

＜**日本旅行事件**　東京地　（平成19.12.14）全基連HPより引用　労判954号92頁＞

　提示された選択をよく検討しないで、労働者が錯誤により退職の意思表示をしたことには重大な過失があるため、退職の意思表示につき無効を主張することはできないとして、社員の請求を棄却したケースです。退職に際しては、会社の規則をチェックしてよく検討しましょう。ここで、錯誤について難しい説明がありますので少し注釈をいれます。民法第95条は、法律行為の要素に錯誤があったときは無効とすると規定しています（民法第95条本文）。この「要素」とは、表意者が意思表示の内容の重要な部分であり、この点につき錯誤がなければ意思表示をしなかったであろう考えられ、かつ表示しないことが一般取引の通念に照らし妥当と認められるものをいうとされています（大判大正7.10.3）。一方、「動機の錯誤」（新幹線の駅ができ再開発されるという噂を信じて地価が上がると思い土地を買ったところが、噂は事実無根であったというようなケース）については原則として要素の錯誤とならず、ただ、動機が表示された場合には要素の錯誤となりうるとされます。

(オ)　引き継ぎを十分に行わないで退職した

　次のケースは、会社への退職願提出後4乗務して退職したタクシー運転手が、退職願提出日以降7乗務（14日間）しなかった者には退職金を支給しない旨の従来の慣行を明文化した会社、組合間の覚書を適用され、一部退職金を支給されなかったのに対し、その支払等を求めた事件です。判例から抜粋すると、

　「そこで考えるに、被控訴人のようなタクシー会社にあってはタクシー乗務員が予告なしに退職した場合に代替乗務員を採用する迄業務

用車輛を休車させる事態を防止する必要のあることは見易い道理であって、会社がその為の実効性のある措置をとることも是認されるべきである。本件退職金支給規定7条(2)は右の為に設けられた規定であるが、これについては引用の原判決認定のとおり労使間で合意された覚書（乙第三号証）が存しこれらが一体となって運用されていることが認められるので、右7条(2)の規定の効力を検討するに当ってはこれら三種の規定を綜合考慮し更に運用の実態をも併せ考えた上で判断すべきである。

　そしてその運用の実態については、被控訴会社においては従業員は退職しようと思えばいつでも自由に退職できるのであって、病気とか近親者の弔事等で乗務できないやむを得ない場合を除いて、乗務できる状態であるのに通常の乗務を7乗務（14日間）しなかった場合には、退職金の支払を請求できないが、従業員は退職届を14日よりも前に提出することを禁じられているものでもないから、7乗務を予定して、それよりも前に退職届を提出することもできるし、退職後に乗務することもできたことが認められるので、その運用は弾力性に富むものであったというを妨げず、これらの諸事情と被控訴会社の退職金が報償金性の強いものであったことを併せ考えると、前記退職金支給規定7条(2)の規定が控訴人の主張する様に労働者の退職を困難ならしめるものとは解し難く、この点から同規定の無効をいう所論は採用し難く、また同規定を損害賠償額の予約を定めたものは解し難いので労基法16条、13条違反をいう所論も採用し難い。」としており、退職金の減額を認めています。＜**大宝タクシー事件**　大阪高　（昭和58.4.12）全基連HPより引用　労判413号72頁＞

　退職金の支給について、注目すべき判例です。これまでは、退職の有効性を述べてきました。今回は、退職金の支給要件についての規定の有効性を争っています。この事例では、労使協定で退職金支給の要件として14日間の引き継ぎを規定している場合、その規定に違反した

ときには退職金は減額できるとしています。労働者側からの、有給休暇が取れないという主張も、引き継ぎ期間の14日より前に届けて取得すればよいとしています。使用者からすれば、この例のようにきちんと労使協定を結び柔軟な運用を行えば、退職金の支給を制限することにより退職時の引き継ぎを促進することができるのです。ただ、実務での適用は慎重にしなければなりません。この会社のケースは、引き継ぎについては従来からの慣行があったこと、労使間で協定を結んでいたこと、制限されるのが退職金であること、退職金が報償金性の強いものであったこと、事際の運用に弾力性を持たせて労働者に不利にならないようにしていたことなどの条件により認められました。

　労働者も注意しなければなりません。退職そのものについては、最終的には就業規則の規定に従わなくとも退職できたのです。しかし、それに付随する退職金の支給要件については、適正に運用されている限り、その規定に従わないと退職金を減額したり無支給とすることが認められるので、支給要件に合わない退職には退職金がもらえない場合が出てくるということです。

　ここまでは、労働者の退職の意思、使用者側からの退職の否認、労働者からの退職の通知、退職の時季、業務の引き継ぎなど退職そのものに関する問題を述べてきました。しかし、解雇にしても退職にしても、それまで働いてきた勤務先とは雇用関係が終了します。その結果、在職時には現れなかった退職以外の労働条件の問題が現れてくる場合があります。これらの問題については、次の章で述べることとして退職した後の問題について触れてみたいと思います。

　解雇や自主退職で企業を退職すると、次の就職先が決まっていない限り、労働者は失業という状態になります。このような失業状態の労働者の生活を維持し、次の仕事を探すことを支援するのは雇用保険という制度です（雇用法第1条）。そこで次の節では雇用保険制度のうち退職時に必要とされる知識と手続きについて概説します。

第2節　会社を辞めてから
　　　　（ハローワークの手続き）

(1) ハローワークと雇用保険の受給要件

(ア) ハローワークの概要

　失業の状態になると、仕事を探すためにまず行くところは公共職業安定所（通称、ハローワークと呼ばれます）でしょう。ハローワークは、職業紹介、職業指導、雇用保険その他職業安定法の目的を達成するために必要な業務を行い、無料で公共に奉仕する機関です（職業安定法第8条）。ハローワークは全国で約660ヶ所設置されていますが、それぞれに管轄地域が決められており、同じ都道府県内でも地域によってハローワークの管轄が異なっています。自分の居住地の管轄ハローワークがどこにあるのかを確認しておくことが大事です。ハローワークの業務の概要は次の通りです。

　1．職業紹介サービス：求職者に対する就職相談や指導及び求人事業所への職業紹介
　2．求人サービス：人材を探す事業主に対する求人情報の受理や応募者の紹介
　3．雇用保険業務：失業等給付、就職促進給付、教育訓練給付など
　4．雇用に関する助成金・補助金の申請窓口業務
　5．職業訓練等：就職・仕事に関する情報提供、職業訓練コース等の情報提供など、

　これらの業務のうち、本書では、退職後の一般被保険者の求職者給付に関する雇用保険業務の概要について説明していきます。

(イ) 雇用保険が適用される要件

　失業して雇用保険からの失業手当（基本手当と言います）を受給す

るためには、それまで働いていた事業所が雇用保険の適用事業所であり労働者が被保険者であったという事実が必要です。

　(a)　適用事業所

　雇用保険が適用されるのは、原則として労働者が雇用される事業です。例外として、農林・畜産・養蚕・水産の事業を行う個人経営の従業員5人未満の事業は暫定任意適用事業となり、その事業に使用される労働者の2分の1以上の同意を得て、任意加入申請を行い、厚生労働大臣の認可があった場合に適用事業となります。つまり、これらの事業を除いて、ほとんどの労働者は適用事業で働いていることになります。

　(b)　雇用保険の被保険者

　1週間の所定労働時間が20時間以上であり31日以上の雇用見込みがある労働者は、事業所規模に関わりなく原則として、全て雇用保険の被保険者となります。雇用保険への加入手続きは事業主が行います。

(2)　**求職手続きと求職者給付**

(ア)　被保険者

　雇用保険から失業給付（基本手当）を受けるためには雇用保険の被保険者である、あるいはあったことと受給資格要件を満たさないといけません。被保険者は、就労の実態に応じて、一般被保険者、高年齢継続被保険者、短期雇用特例被保険者、日雇労働被保険者の4種類に分かれています。

　雇用保険での一般被保険者とは、適用事業に雇用される労働者であって、次に該当しない者を言います。

　①　65歳に達した日以後に雇用される者
　　（高年齢継続被保険者、短期雇用被保険者、日雇労働被保険者のいずれかに該当する者は被保険者となる）
　②　1週間の所定労働時間が20時間未満である者

（日雇労働被保険者に該当する者は被保険者となる）
③　同一の事業主の適用事業に継続して31日以上雇用されることが見込まれない者
（日雇労働被保険者、前2月の各月において18日以上同一の事業主の適用事業に雇用された者、及び同一の事業主の適用事業に継続して31日以上雇用された者は被保険者となる）
④　季節的に雇用される者であって、4か月以内の期間を定めて雇用される者、あるいは、1週間の所定労働時間が20時間以上であって、厚生労働大臣が定める時間数（30時間）未満である者
（日雇労働被保険者、4か月以内の期間を定めて雇用される者がその定められた期間を越えて引き続き同一の事業主に雇用されるに至ったときはその時から被保険者資格を取得する）
⑤　学校の学生または生徒であって、厚生労働省令で定める者

　ここでは頁数の関係で高年齢継続被保険者、短期雇用特例被保険者、日雇労働被保険者については説明を省きます。各々にはそれに応じた求職者給付があります。細かく内容を知りたい場合は、雇用保険法第6条を参照してください。

> 被保険者とならない者の具体例としては、
> 法人の代表者、取締役、昼間部の学生、家計補助的な者で臨時内職的に就労するにすぎない者、家事使用人、同居の親族、などが考えられます。

(イ)　受給資格要件　（雇用法第13条、第14条）
　基本手当は、被保険者が失業した場合において次のいずれかに該当するとき、受給資格を得ることができます。
①　被保険者期間が、離職日以前2年間に通算して12か月以上あること

(図5－1)

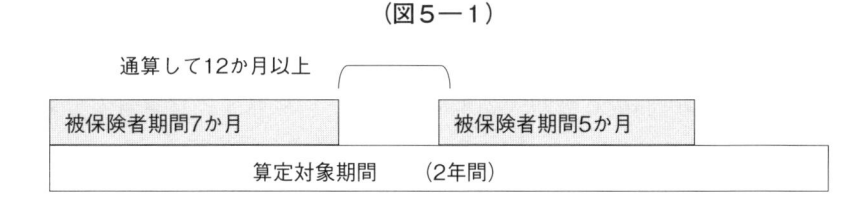

```
通算して12か月以上
┌──────────────────┐  ┌──────────────────┐
│ 被保険者期間7か月 │  │ 被保険者期間5か月 │
└──────────────────┘  └──────────────────┘
┌────────────────────────────────────────┐
│   算定対象期間    （2年間）              │
└────────────────────────────────────────┘
```

② 次に説明する特定受給資格者と特定理由離職者に該当するものであって、被保険者期間が離職日以前1年間に通算して6か月以上あること

(図5－2)

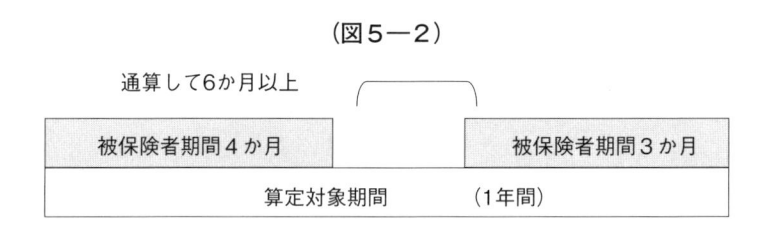

```
通算して6か月以上
┌──────────────────┐  ┌──────────────────┐
│ 被保険者期間4か月 │  │ 被保険者期間3か月 │
└──────────────────┘  └──────────────────┘
┌────────────────────────────────────────┐
│   算定対象期間    （1年間）              │
└────────────────────────────────────────┘
```

　それでは、算定対象期間に病気などで30日以上賃金の支払いを受けることができなかった被保険者はどうなるでしょうか。被保険者期間が足りなくなって基本手当を受給できなくなるかもしれません。このような場合のために、受給要件は緩和されます。疾病・負傷、事業場の休業、出産、事業主の命による外国勤務、官民人事交流法第2条第2項第2号に該当する交流採用などの場合、及び管轄公共職業安定所長がやむをえないと認めるものについてはそれらの期間分は上記の期間（2年または1年）に延長されます。（雇用保険法施行規則第18条）
　被保険者期間の1か月というのは、離職の日から遡って被保険者であった期間（雇用されていた期間で、賃金が支払われていたかどうかは問わない期間）のうち賃金支払い基礎日数が11日以上あるものを言います。この期間に1か月未満の期間が生じた場合、その期間の日数が15日以上であり、賃金支払い基礎日数が11日以上であれば被保険者

期間の2分の1か月として計算します。

　賃金支払い基礎日数については、深夜労働を行って翌日にわたり、かつその労働時間が8時間を越える場合には、これを2日として計算します。

(ウ)　特定受給資格者と特定理由離職者　（雇用保険施行規則第34条―第36条）

　整理解雇や倒産で退職した人は、「特定受給資格者」と呼ばれています。また、有期雇用契約者で労働契約の更新が無い労働者や離職理由による給付制限の対象とならない正当な理由がある労働者は「特定理由離職者」とされます。どちらも、雇用保険の加入期間と退職したときの年令が考慮され、一般の離職者より、失業手当の給付日数が優遇されています。セクハラやいやがらせによりやむなく退職した人や事業主から退職を迫られて退職した人などかなり広範囲の人に適用されるので、自分が該当するかハローワークでチェックしたほうが良いでしょう。

(エ)　離職

　離職の際には、事業主が雇用保険被保険者証を預かっている場合は、事業主から受け取ります。雇用保険被保険者証とは、会社の従業員として雇用されると発行される書類で、厚生労働省が、雇用保険に加入していることを証明するものです。できるだけ、在職中に「雇用保険被保険者証」の有無を確認しておきましょう。離職票とは、雇用保険の基本手当をもらうときに必要な書類です。離職票は、事業主が離職の翌日から10日以内に手続きをします。離職後、「雇用保険被保険者離職票（1、2）」が届きます（受取りに行く場合もあります）。

　離職票―2の記載については注意が必要です。そこには、給料の金額（税金や社会保険料も含みます）が記入されているので、自分の

持っている給与明細書と違いが無いかを見ておきます。もう一つ、退職理由の記載の箇所があるので、記載された理由が実際の退職理由と一致しているかをチェックします。会社都合退職か自己都合退職か退職理由によって、失業手当の支給開始時期や支給期間が変わってきます。この部分は、退職後にもめる場合がありますので必ずチェックすべきです。

(図5—3)

離職に関連する届けの流れ

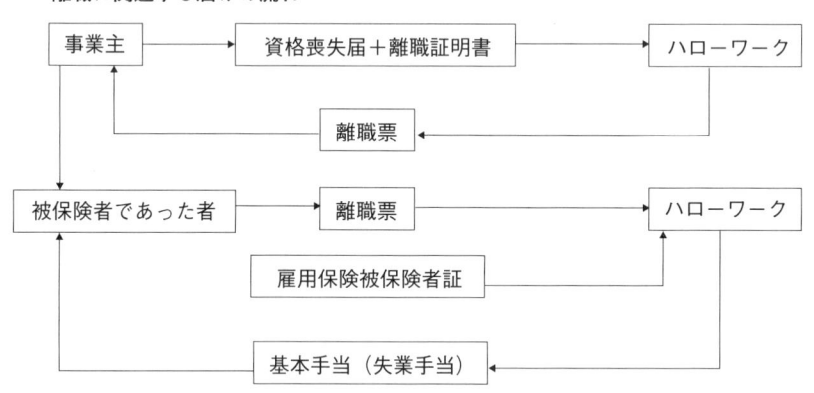

```
事業主 → 資格喪失届＋離職証明書 → ハローワーク
 ↑                              ↓
 └──────── 離職票 ──────────────┘

被保険者であった者 → 離職票 → ハローワーク
         ↑       雇用保険被保険者証 ↑
         │                          │
         └─── 基本手当（失業手当）───┘
```

(オ) 求職者給付について

　さて、雇用保険の受給資格が確認できたら、求職者給付にはどのようなものがあるか見てみましょう。求職者給付の種類は、以下の通りです。

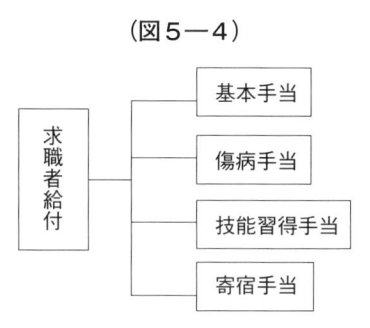

(図5—4)

```
求職者給付 ─┬─ 基本手当
            ├─ 傷病手当
            ├─ 技能習得手当
            └─ 寄宿手当
```

(a) 基本手当：一般被保険者が失業したとき、その所得を保障するために支給されます。
(b) 傷病手当：失業期間中に傷病で職業に就くことができない状態になったときに、基本手当に変えて支給されます。
(c) 技能習得手当：公共職業訓練等を受ける場合、基本手当に上乗せして支給されます。
(d) 寄宿手当：公共職業訓練等を受けるために同居の親族と別居して寄宿する必要があるとき、その費用の一部を支給します。

　以上のうち基本手当は、失業中に受け取る給付の中心となるもので、最も重要です。以後基本手当を中心に説明します。

(3) 基本手当の受給

(ア) 受給の認定

　基本手当とは、雇用保険の被保険者が、離職し失業中の生活を心配しないで新しい仕事を探し再就職するために支給されるものです。基本手当の支給を受けることができる日数（所定給付日数）は、離職の日における年齢、被保険者期間及び離職理由によって決定され、90日〜360日の間でそれぞれ決められます。

　基本手当は、受給資格者が失業していることについての認定を受けた日について支給されます。失業の認定を受けようとする受給資格者は、離職後自分の居住地の管轄ハローワークに出頭し、求職の申し込みをしなければなりません（雇用法第15条）。基本手当は、就職しようとする積極的な意思があり、いつでも就職できる能力があるにもかかわらず、本人やハローワークの努力によっても、職業に就くことができない「失業の状態」にあることを前提として支給されます。したがって、次のような状態にあるときは、基本手当を受けることができないので注意してください。

　（後で述べるように、受給期間延長の申出を行うことはできます。）

- ◆ 病気やけがのため、すぐには就職できないとき
- ◆ 妊娠・出産・育児のため、すぐには就職できないとき
- ◆ 定年などで退職して、しばらく休養しようと思っているとき
- ◆ 結婚などにより家事に専念し、すぐに就職することができないとき

求職の申し込みの際に、必要なものとしては、

- ◆ 離職票―1、離職票―2
- ◆ 雇用保険被保険者証
- ◆ 印鑑
- ◆ 本人確認、住所及び年齢を確認できる官公署の発行した写真付きのもの（運転免許証、写真付きの住基カード等）
- ◆ 写真2枚（3㎝x2.5㎝程度の正面上半身、撮影後3か月以内のもの）
- ◆ 本人名義の普通預金通帳

　受給期間延長通知書の交付を受けているときは、離職票と併せて提出しなければなりません。基本手当の支給を受けようとするものが離職証明書に記載された離職の理由に関し異議がある場合には、当該書類及び離職の理由を証明することができる書類を添えなければいけません（雇用保険法施行規則第19条）。

　管轄公共職業安定所長は、提出された離職票により提出者に基本手当の受給資格があると認めたときは、失業認定日を決め、その人に知らせるとともに、雇用保険受給資格者証に必要な事項を記載したうえで交付しなければなりません。

　労働者の離職理由を最終的に判断するのは、公共職業安定所長です。もし、離職票の内容が実際の離職理由と異なる場合は、客観的資料を提出して確認してもらいましょう。

(イ)　失業の認定

基本手当は、受給資格を有する者が失業していることについての認定を受けた日について支給されます（雇用法第15条第1項）。
　失業の認定は、求職の申込みを受けた公共職業安定所において、受給資格者が離職後最初に出頭した日から起算して4週間に1回ずつ直前の28日の各日について行われます。失業の認定は、受給資格者が求人者に面接したこと、公共職業安定所その他の職業安定機関若しくは職業紹介事業者等から職業を紹介され、又は職業指導を受けたこと、その他求職活動を行ったことを確認して行うものとされます。実際には、前回の認定日から今回の認定日の前日までの28日間に公共職業安定所、職業紹介事業、労働者派遣事業等による職業相談、職業紹介等、あるいは求人への応募を2回以上行った実績が確認された場合に失業の認定が行われます。
　受給資格者が、病気や負傷のため認定日に公共職業安定所に出頭できなかった場合はその理由が止んだ後における最初の失業認定日に出頭し、その理由を記載した証明書を提出することによって失業の認定を受けられます（雇用法第15条第4項）。
　基本手当は、受給資格者が離職後最初に公共職業安定所に求職の申込みをした日以後において、失業している日（疾病又は負傷のため職業に就くことができない日を含む。）が通算して7日に満たない間は、支給されません。これを待期といいます。（雇用法第21条）。
　基本手当は、4週間に1回、失業の認定を受けた日分を支給されます。ただし、公共職業安定所長の指示した公共職業訓練等を受ける受給資格者は1か月に1回支給されます（雇用法第30条）。
　基本手当は、管轄公共職業安定所において支給されます。受給資格者は、その者の申出により銀行その他の金融機関への振込みの方法によって受けることができます。現実は、ほとんど振込みです。従って、最初の受給の認定の際に本人名義の普通預金通帳を持参する必要があるのです。

(ウ)　基本手当の支給額

　基本手当は、失業の認定を受けた日毎に支給され、その算定の基礎となるのが賃金日額です。賃金日額は、算定対象期間において被保険者期間として計算された最後の6箇月間に支払われた賃金（臨時に支払われる賃金及び3箇月を超える期間ごとに支払われる賃金を除く。）の総額を180で除して得た額とします（雇用法第17条）。労働基準法の第12条の平均賃金とは異なりますので注意しましょう。

> 賃金日額　＝　算定対象期間において被保険者期間として計算された最後の6か月間に支払われた賃金の総額　÷　180
> 離職の日以前の6か月では、ありません。賃金支払基礎日数が11日以上の月の6か月分です。

　この賃金日額にも最低保障があり、以下の①、②の計算した額に満たない時は、①、②で計算した額を賃金日額とします。

> ①　賃金が、日給、時間給、又は出来高払制その他請負制によって定められている場合
> 賃金日額　＝　（算定対象期間において被保険者期間として計算された最後の6か月間に支払われた賃金の総額　÷　当該6か月間の労働日数）×　0.7
>
> ②賃金の一部が、月給、週休その他一定の期間によって定められている場合
> 賃金日額　＝　一定期間の賃金の総額　÷　一定期間の総日数　＋　①で算定した額

　基本手当の日額は、賃金日額に45～80％の給付率をかけて算出します。（雇用法第16条―第18条）
　賃金日額及び基本手当には、上限額及び下限額が定められており、

上限額は年齢によって異なります。（平成23年8月1日～平成24年7月31日では、以下のようになります。）

賃金日額下限額は2,330円。		基本手当日額の下限額は1,864円
年　　齢	賃金日額の上限額	基本（失業）手当上限額
60歳以上65歳未満	15,060円	6,777円
45歳以上60歳未満	15,780円	7,890円
30歳以上45歳未満	14,340円	7,170円
30歳未満・65歳以上	12,910円	6,455円

　受給資格者が、失業の認定に係る期間中に自己の労働によって収入を得た場合には、その収入の基礎となった日数分の基本手当の支給については、減額されます（雇用法第19条）。受給資格者は、失業の認定を受けた期間中に自己の労働によって収入を得たときは、その収入の額その他の事項を自己の労働によって収入を得るに至った日の後における最初の失業の認定日に、失業認定申告書により管轄公共職業安定所長に届け出なければなりません（雇用保険法施行規則第29条）。

(エ)　基本手当の支給日数
　一の受給資格に基づき基本手当を支給する日数を所定給付日数といいます。所定給付日数は、離職日における年齢、被保険者であった期間、離職理由、その者が就職困難者であるか否かによって定められています。（雇用法第22条—第23条、第61条の4第6項）就職困難者とは、身体障害者、知的障害者、精神障碍者、保護観察に付された者、社会的事情により就職が著しく阻害されている者を指します。（雇用保険法施行規則第32条）

(図5-5) 基本手当の支給日数

区分	算定基礎期	1年未満	1年以上5年未満	5年以上10年未満	10年以上20年未満	20年以上
一般の受給資格者（自己都合退職等）	全年齢	—	90日	90日	120日	150日
就職困難者（障害者等）	45歳未満	150日	300日			
	45歳以上65歳未満		360日			
特定受給資格者及び特定理由離職者（倒産・事業所の廃止・解雇等の理由による退職）	30歳未満	90日	90日	120日	180日	—
	30歳以上35歳未満		90日	180日	210日	240日
	35歳以上45歳未満				240日	270日
	45歳以上60歳未満		180日	240日	270日	330日
	60歳以上65歳未満		150日	180日	210日	240日

特定理由離職者の所定給付日数が特定受給資格者と同様になるのは、受給資格に係る離職の日が平成21年3月31日から平成26年3月31日までの間にある方に限ります。「特定理由離職者の範囲」の2.に該当する方は、被保険者期間が12か月以上（離職前2年間）ない場合に限り、特定受給資格者と同様となります。

受給の認定の箇所で、病気や怪我、妊娠・出産・育児、結婚のため、すぐには就職できないときや定年退職してしばらく休養しようと思っているときは、基本手当を受けることができないと書きましたが、これらの場合でも受給期間延長の申出を行うことができます。受給期間延長申請書に医師の証明書その他の事実を証明することができる書類及び受給資格者証（受給資格者証の交付を受けていない場合には、離職票（二枚以上の離職票を保管するときは、そのすべての離職票）。）を添えて管轄公共職業安定所の長に提出することによって行います（雇用保険法施行規則第30条、第31条）。この場合、申し出によりその期間が加算されますが、最高限度4年まで延長できます。
　受給資格者が公共職業安定所長の指示した公共職業訓練等を受ける場合、広域職業紹介活動を行う場合、失業の状況が全国的に著しく悪化している場合、所定給付日数を超えて基本手当を支給することがあります（雇用法第24条—第28条）。

(オ)　給付制限
　訓練延長給付、広域延長給付又は全国延長給付を受けている受給資格者が、正当な理由がなく、公共職業安定所の紹介する職業に就くこと、公共職業安定所長の指示した公共職業訓練等を受けること又は厚生労働大臣の定める基準に従って公共職業安定所が行うその者の再就職を促進するために必要な職業指導を受けることを拒んだときは、その拒んだ日以後基本手当を支給されません（雇用法第29条）。
　受給資格者（訓練延長給付、広域延長給付又は全国延長給付を受けている者を除く）が、公共職業安定所の紹介する職業に就くこと又は公共職業安定所長の指示した公共職業訓練等を受けることを拒んだときは、その拒んだ日から起算して1箇月間は、基本手当は支給されません。ただし、次の各号のいずれかに該当するときを除きます。（雇用法第32条）

① 紹介された職業又は公共職業訓練等を受けることを指示された職種が、受給資格者の能力からみて不適当であると認められるとき。
② 就職するため、又は公共職業訓練等を受けるため、現在の住所又は居所を変更することを要する場合において、その変更が困難であると認められるとき。
③ 就職先の賃金が、同一地域における同種の業務及び同程度の技能に係る一般の賃金水準に比べて、不当に低いとき。
④ 職業安定法第20条（第2項ただし書を除く。）の規定に該当する事業所に紹介されたとき。
⑤ その他正当な理由があるとき。

受給資格者が、正当な理由がなく、公共職業安定所が行う職業指導を受けることを拒んだときは、その拒んだ日から起算して1箇月を超えない範囲内において公共職業安定所長の定める期間は、基本手当が支給されません。

偽りその他不正の行為により求職者給付又は就職促進給付の支給を受け、又は受けようとした者には、これらの給付の支給を受け、又は受けようとした日以後、基本手当が支給されません（雇用法第34条）。

また、被保険者が自己の責めに帰すべき重大な理由によって解雇され、又は正当な理由がなく自己の都合によって退職した場合には、第21条の規定による期間の満了後1箇月以上3箇月以内の間で公共職業安定所長の定める期間は、基本手当が支給されません。ただし、公共職業安定所長の指示した公共職業訓練等を受ける期間及び当該公共職業訓練等を受け終わった日後の期間については除きます（雇用法第33条）。

ここは、解雇・退職でもめるところです。懲戒解雇や自己都合退職の場合は、3か月までの給付制限があるのです。「辞めたらどうか」と退職勧奨を受けうっかり退職届を出して自己都合退職となってしま

うと解雇予告手当がもらえないだけではなく、失業手当（基本手当）もすぐには支給されず３か月待たねばならないのです。

(4) 求職者支援

　退職して、基本手当ももらえるようになったけれど、就職がなかなか決まらない。何か技術を身につけたいが、学校に通う金もない。このままで行くと、基本手当の支給期間が終了したら無収入の失業者となってしまう。このような懸念のある方はいませんか。このような人のために無料や低額で技術を身に着け、しかも生活費まで支援してくれる制度があるのです。一つは、公共職業訓練、もう一つは「求職者支援制度」です。次に、これらの２つの制度について説明します。

(ア) 公共職業訓練

　公共職業訓練は、管轄元により高齢・障害・求職者雇用支援機構が行うものと各都道府県が管轄する公共職業訓練があります（職業能力開発促進法第15条の６）。前者は厚生労働省所管の独立行政法人で就職を希望する人を対象に、職業能力開発大学校、職業能力開発短期大学校、職業能力開発促進センター（ポリテクセンター）での教育訓練や、各種学校や専門学校、事業主団体等の民間企業への委託による各種の教育訓練を実施しています。後者は、都道府県で就職を希望する人を対象に、職業能力開発校での教育訓練や、各種学校や専門学校、事業主団体等の民間企業への委託による各種の教育訓練を実施しています（職業能力開発促進法第16条）。高齢・障害・求職者雇用支援機構が実施する離職者訓練に関する内容は、ホームページ http://www.jeed.or.jp/js/ をご覧ください。

　各都道府県が管轄する職業訓練校については、都道府県や各校のサイトで調べてください。

　公共職業訓練は、主に雇用保険の受給者を対象に、再就職に必要な

技能及び知識を習得するための離職者訓練を無料（テキスト代等は自己負担）で実施しています（職業能力開発促進法第23条）。また、在職労働者や高等学校卒業者などを対象とした高度な技能及び知識を習得するための在職者訓練、学卒者訓練も実施しています。在職者訓練、学卒者訓練は、原則有料となっています。都道府県が実施する離職者訓練の中には、長期の課程の場合は有料の場合が多いようです（都道府県により異なります）。公共職業訓練は、ハローワーク経由で応募します。選考（試験、面接等）があります。選考基準は不明ですが、面接が重視されるでしょう。就労意欲がないとか勉強意欲がない等とみなされると、合格は難しいと思われます。ハローワークには、募集前あるいは募集中の公共職業訓練に関するパンフレットが置いてあるので、パンフレットを持ち帰って自分に合うものが無いかチェックして不明な点があれば、ハローワークの相談員に聞いてみましょう。

　しかし、いくら無償で訓練が受けられるといっても訓練期間中無収入では生活していけないという疑問があるでしょう。ご心配なく。訓練期間中は、基本手当は支給されます。それどころか、受給資格者が公共職業安定所長の指示した２年以内の公共職業訓練等を受ける場合には、当該公共職業訓練等を受ける期間（待期期間を含む。）内の失業している日について、所定給付日数を超えてその者に基本手当を支給することができます。これを訓練延長給付といいます（雇用法第24条）。さらに、公共職業訓練等を受け終わってもなお就職が相当程度に困難な者であると認められたら、所定給付日数を超えてその者に基本手当を支給することができるとして支給期間が30日を限度に延長されるのです（雇用法第24条第２項）。

　さらに、通常被保険者が自己の責めに帰すべき重大な理由によって解雇され、又は正当な理由がなく自己の都合によって退職した場合は、最大３か月まで基本手当は支給されませんが、公共職業安定所長の指示した公共職業訓練等を受ける期間及び当該公共職業訓練等を受

け終わった日後の期間については、この限りでないとして、職業訓練受講開始と同時に給付制限が解除されるのです（雇用法第33条）。

　その他、公共職業訓練等を受ける場合は基本手当に加えて、技能習得手当（受講手当：日額500円（平成21年3月31から平成24年3月31日までは日額700円）、通所手当：最大月額42,500円）や寄宿手当（月額：10,700円）が支給されます（雇用法第36条）。

　失業の認定についても、通常は受給資格者が4週間に1回ずつ公共職業安定所に赴き就職活動をしなければなりませんが、公共職業訓練期間中は不要です。

　このように、公共職業訓練を受講すると良いことだらけなので、失業給付目当てに職業訓練を受ける人がいるくらいです。

(イ)　求職者支援制度

　今まで述べたように、公共職業訓練を受けると多くのメリットがあります。しかし、公共職業訓練を受けることができるのは雇用保険を受給できる人が対象です。雇用保険に加入できなかった人、雇用保険受給中に再就職できないまま支給終了した人、雇用保険の加入期間が足りずに雇用保険を受けられない人、自営廃業者の人、学卒未就職者の人などは、どうしたらよいでしょうか。これら雇用保険を受給できない求職者（特定求職者といいます）のために、平成23年10月から「求職者支援制度」がスタートしました。

　「求職者支援制度」の内容は以下の通りです。

① 　「求職者支援訓練」又は「公共職業訓練」を受講できます。
　　　→　原則として、受講料は無料、テキスト代等は自己負担です。
② 　訓練期間中及び訓練終了後も、ハローワークが積極的な就職支援を行います。
③ 　一定の要件を満たす方に「職業訓練受講給付金」を支給されます。職業訓練受講給付金の概要は、以下の通りです。

ハローワークの支援指示を受けて求職者支援訓練等を受講する方が、一定の要件を満たす場合に支給されます（原則として最長１年）。
支給額：職業訓練受講手当　月額10万円、通所手当　通所経路に応じた所定の額
支給対象者：以下の全てに該当する方が対象となります。
① 雇用保険被保険者ではない、また雇用保険の求職者給付を受給できない方
② 本人収入が月８万円以下の方
③ 世帯（※１）全体の収入が月25万円以下（年300万円以下）の方
④ 世帯（※１）全体の金融資産が300万円以下の方
⑤ 現在住んでいるところ以外に土地・建物を所有していない方
⑥ 全ての訓練実施日に出席する方（やむを得ない理由がある場合は８割以上の出席）
⑦ 訓練期間中～訓練終了後、定期的にハローワークに来所し職業相談を受ける方
⑧ 同世帯（※１）の方で同時にこの給付金を受給して訓練を受けている方がいない方
⑨ 既にこの給付金を受給したことがある（※２）場合は、前回の受給から６年以上経過している方（※３）
（※１）同居又は生計を一にする別居の配偶者、子、父母が該当します。
（※２）緊急人材育成支援事業の「訓練・生活支援給付金」は該当しません。
（※３）基礎コースに続けて公共職業訓練を受ける場合は６年以内でも対象となることがあります。
給付金は原則１月ごとの支給申請・決定により事後的に支給されます。

職業訓練受講給付金の手続は、「事前審査」と「支給申請」の二つに分かれています。
　職業訓練受講給付金を受給できる人で、職業訓練受講給付金だけでは生活費が不足する人には、希望に応じて労働金庫の貸付制度を利用することができます（要返済。返済免除はありません。）。
　これも良いことづくめの制度です。雇用保険の受給対象者でなくとも無償で職業訓練を受講でき、さらに毎月10万円支給されるわけです。
　次の点に注意してください。求職者支援制制度は熱心に職業訓練を受け、より安定した就職を目指して求職活動を行う方のための制度です。一度でも訓練を欠席したり、ハローワークの就職支援を拒否すると、給付金が不支給となるばかりではなく、これを繰り返すと訓練期間の初日に遡って給付金の返還命令等の対象となります。

第6章 退職に伴う諸問題

 これから退職に関連する多くのトラブルについて解説していきます。これらは退職時に限ったことではないのですが、特に退職と同時に発生することが多いので、個別に取り上げていきます。

第1節 未払賃金がある場合

 最初は、退職したけれど退職日までの賃金をまだ受け取っていないというケースをとりあげます。特に、労働者が急に会社を辞めたような場合にこの問題が発生する場合が多いのです。賃金は、労働者が退職して請求してから7日以内に支払われなければなりません（労基法第23条）。しかし、日給制で毎日給料が手渡される場合は別にして、通常は賃金計算のための締日と支払日があります。従って、未払賃金の計算は前回の賃金締切日から退職した日までの日数分の賃金を計算することになります。最近では多くの企業が給料振込を行っていますので、その未払額が支払日までに労働者の預金口座に振り込まれていないと賃金の未払が確定します。
 注意しないといけないのは、事業主によっては就業規則で「退職時の最後の賃金については、現金で支払うこともある」と規定する場合があるということです。本来、賃金は現金で直接労働者に全額支払うというのが原則（労基法第24条）ですので、このような規定は違法ではありません。このように規定されていると、いくら労使間で給与振

込の制度になっていても、労働者は最後の給料については、支払日に退職した会社に受け取りに行かなければなりません。円満退職でない場合は、労働者としては受け取りに行きづらいですね。ルール違反の辞め方をすると受け取りの際に、嫌味の２つ３つは言われるかもしれません。気の弱い人なら、この規定があるだけで最後の給料は受け取りに行くことをあきらめるかもしれません。だからこそ辞める前に就業規則をチェックしておかねばならないのです。

　また、使用者が給料振込制を採用していても、退職後一度は給料支払い日に自ら受け取りに行くことが望ましいでしょう。というのは、賃金支払いは法律上原則手渡しなので、後で述べる労働基準監督署の調査が入った場合に、使用者は労働者が受け取りに来れば支払ったのに受け取りに来なかったとして、賃金が未払いであったということを否定する可能性があるからです。

　労働者が就業規則をチェックするときに、研修時の賃金が通常の賃金とは別扱いになっていないかもチェックしておきましょう。労働相談では、入社して２―３日で辞めた人が、未払い賃金を求めて相談にくることがあります。その中には研修期間が終わって、その次の日に退職するというケースもあります。使用者にとってみれば非常に腹立たしい限りですが、使用者の業務命令で研修を受けさせたのなら、指揮命令の下での研修行為になりますので賃金は支払われなくてはなりません。ただし、就業規則などで「研修期間の賃金は通常の半額とする」というように規定しておくことは可能です。労働者の方は、就業規則をチェックしておいた方がよいでしょう。

　未払い賃金がある場合は、以下の順序で使用者に請求します。
① 月給制の場合、労働契約、就業規則または賃金規定をチェックして、月の途中で辞めても１か月分の給料がもらえるかどうかを確かめる。

② ノーワークノーペイの原則により、働いていない日の分は減額されるかどうか確かめる。日給月給の場合、1日分の給与額を計算する。
③ 時給制の場合、前回の給料の締切日より退職の日までの働いた労働時間を計算する。日給制、月給制の場合働いた労働日数を計算する。
④ 時給 × 労働時間数、または 日給 × 労働日数を計算する。
⑤ 給料の支払日をチェックして、その日以降に振り込まれていないかチェックする。
⑥ 給料が振り込まれていなかったら、請求書を作成し内容証明郵便または配達証明付書留便で使用者に送付する。
⑦ 指定期日までに給料が振り込まれていないか、給料の支払日を指定してこない場合は、上記内容証明郵便または配達証明付書留便のコピーを持参して、労働基準監督署での行政指導を求める、又は簡易裁判所で少額訴訟や支払督促の手続きを行う。

次頁に内容証明郵便の記載例を紹介します。

(記入例)

> 通知書
> 　私は、平成○○年○○月○○日より貴社の従業員として勤務してきましたが、
> 平成○○年○○月分から平成○○年○○月分の間の賃金、総額○○万○○千円が未払になっております。
> 　つきましては、平成○○年○○月○○日までに上記賃金全額をお支払いくださいますよう催告いたします。
> 　なお、上記期日までに金員の支払いなき場合には、公的機関への申立　その他必要な法的措置をとらせていただくことを申し添えます。
>
> 　　　　　　　　　　　　　　　　　　　　　　　　　以上
>
> 平成○○年○○月○○日
> 　○○県○○市○○町○丁目○番○号
> ○○　○○　○○
>
> ○○県○○市○○町○丁目○番○号
> 　　　○○○○株式会社
> 　　　代表取締役　○○　○○　殿

　内容証明郵便の書き方は、インターネットで検索するといっぱいあります。作成代行業者も多いので、お金はかかりますが自分で作るのが嫌な人は頼むことができます。

　使用者の側からの言い分とすれば、「急に辞められて困っているのに賃金を請求された」、「研修期間中で戦力にもなっていないのに辞められて、おまけに賃金を請求されるなんて」、「募集費用や研修費用がかかって、これからという時に辞められた。賃金は、一円でも払いたくない」という気持ちが多いと思われます。しかし、賃金を得るため

に労働者は一定期間使用者の指揮命令以下におかれたのですから、賃金の未払いは支払われなければなりません。（使用者の指揮命令下にない個人の研修は除きます。）

　労働者から労働基準監督署に未払いの賃金請求を申告されると、ほぼ確実に労働基準監督官の調査が入ります。よくあるケースとして、「急に辞められたので代わりの人を手配するなどして損害を被ったので損害賠償を請求する。その損害額と未払賃金を相殺する。」という使用者の方がいます。解雇のところでも説明しましたが、労働基準法では賃金全額払いの原則（労基法第24条）と言って、労働者に対して債権がある場合でも使用者はいったん賃金を全額支払わねばなりません。（税金、社会保険その他事前に労働者が合意した控除は別です。）そのため、もし損害が発生した場合は、いったん賃金は未払い分を全額支払い、別途損害賠償請求することになります。なお、労働者の同意がある場合は賃金と相殺できます。その場合、労働協約や労使協定ではなく、個々の労働者から同意を得ることが必要です。使用者からの損害賠償請求についての詳細は、第7節で説明します。なお、労働者に未払賃金の請求権があり、かつ解雇された場合は解雇予告手当と未払賃金を一緒にして請求することも可能です。

　それでは、未払賃金に関する判例を見てみましょう。

　最初の事件は、採用面接の際に1か月の賃金が40万円であるという説明を受けたウエイターが、月の中途で入社又は退社した場合でも1か月分の賃金の全額が支払われるべきと主張し、閉店後の店内後片付けの残業代請求及び研修手当を要求するものです。この事件では、次の3つのポイントを含んでいます。

① 　募集広告における固定給として月給金40万円と記載されていたこと等により、労働者の賃金の計算においては月の中途で入社又は退社した場合でも1か月分の賃金の全額が支払われるべきか。

② 　勤務時間後の店内後片づけや深夜業は、月給40万円の中に含まれ

ることに合意があったか。
③　店舗経営の知識などの受講に関し、研修手当1万円支給という合意があったか。

判例から、主要点を抜粋してみましょう。

まず、ポイント①についてです。

「原告は、原告の賃金の計算においては月の中途で入社又は退社した場合でも一か月分の賃金の全額が支払われると主張する。しかし、仮に月の中途に入社又は退社した従業員について一か月分の賃金の全額が支給されるべきであるとすると、その従業員は入社又は退社した月の所定労働日の全部について労務を提供しなかったにもかかわらず一か月分の賃金が支払われることになるが、それはいわゆるノーワーク・ノーペイの原則（労働者が労働をしなかった場合にはその労働しなかった時間に対応する賃金は支払われないという原則）の例外をなすことになるから、月の中途に入社又は退社した従業員について一か月分の賃金の全額が支給されるべきであるといえるのは、労働者が使用者との間で月の中途に入社又は退社した場合でも一か月分の賃金の全額を支払うことを合意した場合に限られると解するのが相当である。

ところで、原告と被告は本件契約の締結の際に原告に固定給として一か月当たり金40万円を支払うことを合意しているが、原告の賃金が固定給であることを合意したというだけでは月の中途に入社又は退社した場合でも一か月分の賃金の全額を支払うことを合意したということはできない。かえって原告と被告は本件契約において被告の原告に対する賃金の支払は20日締めの月末払いであることを合意しており、これによれば、原告の一か月当たりの賃金の計算に当たっては原告が現実に何日稼働したかを勘案して原告の具体的な賃金額を決定することとされていたものと考えられる。そして、本件においては他に原告と被告が原告の賃金の計算において月の中途に入社又は退社した場合でも一か月分の賃金の全額を支払うことを合意したことを認めるに足

りる証拠はない。そうすると、原告と被告が本件契約の締結の際に原告の賃金の計算において月の中途に入社又は退社した場合でも一か月分の賃金の全額を支払うことを合意したと認めることはできない。」

次は、ポイント②残業代が給料に含まれているかという点です。

「被告は勤務時間終了後の残業については、原告の一か月当たりの賃金40万円に含まれていると主張していること、原告は採用面接の際に勤務時間は午前２時までであるが、営業時間の終了後に店内の後片付けもしてもらうことになるという説明を受けたが、面接の担当者から営業時間の終了後の後片付けについて残業代を支払うという説明はなく、また、原告も面接の担当者による説明に対し更に説明を求めたり異議を述べたりすることはなかったこと、原告の入社した日と同じ日に被告に入社したＡは採用面接の際に一か月の賃金が金40万円であるという説明を受けてウエイターの仕事にしては賃金が高いと思ったこと、原告はその本人尋問において残業の時間を手帳に書き留めるようになったのは被告に入社してから二か月くらいしてからで、被告が倒産するのではないかという不安をもったことによるという趣旨の供述をしており、この供述によれば、原告は被告に入社してから二か月が経過するまでは残業時間を書き留めようと考えたことがなく、ましてや残業代の支払を求めたこともないといえること、以上のほか、原告の勤務時間内における午後10時以降の深夜の割増賃金については原告の一か月当たりの賃金に含めることを合意したものと認められることも加えて総合考慮すれば、原告と被告は本件契約の締結の際に勤務時間後の店内の後片付けに対する時間外及び深夜の割増賃金をも含めて原告の一か月当たりの賃金を金40万円（ただし、所得税などの控除前の金額）とすることを合意したものと認められ、この認定を左右するに足りる証拠はない（なお、後片付けに要する時間は毎日おおむね決まった時間であると考えられるから、その時間外労働及び深夜労働に対する割増賃金分をも含めた賃金の合意をすることは労働基準法37

条に違反するものではないと解される。）。以上によれば、その余の点について判断するまでもなく、被告が原告に対し未払残業代の支払義務を負っているということはできない。」

最後に、ポイント③研修手当についてです。

「被告が行った研修とは、要するに、被告の経営に係る店舗で勤務するに当たって備えていなければならない知識や接客態度などを身につけさせることを目的として行われたものと考えられるところ、そうであるとすれば、研修に参加した者は被告の従業員に準じる者としてこれに研修に参加したことに対する手当を支給するということも十分あり得るものといえること、原告の入社当時の一日当たりの賃金は金16,000円であるのに対し、原告の主張に係る研修手当は一日当たり金10,000円であり、ウエイターという原告の勤務の内容と研修の日程や内容などを対比すれば、一日当たり金10,000円という金額の研修手当は決して非常識な金額とはいえないこと、以上のほか、前記の原告の供述及び（人証略）の証言も考え合わせれば、原告は被告との間で研修に参加すれば一日当たり金10,000円を支払うことを約したと認められ、この認定を左右するに足りる証拠はない。以上によれば、被告は原告に対し研修手当として金50,000円の支払義務を負っているというべきである。」

＜オーク事件　東京地　（平成10.7.27）全基連HPより引用　労判748号91頁＞

労働者側にとっては、注意しなければならない判例です。この判例では、①月給制であってもノーワークノーペイの原則により働かない日の給料は特約が無い限り控除してもよいことになっています。この考え方は一般的だと思われます。労働者が未払賃金を計算する際には、注意しましょう。

ポイント②後片付けの時間の残業代が給料に含まれるという点はこのケースに限ってという限定条件が付きます。労働者も、ウエイター

の仕事にしては賃金が高いと思ったこと、営業時間の終了後に店内の後片付けもしてもらうことになるという説明を受けたこと、労働者の勤務時間内における午後10時以降の深夜の割増賃金については原告の1か月当たりの賃金に含めることを合意したものと認められることなどの事実から残業代が賃金に含まれていると判断されたようです。しかし、残業代が賃金に含まるための条件については、他の判例ではもう少しシビアです。この点については、未払残業代の箇所でもう一度取り上げます。ポイント③研修手当については、従業員に準じる者としてこれに研修に参加したことに対する手当を支給するということも十分あり得るものとする妥当な内容であると考えます。

　この判例の大事な点は、月給制であっても完全な月給制とするには双方の合意が必要で、通常は欠勤などでは時間給や日給が減額されることがあること。使用者によっては、残業代が毎月の給料に固定的に含まれている場合があること、使用者の指示による研修については使用者が賃金あるいは研修手当を支払う必要があることなどです。

第2節　未払残業代がある場合

(1) 未払残業代請求の背景

　未払残業代の請求は、最近ますます増えてきています。平成22年度の厚生労働省の「賃金不払残業（サービス残業）是正の結果まとめ」という調査結果を見ると、1企業当たり100万円以上の割増賃金が支払われた事案の状況は、次の通りです。是正企業数は、1,386企業、支払われた割増賃金合計額は、123億2,358万円、対象労働者数は、11万5,231人となっています。＜出典：厚生労働省HP　http://www.mhlw.go.jp/stf/houdou/2r9852000001rv80.html＞

　最近増加傾向にある未払残業代請求ですが、なぜ増えているのでしょうか？私は、以下の3つの原因があると思います。①弁護士が増加し競争が激しくなってきたことと共に、消費者金融への過払い金返還請求訴訟がだいぶ落ち着いてきたことにより残業代未払いの問題が注目されてきたこと、②日本的経営が崩壊し、終身雇用制や年功賃金制がなくなり、結果として労働者の忠誠心も低下してきたこと、③労働者の権利意識が向上し、さらにインターネットなどの発達により情報が簡単に手に入るようになったことなどです。経営者にとっては、頭の痛い問題です。労働者にとっては、今まで請求し難いものが請求できる時代になってきたと言えます。未払残業代の請求については、在職中でも行われることもありますが、多くは退職後に行われていますのでここで取り上げることにしました。未払い残業代の請求については、それだけで本1冊が書けるだけの説明が必要なのですが、ここでは簡単に説明します。

(2) 労働時間と残業時間

　労働基準法には、第32条で「使用者は、労働者に、休憩時間を除き１週間について40時間を超えて、労働させてはならない。使用者は、１週間の各日については、労働者に、休憩時間を除き１日について８時間を超えて、労働させてはならない。」と規定されています。実際の労働の形態は様々で、労働時間についても変形労働時間制などこの条件にピッタリ当てはまらない場合もでてきますが、１日８時間、週40時間が法律で定められた労働時間ということになります。また、労働基準法では、第35条で「使用者は、労働者に対して、毎週少なくとも１回の休日を与えなければならない。前項の規定は、４週間を通じ４日以上の休日を与える使用者については適用しない。」とあり、通常毎週１回は休日を設けることになります。

　しかし、現実にはこのような法定時間内で仕事が終わらない場合が多いということから、法定時間外の労働すなわち残業が発生します。（法律的には時間外労働といいますが、今は一般的に通用している残業という言葉を使って話を進めていきます。）つまり残業は、法律で決められた労働時間を越えて労働者を働かせることになるので、法律違反にならないための処理が必要となります。労働基準法は第36条で、「使用者は、当該事業場に、労働者の過半数で組織する労働組合がある場合においてはその労働組合、労働者の過半数で組織する労働組合がない場合においては労働者の過半数を代表する者との書面による協定をし、これを行政官庁（労働基準監督署）に届け出た場合においては、「労働時間」又は「休日」に関する規定にかかわらず、その協定で定めるところによって労働時間を延長し、又は休日に労働させることができる。」としています。災害その他避けることのできない事由によって臨時の必要がある場合においては、使用者は行政官庁の許可を受けて、その必要の限度において労働時間を延長し、又は休日

に労働させることはできます（労基法第33条）が、臨時の必要がある場合というのは限定されますので、一般の事業主は残業すなわち時間外労働をさせる場合は、労使の協定と届け出が必要ということです。この協定と届け出なしで残業させた場合や協定で決めた残業時間を越えて残業させた場合は違法な残業ということになり「6か月以上の懲役または30万円以下の罰金」という罰則の対象になります。（なお違法であっても、現実に行われた時間外労働についての残業代の支払い義務は生じます。）

　このように残業というのは、法定の労働時間を越えた労働を協定と届け出という行為を通じて違法性を免責するわけですから、例外的な労働ということになり、通常よりも多い賃金すなわち割増賃金を与える必要があります。労働基準法では、第37条において「使用者が、労働時間を延長し、又は休日に労働させた場合においては、その時間又はその日の労働については、通常の労働時間又は労働日の賃金の計算額の2割5分以上5割以下の範囲内でそれぞれ政令で定める率以上の率で計算した割増賃金を支払わなければならない。ただし、当該延長して労働させた時間が1箇月について60時間を超えた場合においては、その超えた時間の労働については、通常の労働時間の賃金の計算額の5割以上の率で計算した割増賃金を支払わなければならない。使用者が、午後10時から午前5時までの間において労働させた場合においては、その時間の労働については、通常の労働時間の賃金の計算額の2割5分以上の率で計算した割増賃金を支払わなければならない。」と規定しています。

　すなわち、1か月に支払われる給料を1か月の平均労働時間で割り算し、その1時間当たりの賃金を1.25倍したものに残業時間をかけたものが残業代となります。しかも、法定休日の労働に対しては、1時間当たりの賃金を1.35倍したものに残業時間をかけたものが残業代となります。（労働基準法第三十七条第一項の時間外及び休日の割増賃

金に係る率の最低限度を定める政令）

　実労働8時間を越えての残業時間が午後10時を越えると1時間当たりの賃金を1.5倍したものに10時以降の残業時間をかけたものが残業代となり、残業時間が月60時間を越えると同じく1・5倍した金額が残業代の基礎賃金となり、さらにそれが午後10時以降になると1.75倍の金額が残業代の基礎賃金となります。（中小企業[*1]については、当分の間月60時間を越える残業時間についての割増はありません。）法定休日労働で午後10時から午前5時までの間において労働させた場合は、1.6倍となります。ただし、多くの大企業などでは、週の規定の労働時間が40時間以下の場合があります。このような場合は、40時間までの残業は法定内残業として1時間当たりの賃金を割増する必要はありません。（就業規則で割増すると規定されていれば、割増賃金を支払う必要があります。）

　実際に起こっている未払残業代の事例からは、残業時間をめぐっての争いが圧倒的に多いです。これは、上記のように残業の割増率が時間帯や日によって異なっており法定内残業も含めるとチェックがしにくいことと比較して、労働時間は労働者が身に染みて感じているので「おかしい」と気づきやすいためと思われます。

　長々と定義について説明しましたが、これから労使間で紛争の多い未払残業代の問題について説明していきたいと思います。今までの説明を表にすると次の通りです。

[*1] 資本金3億円（小売業・サービス業は5千万円、卸売業は1億円他は3億円）以下の事業主及び労働者数300人（小売業は50人、サービス業・卸売業は100人その他は300人）以下の企業は、1か月60時間を越える法定時間外労働に対する賃金割増率は当分の間適用されません。（労基法第138条）

(図6—1) 労働時間と残業代計算の一例

時間帯	時間外労働（早出残業）	所定労働時間帯	法内残業	時間外労働（残業）	深夜労働
	5:00—9:00	9:00—17:30	17:30—18:00	18:00—5:00	22:00—5:00
割増率	0.25	0	0	0.25	
					0.25
時間給（円）	1,250	1,000	1,000	1,250	1,500
時間帯		休日労働（法定休日）			深夜労働
		5:00—22:00			22:00—5:00
割増率		0.35			
					0.25
時間給		1,350			1,600

(注：上記の例で早出残業が30分以内で、その日の労働が8時間以内の場合は、割増率が0となり、時間給も1,000円である。)

割増賃金の計算式：

(例：年間休日105日、1日の所定労働時間8時間の場合)

　年間総労働時間数：(365 − 105) × 8 ＝ 2,080時間

基本給の1時間単価＝ {(月給 − 法定除外手当) × 12} ÷ 2,080

残業代（月60時間以下）＝基本給の1時間単価

　　　　　　　　　× 時間外又は休日労働時間数（残業時間）

　　　　　　　　　× 1.25（時間外労働の場合）

　　　　　　　　　　1.35（休日労働の場合）

　法定除外手当とは、家族手当、通勤手当、別居手当、子女教育手当、住宅手当、臨時に支払われた賃金、1か月を超える期間ごとに支払われる賃金を指す（労基法施行規則第21条）。

(3) 未払残業代請求のリスク

　使用者にとっては、退職した労働者からまとめて残業代を請求されるということは、潜在的なリスクを常に抱えているようなものなので見過ごすことはできません。それでは、どのような場合に未払の残業代が発生するのでしょうか。

(ア) 全ての労働時間制の共通事項
　① パターン別の割増率の間違い
　　　正しい割増率で計算されていない場合は、その部分が未払残業代になります。
　② 残業時間の計算を30分単位などで計算している場合
　　　1日単位では端数処理（30分未満切り捨て等）は、認められない。月単位の端数処理はOK. 切り捨てられた時間は未払い残業時間となる。
　③ 休憩時間や終業後の作業
　　● お昼の電話番、受付業務、早朝の掃除当番（業務命令の場合）
　　● 早朝からの会議の準備や打ち合わせ、ゴルフや飲み会などでの接待、休日に行われる研修なども業務命令で行う場合、労働時間になります。
　　● 小売業などの場合の開店・閉店の準備、製造業の場合の仕事のために必要な作業着などへの着替え、ヘルメット・安全ベルトなど仕事道具などの着脱、道具や機械の後片付けなどの時間は、ほとんどの場合労働基準法上の労働時間に当たると考えられます。
　④ 労働者の残業を黙認している場合
　　● 労働者の時間外労働は、残業指示命令がなく、指揮監督の下になければ残業時間としてカウントしないということになります。「黙示」の指示とは、指示のなされた時のあらゆる状況か

ら、指示ありと認められるものです。一方、「明示」の指示とは、言葉や文字などで明確に示される指示です。
- 　会社は、残業許可願を提出せず残業している従業員が存在することを把握しながらこれを放置しており、労働者の超過勤務は明示の職務命令に基づくものではなく、その日に行わなければならない業務が終業時刻まで終了しないため、やむなく残業せざるを得ないという性質のものであった場合、黙示の指示があったものとして扱われました。

＜ゴムノイナキ事件・大阪高　（平成17.12.1)　全基連HPより引用　労判933号69頁＞

⑤　タイムカードや出勤簿の改ざん、残業記録の欠如
- 　悪質なケース（いったんタイムカードを打刻させてから残業させる場合や時間記録をしていないことをいいことに無制限に残業させている場合等）は、労基署に調査されると書類送検になる恐れがあります。
- 　労働者が個人的に残業時間を日記につけていたり、労働者が毎日「帰るコール」をした記録が残っていたり、パソコンのログオフの時間が残っていたり、ビルの守衛に鍵を渡した記録が残っていたりして、残業の記録は取り出せることが多いのです。
- 　「出退勤管理をしていなかったのは、専ら被控訴人会社の責任によるもので、これをもって控訴人（労働者）に不利益に扱うべきではない」とされる判例（同上）があります。

⑥　法定休日の労働に対して代休を与えた際、給料割増分の35％の賃金を支払っていない場合

　休日出勤をさせる場合、代休を与えた場合は休日労働の割増分の賃金だけは支払わないといけません。（振替休日の場合は、支払い義務はありません。ただし、振替をした週の労働時間が40時間を越えると割増分の賃金を支払う必要があります）

⑦　届出忘れ

　　36協定の届出忘れは、違法です。その他、変形労働時間制、裁量労働制、断続的労働などの届出忘れなどは、届け出がなかったことによりその制度自体が否定され残業時間が大幅に上昇します。

⑧　一か月の残業時間の限度を設定している場合

　　実際の労働時間が必ず限度内に収まっていれば問題ないのですが、限度を超えて残業しても残業代を支払わない場合は違法です。

(イ)　労働者が管理職の場合

　労働基準法第41条では、監督若しくは管理の地位にある者は、労働時間、休憩及び休日に関する規定が適用除外になります。一般に、管理監督者といいます。

　管理監督者は労働条件の決定その他労務管理について経営者と一体的な立場にある者をいい、労働基準法で定められた労働時間、休憩、休日の制限を受けません。管理監督者に当てはまるかどうかは、役職名ではなく、その職務内容、責任と権限、勤務態様等の実態によって判断されます。管理監督者の定義については、次の判決が参考になるので、一部抜粋します。「労働基準法は、管理監督者に対しては、労働時間、休憩及び休日に関する規定を適用しないと定めている（労基法第41条２号）が、その趣旨とするところは、管理監督者は、その職務の性質上、雇用主と一体なり、あるいはその意を体して、その権限の一部を行使する関係上、自らの労働時間を中心とした労働条件の決定等について相当な程度の裁量権を認められ、その地位に見合った相当な待遇を受けている者であるため、強行法規としての労働基準法所定の労働時間等に関する厳格な規制を及ぼす必要がなく、かつ相当でもないとするところにあるものと解される。したがって、管理監督者に当たるかどうかを判断するに当たっては、その従業員が、雇用主の経営に関する決定に参画し、労務管理に関する指揮監督権限を認めら

れているかどうか、自己の出退勤を始めとする労働時間について一般の従業員と同程度の規制管理を受けているかどうか、賃金体系を中心とした処遇が、一般の従業員と比較して、その地位と職責にふさわしい厚遇といえるかどうかなどの具体的な勤務実態に即して判断すべきものである。」

＜**育英舎事件**　札幌地　（平成14.4.18）　全基連HPより引用　労判839号58頁＞

　この判決から考えると、管理職の労働者がすべて管理監督者となるものではありません。なお、管理監督者であっても午後10時から午前5時までの深夜労働に対しては、割増賃金を支払わねばなりません。

(ウ)　定額残業代を毎月支払っている場合

　営業社員など外勤で労働時間が把握しにくい人には、残業手当を支払わない代わりに営業手当を支給するという方法は、多くの会社で採用されています。また、基本給にすでに一定額の残業代が含まれているとしている会社もあります。定額残業代で処理する場合は、毎月予測された残業時間に達しなくても一定額の残業代を保証するというものですが、現実の残業時間で計算した割増賃金が定額残業代よりも多い場合は、差額の残業代を支払わないと未払残業代となります。

　判例では「現場手当は、現実の時間外もしくは休日労働が少い時でもその割り戻しは求めず、その分は現場の苦労に対する報償金としての性質を持ち、他方時間外もしくは休日労働の方が多い時には、現実の時間により計算した額が現場手当を超えるようになつても、この差額は労働者に事前に放棄して貰うこととし、もつて労務管理を簡便化しようとするものと考えられる。かような契約は労働者に有利な部分は無効ではないが、労働者に不利な部分即ちかような差額を放棄する特約は、労働基準法第37条が労働時間を一日8時間とし、それを超える時間の労働をさせ、あるいは休日に労働させた場合は通常の労働時

間又は労働日の賃金の計算額の２割５分以上の率で計算した割増賃金を払わねばならないと定めこれに達しない契約は同法第13条により無効とされることにより、無効と解さざるをえないのであつてその差額分について、使用者は支払いの義務がある。」としています。＜**関東プレハブ事件**　東京簡（昭和40.7.15）全基連 HP より引用＞。

㈡　みなし労働制や裁量労働制の場合

　みなし労働制というのは、外勤業務のように使用者の指揮命令権が及ばず労働時間が算定しづらい場合に、一定時間労働したものとみなすという制度です。裁量労働性も業務の性質上、業務遂行の手段や方法、時間配分を大幅に労働者の裁量にゆだねる制度で、一定時間労働したものとみなすというものです。

　外勤社員などは事業場外でどのくらい働いているか算定できないので、例えば８時間労働したことにみなすわけですが、外勤の仕事を終えて帰社してから見積書などを作成するために残って仕事をしたとすると、その部分の残業は残業代支払いの対象になります。現在のように携帯電話、ノートパソコンが普及している時代では、外勤社員の労働時間を算定することが困難であるということはできないので、みなし労働時間制の適用を受けないという判例もあります。「本件においては、被告会社では、原告らについては勤務時間を定めており、基本的に営業社員は朝被告会社に出社して毎朝実施されている朝礼に出席し、その後外勤勤務に出、基本的に午後６時までに帰社して事務所内の掃除をして終業となるが、営業社員は、その内容はメモ書き程度の簡単なものとはいえ、その日の行動内容を記載した予定表を被告会社に提出し、外勤中に行動を報告したときには、被告会社においてその予定表の該当欄に線を引くなどしてこれを抹消しており、さらに、被告会社は営業社員全員に被告会社の所有の携帯電話を持たせていたのであるから、被告会社が原告ら営業社員の労働時間を算定することが

195

困難であるということはできず、原告らの労働が労働基準法38条の2第1項の事業外みなし労働時間制の適用を受けないことは明らかである。」＜**光和商事事件** 大阪地（平成14.7.19）全基連 HP より引用 労判833号22頁＞。裁判でみなし労働時間制を否定されると、通常勤務時間を越える労働時間はすべて残業時間となってしまいます。

　なお、裁量労働制については注意が必要です。裁量労働制には労使協定及び労働基準監督署への届け出が必要です。専門業務型裁量労働制の場合は、20種の対象業務が規定されています（労基法施行規則第24条の2の2）。専門業務は実態で判断されるので、例えば情報処理システムの分析または設計の業務を行うシステム・エンジニアはその中に含まれますが、肩書の名称がシステム・エンジニアであっても実態がプログラマであると裁量労働制は否定される可能性があります。

(オ)　年俸制の場合

　年俸制というのは、例えば、残業代、諸手当、および賞与を含めて、年俸額を300万円とし、その12分の1である25万円を毎月支給するという内容です。

年俸制を採用する企業は、その理由を「残業代を支払わなくて済むから」と考えているところもあるようですが、これは労働基準法違反となります。年俸制だからといって、残業代を払わないことは、大きな間違いです。

　判例では「基本給に含まれる割増賃金部分が結果において法定の額を下回らない場合においては、これを同法に違反するとまでいうことはできないが、割増賃金部分が法定の額を下回っているか否かが具体的に後から計算によって確認できないような方法による賃金の支払方法は、同法同条に違反するものとして、無効と解するのが相当である。」＜**創栄コンサルタント事件** 大阪地（平成14.5.17）、大阪高（平成14.11.26）、最二小（平成15.5.30）全基連 HP より引用＞としたもの

があります。なお、年俸制で決まった金額を一部賞与に割り当てる場合があります。例えば、毎月の給料に加えて、6月に2か月分、12月に2か月分定額支給するというケースです。この場合、残業代の計算では毎月の給料を労働時間で割ったものではなく、年収（毎月の給料＋賞与4か月分）を予定総労働時間で割ったものとなりますので、残業代の計算に注意が必要です。

(カ) 変形労働時間制の場合

1か月の中でも月末など特定の週が忙しいと、その時期は残業が増える一方で、暇な時期には手持ち不沙汰な時間が増えるといった非効率が生じます。このような非効率を避けるため、1か月単位の変形労働時間制というものがあります。

1か月単位の変形労働時間制の例

① 1日ごとに計算する時間

所定労働時間が8時間を超えて定められた日（例えば9時間）は、所定労働時間（9時間）を超えた時間が残業時間になります。

所定労働時間が8時間以下で定められた日（例えば7時間）は、8時間を超えた時間を超えた時間が残業時間になります。

② 1週間ごとに計算する時間

週所定労働時間が40時間を超えて定められた週（例えば45時間）は、週所定労働時間（45時間）を超えた時間が残業時間になります。

週所定労働時間が40時間以下で定められた週は、40時間を超えた時間が残業時間になります。

全期間で計算する時間を越えた時間（但し上記の時間を除く）が残業時間になります。

③ 変形期間の労働時間の総枠を超えた時間

1年単位の変形労働時間制の時間外労働の計算方法も、1か月

単位の変形労働時間制と同じように考えられます。このほか、フレックスタイム制や1週間単位の変形労働時間制もありますが、頁数の関係で省略します。基本的には、変形労働時間として決められた時間数を越えると残業となります。

　これらを見られてびっくりした使用者もいらっしゃるかもしれませんが、未払残業代が請求されるリスクはこんなに多いのです。逆に労働者としては、未払残業代を請求する要因はいくつもあることになります。使用者としては、上記のリスクに対してそのリスクが現実のものにならないように対策を立てていかなければなりません。未払残業代は、個々の対策も大事ですが最も大事なことは円満に労働者を退職させることです。労働者にとって慣れた職場環境を離れるということは、セクハラ、パワハラ、いやがらせなど働く場所において何か問題があって辞めるのです。そして辞める際に使用者側の対応によっては問題を大きくしてしまう場合があります。例えば、支払うべき解雇予告手当を支払わない場合などです。未払残業代を請求された結果、裁判で敗けると解雇予告手当の何倍もする金銭を支払う羽目になります。退職時の対応でトラブルの程度がかなり左右されますので、使用者は慎重に対応すべきです。

　なお、裁判になると労働者は付加金も請求できるので、使用者側が敗訴した場合、付加金が科せられ、支払金額が倍になることがあります。使用者はこの点も注意しなければなりません（労基法第114条）。

(4)　未払残業代の請求

　労働者が未払残業代を請求する場合は、大体次のようなステップを踏みます。
　① タイムカードのコピーを集めたり、自己のメモなどの記録を集めます。

労働者が勝手にタイムカードのコピーを集めると、使用者に咎められる可能性が高いので注意してください。このことは、違法なコピーを勧めるわけではありませんのでご理解ください。最近は携帯電話のカメラでも写真を撮れるようです。あるいは、自分なりの別記録を作っておくことです。

② 時間帯を分けて労働時間を計算します。

朝５時から始業時間までに働いた時間（早出）

就業時間から８時間以内の残業時間（休憩時間を除く）（法定内残業）

８時間を越え、22時まで働いた時間（法定外残業）

22時から翌朝５時までの働いた時間（深夜残業）

休日に働いた時間（労働基準法第35条で決められた休日とそれ以外の休日は割増率が異なるので分けて計算します。）

③ 時間単価を計算し、割増賃金額を計算します。このとき、家族手当、通勤手当、別居手当、子女教育手当、住宅手当、臨時に支払われた賃金、一か月を超える期間ごとに支払われる賃金は、計算に含めないことに注意してください。（労基法施行規則第21条）

④ 時間帯ごとの合計時間を分単位で計算します。

⑤ 一か月ごとに各々の時間帯に対応する時間単価を掛け合わせ、未払いの残業代を計算します。

⑥ 各月の未払残業代を合計します（最高２年まで、労基法第115条）。

⑦ 金利計算を行います（賃金の支払いの確保等に関する法律）。

⑧ 請求書を作成します。

⑨ その後の行為は、未払賃金の請求と同じです。

労働者が、計算上注意することは従業員の数が９人以下の商業、映画・演劇業、保険衛生業、接客娯楽業（特例措置対象事業場）については一週間の法定労働時間は40時間ではなくて、44時間であるという

ことです。割増賃金の計算で差が出ますので、注意してください。さらに、変形労働時間を採用している使用者も多いので、その場合は(3)のリスクの(カ)変形労働時間における時間外労働時間の計算に基づいて計算してください。

(5) 関連判例

　未払残業代請求に関連する判例は多いです。参考になりそうな判例を抜粋してみました。

(ア)　名ばかり管理職

　いわゆるマクドナルド事件というものです。就業規則において店長以上の職位の従業員を労基法41条2号の管理監督者として扱っているハンバーガー販売会社の直営店の店長が、会社に対して過去2年分の割増賃金の支払等を求めた事案です。東京地裁は、労基法の労働時間等の労働条件は最低基準を定めたもので、これを超えて労働させる場合に所定の割増賃金を支払うべきことは全ての労働者に共通する基本原則であり、管理監督者とは、企業経営上の必要から、経営者と一体的な立場で労働条件の枠を超えて事業活動することもやむを得ないような重要な職務と権限を付与され、また、賃金等の待遇においても優遇措置が取られている者のことをいうとし、その上で、本件店長は、アルバイトの採用や育成、勤務シフトの決定等の権限を有し、店舗運営について重要な職責を負ってはいるがその権限は店舗内の事項に限られ、企業経営上の必要から経営者と一体的な立場での重要な職務と権限を付与されているとはいいがたく、賃金実態も管理監督者の待遇として十分とはいい難いとして、管理監督者に当たるとは認められないと判示しました。判決から抜粋すると、「被告における店長は、店舗の責任者として、アルバイト従業員の採用やその育成、従業員の勤務シフトの決定、販売促進活動の企画、実施等に関する権限を行使し、被告の営業方針や営業戦略に即した店舗運営を遂行すべき立場にある

から、店舗運営において重要な職責を負っていることは明らかであるものの、店長の職務、権限は店舗内の事項に限られるのであって、企業経営上の必要から、経営者との一体的な立場において、労働基準法の労働時間等の枠を超えて事業活動することを要請されてもやむを得ないものといえるような重要な職務と権限を付与されているとは認められない。」とされ、会社は750万円以上の金額の支払いを命ぜられました。＜**日本マクドナルド事件**　東京地　（平成20.1.28）全基連HPより引用　労判953号10頁＞

(イ)　定額残業代の有効要件

　会社が割増賃金につき、通常の賃金にそれを含めて支払っているとしたのに対して、通常の賃金に割増賃金は含まれていないとして割増賃金の請求がなされた事例です。

（判決抜粋）

「そもそも、労働基準法37条は、同条所定の最低額の割増賃金の支払を使用者に義務づけることによって、同法の規定する労働時間の原則の維持を図るとともに、過重な労働に対する労働者への補償を行おうとするものであるから、同条所定の額以上の賃金が割増賃金として支払われればその趣旨は満たされ、それ以上に、割増賃金の計算方法や支払方法を同条の予定しているとおりに履行することまで義務づけているものではないことは確かである。（省略）このため、月に支払われる賃金の中に、割増賃金の支払方法として、通常賃金に対応する賃金と割増賃金とを併せたものを含めて支払う形式を採用すること自体は、労働基準法37条に違反するものではない。しかしながら、このような支払方法が適法とされるためには、割増賃金相当部分をそれ以外の賃金部分から明確に区別することができ、右割増賃金相当部分と通常時間に対応する賃金によって計算した割増賃金とを比較対照できるような定め方がなされていなければならない。

けれども、本件では、被告は、単に「基本給」又は「基本給と諸手当」の中に時間外賃金相当額が含まれていると主張するだけで、時間外賃金相当額がどれほどになるのかは被告の主張自体からも不明であり、これらによって労働基準法37条の要求する最低額が支払われているのかどうか、検証するすべもない。そうしてみると、基本給等の中に時間外賃金が含まれていたという被告の主張は採用することができない。以上によると、被告には7時間を超える原告らの労働に対する時間外賃金の支払義務が生じたものといわなければならない。」＜国際情報産業事件　東京地　（平成3.8.27）全基連HPより引用　労判596号29頁＞

　これは、通常の賃金に時間外の割増賃金が含まれているとする場合の要件を示したものです。

㈦　営業手当は割増賃金の計算基礎に含まれない
　割増賃金の算定基礎につき、時間外手当の固定給として支払われている営業手当は算入されないとされた事例です。割増賃金の計算基礎に含まれない手当は、必ずしも施行規則に定められたものだけではないとしたものです。
（判決抜粋）
　「原告（使用者）の就業規則上、営業手当は、時間外手当の固定給の意義を有するものとされているから、これを時間外労働割増賃金及び深夜労働割増賃金算出の基礎となる被告Ｙ１（労働者）の「通常の労働時間又は労働日の賃金」に加算すると、時間外労働に対して重複した手当が支給されることになるから、性質上、労働基準法37条1項にいう「通常の労働時間又は労働日の賃金」に含まれないものと解するのが相当である。同条4項及び労働基準法施行規則21条は、割増賃金の基礎となる賃金に算入しない賃金を定めており、これらの規定は除外すべき賃金を制限列挙したものと解するのが一般であるが、労働

基準法37条１項は、使用者に割増賃金の支払義務を課し、その算定方法を定めているのであるから、同条４項及び労働基準法施行規則21条に規定されていない賃金であっても、当該賃金が割増賃金の固定給の性質を有するのであれば、これを割増賃金の基礎となる賃金に算入しないことは、労働基準法37条１項自体が当然の前提にしているものと解するのが相当である。」

＜ユニ・フレックス事件　東京地　（平成10.6.5）全基連 HP より引用　労判748号117頁＞

(エ)　タイムカードの記録を労働時間とした例

　実労働時間の計算につき、タイムカード記録の出社時刻から退社時刻までを実労働時間として計算した事例です。

（判決からの抜粋）

　「一般に、タイムカードの記載は、従業員の出社・退社時刻を明らかにするものであって、出社・退社時刻は就労の始期・終期とは一致しないから、本件原告らの時間外労働等の時間数をタイムカードの記載を転載した個人別出勤表に基づいて認定することが許されるかが問題となる。証拠及び弁論の全趣旨によると、被告においては、管理職等を除く従業員は、出・退勤時にタイムカードを打刻することが義務付けられており、被告作成の個人別出勤表の「始業時間」欄、「終業時間」欄、「所定内時間」欄、「所定外時間」欄、「実働時間」欄の各記載はいずれもタイムカードの記録を基に記載されていること、被告は、タイムカードの記録に基づいて、従業員の遅刻等による一時金からの賃金カットをするなど、タイムカードの記録により従業員の労働時間を把握していたこと、本件固定残業制度の適用を受けていなかった従業員の時間外労働等の割増賃金の計算は、営業部員を含めて、タイムカードの記載を基礎になされていたと考えられること、本件固定残業制度が廃止された後の時間外労働等の計算は、タイムカードの記

録を基礎にしてなされていること、出社時刻から退社時刻までの時間は、一般に実労働時間より長く、両者には誤差があるが、被告における時間外労働等の時間数の計算方法は、15分ごとに0.25時間ずつ加算される方法をとっているため、出社してから就労を開始するまでの準備作業や終業して退社するまでの後片付けに相当の時間を要する行為（着替えや入浴等）を通常必要とするような場合は格別、そうでない場合は右誤差の相当部分は解消されることが認められる。

　右認定事実からすると、タイムカードを打刻すべき時刻に関して労使間で特段の取決めのない本件においては、タイムカードに記録された出社時刻から退社時刻までの時間をもって実労働時間と推定すべきである。」

　「本件固定残業制度は、残業をしなくても所定の残業手当を受けることができるという効力のみを認めるべきものではなく、全体として効力を有しないものと解される。したがって、割増賃金の計算が一月ごとにされるとしても、特定の一か月の割増賃金が当該一か月の固定残業給を超えない場合には、被控訴人（労働者）らは、控訴人（使用者）に対し、支給を受けた右固定残業給額と右割増賃金額との差額の返還義務を負担するはずである」

＜**三晃印刷事件**　東京地　（平成9.3.13）東京高　（平成10.9.16）全基連HPより引用　労判749号22頁＞

　この高裁の判決ではタイムカードの記録の重要性がわかります。一方、固定残業制度を否定した結果、固定残業代が実際の計算した残業代より上回った場合は労働者は返還しなければならないとしています。他の判例とは矛盾するような内容ですが、固定残業制を採用していても最終的には実際の残業時間に合わせて清算するという考えのようです。先にのべた国際情報産業事件と比べてみましょう。

(オ)　労働者のメモによって時間外労働が認められた事例

（事件の概要）

　時間外労働の時間数が正確に計算できない本件につき、原告の書証記載の時間残業したものとして、割増賃金の支払が命ぜられた事例

（判決抜粋）

　「被告会社にはタイムカードその他従業員の出退勤時間を管理するものはなく、被告Ｙも通常夕方には会社を出て営業活動に出かけるため、その後の従業員の勤務状況を知る立場になかったことが明らかであるから、被告Ｙが、従業員の残業の実態を把握していたとは到底認められない。また、被告Ｙは、従業員に対し午後6時には帰るように指示していたと供述するが、従業員の残業を禁じた形跡は認められないのであって、むしろ、被告Ｙの息子が原告（労働者）が午後8時ころまで残っているのを目撃したことがあったことは被告Ｙ自身認めているところであるし、ファックス送信時間の記録を見ても、午後7時半ころに被告会社と取引先との間でファックスのやりとりが行われていたことが認められるのであって、被告会社において残業が行われていなかったとは到底いいがたい。

　もっとも、原告が相当時間残業していたことが認められるものの、原告がその時間数を示すものとして提出するのは、原告が退職後に作成した（書証略）のみであって、正確な時間を認定するに足りる客観的な証拠は存在しない。（中略）

　しかしながら、原告本人によれば、（書証略）は、メモに基づいて勤務状況を思い出しながら、通常勤務日、バイヤー来日前、バイヤー来日中、海外出張中などのパターンごとに均一時間数残業したものとして作成されたものであって、（書証略）及び原告本人によれば、それぞれの時間数には一応の根拠があることが認められ、他方で、これらの記載の信用性を疑わせる積極的な証拠は存在しない（なお、被告は、原告は平成7年4月10、11日に欠勤していた旨主張し、これに沿う（書証略）も存在するが、（書証略）には、原告が同日ファックス

返信をした形跡もあり、また、原告本人によれば原告が日中席にいないことも多かったことが認められるから、右証拠によって原告が4月10日に欠勤していたものと認めるのは困難である。このことは、(書証略) についても同様である)。

また (書証略) は、いずれも一定の期間については毎日同一の時間数が記録されており、これが実体を正確に反映しているとはいい難い面は否定できないものの、被告会社が従業員の出退勤の管理をしていなかったことを考慮すると、ある程度平均化された大雑把な捉え方になるのもやむを得ないところである。

また、そもそも、正確な労働時間数が不明であるのは、出退勤を管理していなかった被告会社の責任であるともいえるのであるから、正確な残業時間が不明であるからといって原告の時間外割増賃金の請求を棄却するのは相当でない。これらの事情を考慮すると、本件では、(書証略) に記載された時間原告が残業したものとして、割増賃金額を算定するのが相当である。」

＜東久商事事件　大阪地　(平成10.12.25)　全基連HPより引用＞

時間外労働の認定を、労働者のメモやファックス通信の時間記録から行ったもので、タイムカードが無い職場で働く労働者には喜ばしい判例でしょう。なお、使用者は出退勤の管理を要求されています。労働者側の記録に対して、反証できなければ使用者は裁判では負ける可能性が高くなると思われます。

(カ)　労働基準法上の労働時間の意義
(判決要旨)
「労働者が、終業を命じられた業務の準備行為等を事業所内において行うことを使用者から義務付けられ、又はこれを余儀なくされたときは、当該行為は、特段の事情のない限り、使用者の指揮命令下に置かれたものと評価することができ、当該行為に要した時間は、それが

社会通念上必要と認められるものである限り、労働基準法（昭和六二年法律第九九号による改正前のもの）32条の労働時間に該当する。

　就業規則により、始業に間に合うよう更衣等を完了して作業場に到着し、所定の始業時刻に作業場において実作業を開始し、所定の終業時刻に実作業を終了し、終業後に更衣等を行うものと定め、また、始終業の勤怠は更衣を済ませ始業時に準備体操場にいるか否か、終業時に作業場にいるか否かを基準として判断する旨定めていた造船所において、労働者が、始業時刻前に更衣所等において作業服及び保護具等を装着して準備体操場まで移動し、副資材等の受出しをし、散水を行い、終業時刻後に作業場等から更衣所等まで移動して作業服及び保護具等の脱離等を行った場合、右労働者が、使用者から、実作業に当たり、作業服及び保護具等の装着を義務付けられ、右装着を事業所内の所定の更衣所等において行うものとされ、副資材等の受出し及び散水を始業時刻前に行うことを義務付けられていたなど判示の事実関係の下においては、右装着及び準備体操場までの移動、右副資材等の受出し及び散水並びに右更衣所等までの移動及び脱離等は、使用者の指揮命令下に置かれたものと評価することができ、労働者が右各行為に要した社会通念上必要と認められる時間は、労働基準法（昭和六二年法律第九九号による改正前のもの）32条の労働時間に該当する。＜**三菱重工業長崎造船所（二次訴訟）事件**　最一小　（平成12.3.9）　労判778号14頁＞

　労働者の仕事の前後の準備行為なども労働時間になるとした判例です。使用者の指揮命令下における通常勤務以外の行為が時間外労働になるとされました。使用者としては、未払残業代が発生するリスクを考えておくべきです。

　紙面の関係で内容をすべて示せませんでしたが、時間外労働の判断について参考になる判例ばかりです。これらの判例の使い方は、

サーっと目を通して該当した判例があればその判決の全文を読んでみることをお勧めします。判例は、非常に参考になりますが、特定の事例を中心に論理が組み立てられており一般化できないものもあります。また、下級審の判例は高裁や最高裁で覆されることもあり、そういうこともあると割り切った形で使うことが大事です。

第3節　退職金・賞与がもらえない場合

(1) 退職金の支給条件

　読者にまずお断りしておきたいのは、退職したら退職金は必ず支給されるものではないということです。労働基準法においても、必ず支給しなければならないとは書かれていません。労働基準法第89条第1項3号の2では、「退職手当の定めをする場合においては、適用される労働者の範囲、退職手当の決定、計算及び支払の方法並びに退職手当の支払の時期に関する事項」と書かれており、退職金（退職手当）が支給されるかどうかは、就業規則によって確認しなければなりません。退職金（退職手当）についてチェックするポイントは、

- ◆　退職手当の支給の有無
- ◆　退職手当が支給される条件は何か（例：適用される労働者の範囲、計算・支払方法、支払時期、勤続年数、自己都合退職、会社都合退職など）
- ◆　退職手当を受給できないための条件はあるか（懲戒解雇など）

　これらをチェックして労働者自身のケースに当てはめてみるのです。退職手当の支給について何も規定されていない就業規則なら、そもそも退職金の請求はできません。しかし、規定が無くても過去に支給され、慣習になっている場合は支給される可能性があります。つまり、明文の規定はないが自然にできあがり慣習として継続し、労使ともに暗黙のルールを認めているような労使慣行がある場合です。民法では、「法令中の公の秩序に関しない規定と異なる慣習がある場合において、法律行為の当事者がその慣習による意思を有しているものと認められるときは、その慣習に従う」（民法第92条）として事実たる慣習の効力を認めています。退職金の性質については、次のような判

例があります。

(ア) 退職金規定が無くても退職金は支払われるか。
　「退職金の法的性格については、賃金の後払説、功労報酬説、退職後の生活保障説等に分れているが、被用者が使用者に対し、退職金として請求するには、当該企業における労働協約、就業規則、退職金規程等に明示の規定があるか、それがなくても慣行により、賃金の後払的部分が特定しえて、かつ、支給条件が明確になり、それが当該雇用契約の内容となったと認定しうることが必要である。（中　略）
　以上の事実によれば、被告会社においては、後記2の二名を除いては、退職者全員に原告主張の支給基準で退職金が支払われていること（弁論の全趣旨により退職の態様にかかわりがないものと認める。）がうかがわれること、しかも、わずか二年六ケ月の勤続者にも同様の基準で支払われていたことから、退職金は、賃金の後払いと認めるのが相当であり、退職者の退職時の基本給プラス諸手当に勤続年数を乗じた額の退職金を支給する慣行が成立していたものといわなければならない。そして、本件についていえば、原告本人尋問の結果によれば、退職時において、原告と被告との間で退職金を支払う旨の合意が成立していたものと認められるが、その額は、弁論の全趣旨により、右慣行によるとの黙示の合意が成立していたものと認める。」
　＜宍戸商会事件　東京地　（昭和48.2.27）全基連HPより引用＞
　就業規則の規定が「退職金を支給することがある」というようなものなら、その本人と同じような退職をした先輩や同僚の例を参考にしましょう。支給されない場合もありうるからです。過去に退職した人が、すべて退職金を受け取っているようであれば支給される可能性が高いでしょう。
　明確に「退職金を支給する」と規定されていると、支給条件を満たせば支給されなければなりません。退職金は、支払条件が明確であれ

ば、労基法11条の「労働の対償」としての賃金に該当します。そのため、退職金請求権は法的な保護を受けます。退職金の法的性格については、先ほどの判例にもあるように賃金後払い、功労報償、生活保障などが考えられます。このように退職金は、色々な側面があり、勤続年数が長いほど有利に算定され、自己都合退職と会社都合退職との間で支払額に差があることが多いのです。また、懲戒解雇とされた場合に、退職金の減額や不支給とする取扱いをすることが一般的です。

　支給されるとしても、勤続3年以上などの条件になっていれば、労働者本人が該当しなければ支給されません。就業規則で「懲戒解雇の場合は、退職金を支給しない」と規定されていると、何らかの事情で懲戒解雇された場合、退職金はもらえないのが通常です。このように、企業内の一般的なルールとして退職金が支給されるという条件と勤続年数や懲罰による制限など個人として受給できる条件の双方を満たして初めて退職金が支給されることになります。

(イ)　重大な背信行為がある場合でも退職金は支払われるか。

　在職中判明しておれば直ちに懲戒解雇される程重大な背信行為をしていたとして、形式上円満退職にもかかわらず退職金の支払を拒絶された原告がその支払を求めた事例があります。判決では、「被告（使用者）は「原告（労働者）は在職中判明しておれば直ちに懲戒解雇される程重大な背信行為をしていたものであるから、形式上円満退職の形で退職したとしても退職金請求権はない」旨主張するが、就業規則等で支給条件が明確に規定されている退職金請求権は賃金の一種であって、一般に退職と同時に具体的に発生し、支払時期について特則のない以上労働者の請求によって履行期の到来する債権であり、客観的に懲戒解雇に値するような背信行為の存在しないことを条件とし或は使用者の支給の意思表示のあることを要件として成立する権利でないと解せられ、なお本件において懲戒解雇の措置の採られていないこ

とは被告の自認するところであるから、被告の主張は理由がない。

　また被告は「仮に原告に退職金請求権があるとしても懲戒解雇に値するような重大な背信行為があり被告に重大な損害を与えた以上本件の請求は権利の濫用である」旨主張するが、仮にその主張のような背信行為があったとしても、被告が別途にその損害の補填を求める途が閉ざされているわけではなく、本件の金員請求に直ちに応ずることによって償い難い損害を蒙るものとも認め難いところであって、双方の法益の比較衡量上のみからみても未だ権利濫用と認めるに足らないのみならず、仮に被告の主張するような抗弁を以て原告の請求を阻止することができるものとすれば、賃金債権と不法行為に基く損害賠償債権との相殺を禁止した労働基準法第24条の趣旨が実質的に没却される結果を来すものと謂うべきであって、この見地よりしても被告の主張は採用し難いところである。」

＜退職金請求事件　大阪地　（昭和40.7.7）＞

　この判例では、退職金の法的性質を賃金の一部と規定し、懲戒解雇に値するような背信行為の存在しないことや、使用者の支給の意思表示のあることを要件として成立する権利でないとしています。さらに、労働者が使用者に損害を与えたとしても賃金債権と不法行為に基く損害賠償債権との相殺を禁じています。

(2)　中小企業退職金共済制度

　中小企業の場合、使用者の方で中小企業退職金共済制度に加入しているところも多いと思われますので、少し説明を加えたいと考えます。

　中小企業退職金共済制度（中退共制度）は、昭和34年に中小企業退職金共済法に基づき設けられた中小企業のための国の退職金制度です。この中退共制度は、独立行政法人勤労者退職金共済機構・中小企業退職金共済事業本部（中退共）が運営しています。この制度のしくみは、事業主が中退共と退職金共済契約を結び、毎月の掛金を金融機

関に納付します。従業員が退職したときは、その従業員に中退共から退職金が直接支払われます。平成23年11月現在で、加入している事業所数は367,916所です。制度の特色として、新しく中退共制度に加入する事業主に国の助成があります。また、税法上損金として扱われるので全額非課税になります。過去勤務期間も通算できるので、企業間を転職しても通算できます。退職金は退職者本人が退職時60歳以上であれば、一時金払いのほか、全部または一部を分割して受け取ることができます。退職金は、基本退職金と付加退職金の２本建てで、両方を合計したものが、受け取る退職金になります。

退職金　＝　基本退職金　＋　付加退職金

退職金は、11月以下の場合は支給されません。（過去勤務掛金の納付があるものについては、11月以下でも過去勤務掛金の総額が支給されます。）12月以上23月以下の場合は掛金納付総額を下回る額になります。これは長期加入者の退職金を手厚くするためです。

加入できる企業（共済契約者）は、以下のとおりです。

(図6－2)

業種	常用従業員数		資本金・出資金
一般業種（製造業、建設業等）	300人以下	または	3億円以下
卸売業	100人以下	または	1億円以下
サービス業	100人以下	または	5千万円以下
小売業	50人以下	または	5千万円以下

常用従業員とは、一週間の所定労働時間が同じ企業に雇用される通常の従業員とおおむね同等である者であって、

　　◆　雇用期間の定めのない者
　　◆　雇用期間が２か月を超えて使用される者

を含みます。

次のような人は加入させなくてもよいことになっています。

- ◆ 期間を定めて雇用される従業員
- ◆ 季節的業務の雇用される従業員
- ◆ 試用期間中の従業員
- ◆ 短時間労働者
- ◆ 休職期間中の者およびこれに準ずる従業員
- ◆ 定年などで相当の期間内に雇用関係の終了することが明らかな従業員
- ◆ 被共済者になることに反対の意思を表明した従業員

※中退共制度に加入している従業員は、社会福祉施設職員等退職手当共済制度に加入することはできません。

以上は、中小企業退職金共済事業本部のホームページ（http://chutaikyo.taisyokukin.go.jp/）から抜粋したものです。

中小企業であっても、事業主が退職金共済に加入してくれていたら退職金はもらえます。しかも、従業員が退職したときは、その従業員に中退共から退職金が直接支払われるので、万が一退職後その会社が倒産したり、気まずい退職になった場合でも退職金が支給されます。退職金共済制度については、事業主の倒産により原告らに退職一時金が支払われなかった不利益は共済事業の実施者が負担すべきであるとされた判例がありますので、紹介します。

「特定退職金共済制度は、退職金の原資を保全するためのものではなく、退職金の支払そのものを確保するためのものであり、退職一時金の請求権は直接に退職者に帰属し（ただ事業主を通して請求するものとされているにすぎない）、その支給額は原則として掛金と加入期間とに応じて一律に決まるものであって、事業主の退職金規程の内容やこれに基づく支給額によっては左右されない（逆に、事業主において、退職一時金が支給された場合にこれを退職金規程に基づく支給額の内払とみなすことはできる）と認めるのが相当である。（略）本件は、被告が退職一時金を原告らに直接支給しないで事業主である株式

会社Aに支払ったところ、株式会社Aが倒産してしまい、株式会社Aから原告らには退職一時金が支払われなかったというもので、いわば株式会社Aの倒産によって生じた不利益を原告らと被告のいずれが負担すべきかの問題ととらえることができるが、この不利益は、制度本来の姿にもとる支給方法をとっていた被告（使用者）が負担すべきであり、何らの落ち度のない原告（労働者）らにその負担を強いる理由は見いだせないといわざるを得ない。

　したがって、原告ら請求の退職一時金は弁済済みであるとの被告の主張（前記第二の二１）は採用することができない。」

＜**甲府商工会議所（株式会社カネコ）事件**　甲府地　（平成10.11.4日）　全基連 HP より引用　労判755号20頁＞

(3)　**賞与の支給条件**

(ア)　賞与の支給は絶対になされなければならないか。

　賞与についても退職金と同じことが言えます。賞与は必ず支給されるものではないということです。従って、賞与についても就業規則の規定の内容を確認しなければなりません。就業規則に「支給する」と規定されておれば（労基法第89条４号）原則支給されるはずですが、使用者の決定や労使間の合意が必要とされていることに注意してください。この点について、判例を引用して説明します。

　「賞与は、労働基準法第11条所定の労働の対価としての広義の賃金に該当するものであるが、その対象期間中の企業の営業実績や労働者の能率等諸般の事情により支給の有無及びその額が変動する性質のものであるから、具体的な賞与請求権は、就業規則等において具体的な支給額又はその算出基準が定められている場合を除き、特段の事情がない限り、賞与に関する労使双方の合意によってはじめて発生すると解するのが相当である。

（中略）

また、証拠によれば、被告は、原告（労働者）らが所属する全統一労働組合及び同組合小暮釦製作所分会との間で、平成元年四月八日付「協定書」を作成し、「会社は、会社で働く労働者の雇用、労働条件については、組合と協議、合意してから決定する。」と約定したことが認められるが、被告が右小暮釦製作所分会と平成四年度夏季賞与についてはいまだ妥結をしていないことは当事者間に争いがない。
　原告らは、被告においては賞与額は概ね前年度実績を下回らない旨の労働慣行が存在すると主張する。しかし、これを認めるに足りる証拠はなく、かえって弁論の全趣旨により真正に成立したものと認められる証拠によれば、そのような慣行がないことが認められる。そもそも、前叙のとおり、賞与額は、対象期間中の企業の実績や労働者の能率等により支給の有無及び額が変動することが予定されているのであって、前年度実績による賞与請求権が具体化していると解するのは、当事者の合理的意思に反するといわなくてはならないから、原告らの右主張は失当である。」

＜小暮釦製作所事件　東京地　（平成6.11.15）全基連HPより引用　労判666号32頁＞

　労働者としては、厳しい判決です。賞与は、対象期間中の企業の実績や労働者の能率等により支給の有無及び額が変動することが予定されているとして、必ず支給されるものではないとしています。

(イ)　労働協約が締結できていないことを理由に賞与は不支給とできるか。
　これに反し、労働協約が締結できていないために賞与の不支給や遅延が起こる場合、会社側が前提条件を主張することは信義則違反とされた次の事例があります。
　「債権者（労働者）らは、夏季一時金の支払いを受け得ない場合には、年間固定給収入額に占める割合がおよそ６割に達していることか

ら日常生活に重大な影響を受けること等、従前から夏季及び冬季一時金が支払われてきた労働慣行、一時金が賃金たる性格を併有していること、要求額が米国系旅客航空他社と同水準であること、債務者（使用者）の経営及び財政状況、債権者らの期待及び不支給の場合に債権者らが受けることが予想される経済的打撃等の諸事情を総合的に勘案した場合、定期昇給及びベースアップの不実施が債務者にとって今後の会社経営上の重要な課題であるとしても、かかる条件を付して支社組合が受諾しないとの理由をもって、夏季一時金の支払いを拒絶することは信義則に反するものというべきであり、書面による無条件の賞与申入れと解することができ、（略）債権者らは、基本月給、住宅手当、扶養手当及び運転手当の合計額を基礎として算定された金額を限度とした夏季一時金請求権を有しているというべきである。」

＜ノース・ウエスト航空（賞与請求）事件　千葉地　（平成14.11.19）全基連HPより引用　労判841号15頁＞「賞与を支給することがある」というような規定の仕方なら、支給されない場合もあるので、企業の業績などを注意しましょう。賞与の支給について何も規定されていない場合は、基本的に求められません。しかし、金一封などの形で毎年支給されている慣行があれば期待できないこともありません。これも、事実たる慣習の程度まで企業の中にいきわたっているかということが決め手です。これまで述べたように、退職する場合も就業規則をチェックすることが大事です。賞与の支給規定の例を見てみましょう。

（賞　与）

第XX条　会社は、会社の業績、従業員各人の査定結果、会社への貢献度等を考慮して、賞与を支給するものとする。ただし、会社の業績状況等により支給しないことがある。

　　２　賞与の支給時期は、原則として、毎年6月及び12月の会社が

定める日とする。
　3　賞与支給額の算定対象期間は、次の各号のとおりとする。
　　⑴　6月支給分…下期決算期（前年10月1日から当年3月31日まで）
　　⑵　12月支給分…上期決算期（当年4月1日から当年9月30日まで）
　4　賞与の支給対象者は、賞与支給日において在籍する者とする。

　上の例からもわかるように、賞与が原則支給される場合でも、誰もがもらえるわけではありません。通常は、企業の業績と個人の業績査定の組み合わせによって決定されます。従って、個人の業績結果次第で支給されない場合もあるわけです。もっとも、賞与の支給要件については、差別的な取り扱いや合理性を書くものは許されません。

⑷　賞与支給には継続して勤務している必要があるか。
　通常、賞与の支給要件としては、継続勤務要件及び支給日に在籍していることなどがあります。まず、継続勤務要件についての判例から見ていきましょう。
　「賞与は、労働の対償としての性格を有するものであるが、他方、前記認定のとおり、賞与は生協事業の状況及び職員の勤務状態を考慮して支給するものとされ、賞与の算定基礎給の額を定めるためには賞与支給対象期間中の職員の勤務状態等に対する人事考課が不可欠であることからすると、賞与は、収益分配や功労報奨としての性格をも併せ持つものであり、個々の労働に応じて支給される通常の賃金とは異なり、賞与支給対象期間中の職員の勤務状態等を全体として評価したうえで支給されるものであるということができる。このような賞与の性格に合致する継続勤務要件は一定の合理性を有するものというべきであり、賞与支給の基準を明確に定める必要性があることをも考慮す

ると、継続勤務要件を満たさない原告らとの関係で継続勤務要件が公序良俗に違反して無効であるとはいえない。」とされています。

＜コープこうべ事件　神戸地　（平成15.2.12）全基連 HP より引用　労判853号80頁＞

退職で最も揉めるのは賞与支給日に在籍していなければならないという点です。もし、労使交渉が長引いて通常の支給日には支給されず、退職後に支給されたらどうなるでしょうか。これに関しては、次のような判例があります。

(エ)　賞与支給日には在籍している必要があるか。

「前記給与規程の但書には、「但し都合により時期を変更することがある。」旨の定めがあるが、右但書の趣旨は、右に判示した内容の慣行を前提としたうえで、資金調達の困難、労使交渉の未妥結等の特別の事情が生じた場合を考慮して、毎年六月、一二月とした支給時期について、これを合理的な範囲で変更し得ることを例外的に認めたものとみるべきであるから、右支給時期の変更に伴い、当然に支給対象者の範囲に変更を生じ、当該支給日在籍者を支給対象者とする旨の被控訴人主張のような慣行が適用されるものではないと解するのが相当である。したがって、本件のように、本来六月期に支給すべき本件賞与の支給日が、二か月以上も遅延して定められ、かつ、右遅延について宥恕すべき特段の事情のない（この点は本件全証拠によるも認められない。）場合についてまでも、支払日在籍者をもって支給対象者とすべき合理的理由は認められない。」

＜ニプロ医工事件　東京高　（昭和59.8.28）　最三小　（昭和60.3.12）全基連 HP より引用＞

賞与支給日には在籍していなければならないが、労使交渉が長引いて在籍時には賞与が支給されず、退職後2か月遅れで賞与支払いがあった場合、その退職者は最後の賞与を受け取れるかということで

す。この判例では、支給が遅れたことが止むをえないとされるほどの事情のない場合までも、支払日在籍者だけを賞与支給対象者とすべき合理的理由は認められないとして、賞与の支給を認めています。

　この賞与支給日在籍要件は、明文の規定がなくとも社内での慣習として行われているときは有効です。判例では、

　「賞与の受給権の取得につき当該支給日に在籍することを要件とする前記の慣行は、その内容において不合理なものということはできず、上告人がその存在を認識してこれに従う意思を有していたかどうかにかかわらず、事実たる慣習として上告人に対しても効力を有するものというべきであるから、前記の事実関係の下においては、上告人は嘱託期間の満了により被上告会社を退職した後である昭和五六年一二月四日を支給日とする賞与については受給権を有しないとした原審の判断は、結論において正当として是認することができる。」と述べ、労働者側の訴えを棄却しています。＜京都新聞社事件　最一小（昭和60.11.28）全基連 HP より引用　労判469号6頁＞

　先ほどのニプロ医工事件と変わって、支給日に在籍していなければならないという要件は事実たる慣習として認められるので、退職した労働者は受給権が無いとしています。

　両判決から考えると、支給日に在籍しているという支給日在籍要件は、判例でも合理的理由があり有効であるとされています。ただ、本来の支給日に支払われるべき賞与が遅延した場合などは形式的な適用はしないということになります。

(オ)　年俸制で賞与支給時前に退職した場合はどうなるか。

　では、企業が年俸制を採用し、年俸額の一部を賞与の形で支給している場合はどうなるでしょうか。これには、「賞与の額が年間114万円であったことは、当事者間に争いがない。ところで、その支払時期についての合意があったと認めることができないのであるが、その支払

時期は、遅くともその年度末には到来するものであるから、これが既に到来していることは明白である。そこで、その支払うべき金額であるが、その報酬が年額として決められ、賞与の計算方法に特段の合意がないことからすると、年度途中で退職した場合には、勤務した日数により按分するのが相当である。」＜「**山本香料事件**　大阪地　（平成10.7.29）全基連 HP より引用　労判749号26頁＞として、賞与支給時に在籍していなくとも在籍日数に応じて按分して支払うのが相当としています。

第4節　有給休暇が残っている場合

(1)　年次有給休暇の付与要件と日数

　労働者が退職の際に相談することが多いものの一つに、年次有給休暇があります。有給休暇制度は、労働者が人たるに値する生活を営むために身体や精神をリフレッシュさせるためのもので、所定の休日以外に休暇を与え、かつその間の賃金を支払う制度です。有給休暇は、労働基準法第39条で認められた労働者の権利です。同規定では、「使用者は、その雇入れの日から起算して六箇月間継続勤務し全労働日の八割以上出勤した労働者に対して、継続し、又は分割した十労働日の有給休暇を与えなければならない。」として使用者に有給休暇を与えるよう指示しています。年次有給休暇は、最初の年は雇用されて6箇月経過で権利が発生しますが、その後1年毎に権利が発生し付与日数が増加していき、最大20日まで取得できます。常に直前の1年間の出勤率が8割以上であることが権利発生の要件となるので、直前の1年間の出勤率が8割未満である場合には、その年の年次有給休暇の権利は発生しないことに注意してください。

　年次有給休暇の付与日数は、以下のとおりです。

(図6－3)
(1)　一般労働者（週所定労働日数が5日以上または、週所定労働時間数が30時間以上の労働者）

継続勤務年数	6か月	1年6か月	2年6か月	3年6か月	4年6か月	5年6か月	6年6か月以上
付与日数	10日	11日	12日	14日	16日	18日	20日

　パートタイマー、アルバイト、労働日数の少ない契約社員でも有給

休暇は付与されます。ただし、労働日数が少ない分に応じて、一般労働者より与えられる日数は少ないです。（比例付与といいます。）なお、週所定労働時間が30時間未満であっても、週所定労働日数が5日以上の場合は一般労働者と同じ数の有給休暇が付与されます。また、週4日働いていても1日8時間労働であれば週に32時間働くわけですから、この場合も一般労働者と同じ数の日数が付与されます。

(図6－4)
(2) パートタイム労働者等（週所定労働日数が4日以下かつ週所定労働時間数が30時間未満の労働者）

週の所定労働日数	年間所定労働日数	継続勤続年数						
		0.5年	1.5年	2.5年	3.5年	4.5年	5.5年	6.5年
5日	217日以上	10日	11日	12日	14日	16日	18日	20日
4日	169～216日	7日	8日	9日	10日	12日	13日	15日
3日	121～168日	5日	6日	6日	8日	9日	10日	11日
2日	73～120日	3日	4日	4日	5日	6日	6日	7日
1日	48～72日	1日	2日	2日	2日	3日	3日	3日

　年次有給休暇の付与の条件は、①継続勤務すること（最初の年は雇入れの日から起算して6箇月間継続勤務すること）と②全労働日の8割以上出勤するということです。継続勤務というのは、いわゆる在籍期間と解されます（昭和63年3月14日基発150号）。従って、休職期間や病気欠勤の期間も含まれます。

　全労働日というのは、就業規則などで規定されている所定労働日です。ただし、①使用者の責めに帰すべき事由による休業の日、②正当な争議行為により労務の提供が全くなされなかった日、③所定休日に労働させた日、④割増賃金にかかる代替休暇を取得した日は全労働日には含まれません。

　出勤日とは、出勤した日のことですが遅刻・早退した日も含まれま

す。出勤日数の計算に当たって、①業務上の傷病による療養のための休業期間、②育児・介護休業法による育児・介護休業期間、③産前産後の休業期間、④前年度に年次有給休暇を請求して休んだ日は出勤したものとみなします。また、生理日に就業が著しく困難な女性が休暇を請求して就業しなかった期間は出勤したものとはみなされませんが、出勤したものとして取り扱っても差し支えありません。

年次有給休暇を個人別に管理するのは、人数が多くなると事務作業が大変です。このため、全労働者に一斉に毎年4月1日を基準とするなど基準日を設定することが認められています。その際、使用者は入社月によって一部労働者が不利にならないように配慮する必要があります（平成6年1月4日基発1号）。

有給休暇は、1年に限り繰り越しできます。そのため、法的には最大40日の有給休暇を取得できます。

(2) 年次有給休暇の行使

労働者は、自分の取りたい時季（時期ではありません）に有給休暇を取ることができます。また、労働者は使用者に有給休暇の使用目的を報告する義務はありません。有給休暇をどのように使うかは労働者の自由です。ただし、使用者は労働者に指定された時季が事業の正常な運営を妨げる場合には時季変更権が認められます。ここで注意しなければならないのは、有給休暇の取得は労働者の正当な権利なので、使用者が有給休暇を取得させないということはできないということです。多くの会社では、就業規則で労働者に申請書等を提出させて、会社がそれを許可したときに年次有給休暇が取得できるようになっています。しかし、労働者が年次有給休暇を取得するためには、そもそも「承認」や「許可」というものが必要ありません。使用者ができるのは、時季変更だけですが、その要件である「事業の正常な運営を妨げる場合」については、それが認められるかどうかは、事業の規模・内

容、業務の繁閑、代替者の配置の難易、労働慣行等、諸般の事情を考慮して総合的に判断されます。使用者は、できるだけ労働者が指定した時季に休暇を取れるように状況に応じた配慮（代替勤務者の配置等）をしなければならず、このような配慮をしなければ、要件が認められないこととなって、年次有給休暇の時季変更は認められないこととなります。

さて、タクシー乗務員が、その多くの乗務員によって嫌悪されている夜間専用乗車を拒否する目的で年次有給休暇の時季指定権を行使したとして、欠勤扱いとされ賃金をカットされたことにつき、労働者の有給休暇の時季指定権と使用者の時季変更権及び時季指定の権利の濫用について、次の判例があります。

(ア) 嫌な仕事を拒否する目的で有給休暇は取得できるか。

「権利濫用の法理は、一般法理であるから、その適用される分野は何ら限定されるものではないと解されるのであって、年次有給休暇の時季指定権についてはその適用がないと解すべき根拠はない。労基法39条5項は、労働者の時季指定権の行使に対し、使用者が一定の要件のもとに時季変更権を行使することができる旨を定めているが、この規定は、労働者の時季指定権に対抗するための手段として、使用者に対して時季変更権を付与しているにとどまり、使用者としては、時季指定権の行使に対しては、常に時季変更権によって対抗することができるだけであるという趣旨まで含むものではないことは明らかである。(中略) 特定日・特定時季（たとえば、月曜日あるいは正月など）に年次休暇をとりたいというのは、その特定の日ないし時季に意味があるのであって、当該日ないし時季に就くべき業務が重要なのではない。すなわち、決して、特定の業務に着目し、これを嫌悪し、その業務への就労を拒否しようとしているのではない。

ところが、本件のナイト乗務指定日についての時季指定は、これと

は異なり、その特定の日ないし時季に意味があるのではなく、まさしく当該指定日における業務に就くことを拒否することを目的とするものであるから、これらを同視する控訴人（労働者）らの主張が失当であることは明らかである。年次休暇の利用目的は労基法の関知しないところであり、休暇をどのように利用するかは、使用者の干渉を許さない労働者の自由である。

　しかし、これは、有効な時季指定権の行使がされた場合にいい得ることであって、時季指定権の行使が権利の濫用として無効とされるときには、年次休暇の自由利用の原則が問題とされる余地はない。

　もっとも、時季指定権の行使が特定業務を拒否する目的であるかどうかを判断するためには、本件における被控訴人（使用者）らのように、使用者が労働者に対して年次休暇の利用目的を問いただし、労働者がこれに応じた休暇の利用目的を開示することが必要になることが想定されるから、その限度では年次休暇の自由利用の原則に対する制約となる可能性があることは否定できない。しかし、この場合における使用者の質問の目的は、当該時季指定が特定業務を拒否する目的のものであるかどうか、すなわち権利濫用に当たるものであるかどうかを確認するためのものであって、年次休暇の自由利用を制約すること自体を目的とするものではないから、これを確認するための方法が右目的を達成するために必要やむを得ないものであるならば、質問すること自体を不当とすることはできないというべきである。本件において被控訴人らが採用した方法も、必要やむを得ない限度を逸脱したものであるとは認められない。

　以上のとおりであるから、年次休暇の自由利用の原則を根拠にして、時季指定権の行使については権利濫用の法理を入れる余地がない、ということはできない。」

＜**日本交通事件**　東京高　（平成11.4.20）全基連 HP より引用　労判783号143頁〈要旨〉＞

年次有給休暇をどのように利用するかは、使用者の干渉を許さない労働者の自由であるという原則を認めつつも、時季指定権の行使が特定業務を拒否する目的である場合は、時季指定権の行使が権利の濫用として無効とされると考えられています。

　有給休暇のトラブルでよくあるのは、「ここでは有給休暇の制度は無い」とか「有給休暇には、使用者の承認がいる」などと使用者に言われて、労働者が困る場合です。労働相談でも、有給休暇を取らせてもらえないので労働基準監督署で指導して欲しいという電話がかかってきます。しかし、労基署は、具体的に有給休暇が取れないという事実が無いと動けません。そのため、実際に要求した有給休暇が使用者によって拒否された事実が必要となります。すなわち、社内で決められたルール（例えば、就業規則で「有給休暇取得願い」などを提出すると規定されている場合）に従い、ルールがなければ時季を明確にして文書で届けを出すことなどによって、有給休暇の取得の申請を行います。もし、有給休暇を消化した後、給料が有給休暇取得時の日数分減額されているならば、労基署に申告できることになります。注意すべき点としては、文書による有給休暇取得の請求を行い、そのコピーを撮っておくことです。後日、有給休暇か無断欠勤かを労使間で争うトラブルを避け、事務を円滑にするためにも有給休暇の届出は文書で行うようにしましょう。

　使用者の方に注意していただきたいのは、有給休暇を取得した労働者に対して賃金の減額や賞与の算定などに際して欠勤扱いにするなど不利益な取り扱いをしてはいけないことです（労基法第136条）。これに関して、タクシー会社の運転手に対し皆勤手当を支給するが、勤務予定表作成後に年次有給休暇を取得した場合は、手当の全部または一部を支給しないという定めをした場合、労働基準法が年次有給休暇を保障した趣旨を実質的に失わせるものとはいえず、公序に反しないとされた次の判例があります。

(イ) 年次有給休暇の取得と皆勤手当の控除

「右の事実関係の下においては、被上告会社は、タクシー業者の経営は運賃収入に依存しているため自動車を効率的に運行させる必要性が大きく、交番表が作成された後に乗務員が年次有給休暇を取得した場合には代替要員の手配が困難となり、自動車の実働率が低下するという事態が生ずることから、このような形で年次有給休暇を取得することを避ける配慮をした乗務員については皆勤手当を支給することとしたものと解されるのであって、右措置は、年次有給休暇の取得を一般的に抑制する趣旨に出たものではないと見るのが相当であり、また、乗務員が年次有給休暇を取得したことにより控除される皆勤手当の額が相対的に大きいものではないことなどからして、この措置が乗務員の年次有給休暇の取得を事実上抑止する力は大きなものではなかったというべきである。

以上によれば、被上告会社における年次有給休暇の取得を理由に皆勤手当を控除する措置は、同法39条及び136条の趣旨からして望ましいものではないとしても、労働者の同法上の年次有給休暇取得の権利の行使を抑制し、ひいては同法が労働者に右権利を保障した趣旨を実質的に失わせるものとまでは認められないから、公序に反する無効なものとまではいえないというべきである。これと同旨の原審の判断は正当であって、原判決に所論の違法はない。右判断は、所論引用の判例に抵触するものではない。論旨は採用することができない。」＜**沼津交通事件** 最二小 （平成5.6.25）全基連HPより引用 労判636号11頁＞

この事例においては、皆勤手当支給の目的が代替要員の手配が困難となり、自動車の実働率が低下する事態を避けるためでありその額も小さいもので、年次有給休暇の取得を一般的に抑制する趣旨に出たものではないと判断され、交番表作成後の年次有給休暇取得に対する皆勤手当の控除は無効ではないとしています。手当の趣旨の合理性と有

給休暇への影響度から判断されたものと考えられます。

　有給休暇の取得単位は原則1日単位ですが、労使間のとりきめで半日や時間単位で取得することは差し支えありません。なお、有給休暇の取得率を上げるために労使協定により有給休暇の計画的付与を実施できます。いわゆる計画年休とよばれるものでこの定められた日については、労働者の時季指定権も、使用者の時季変更権も共に行使できません。そのため、有給休暇のうち5日間は労働者が自由に指定できる日として残しておかねばなりません。

　有給休暇は、会社が休業の日や休職中には取得できません。変な話ですが、もともと会社が休業になっているがその場合賃金が支払われないので有給休暇にして賃金を支払ってもらおうとするという労働者の人がいます。また、有給休暇はいらないから会社に買い取ってもらいたいという労働者の方もいます。これも身体や精神をリフレッシュさせるためのものとしての有給休暇の趣旨に反しますので認められません。(但し、買い取りについては、例外がありますが後で述べます。)

　有給休暇中の賃金の支払いについては、①所定労働時間労働した場合に支払われる通常の賃金、②平均賃金、③労使協定に基づいて健康保険法の標準報酬日額に相当する金額のいずれかで行います。

　有給休暇の請求権は2年間の時効で消滅します。つまり当年度の初日に発生した有給休暇は、翌年度末で消滅します（労基法第115条）。なお、有給休暇は在職中でなければ消化できません。有給休暇請求権は、退職とともに消滅してしまいます。ときどき、退職してから有給休暇を買い取ってほしいという方がいますが、退職後には有給休暇がなくなってしまいますのでどうしようもありません。退職後の有給休暇の扱いについて次のような判例があります。

(ウ)　退職後の有給休暇の扱い

「原告は被告に勤務中、被告に対し有給休暇を請求していないこと、

請求しなかった理由は特にないことが認められるところ、労働者が有給休暇を請求しなかった場合に、使用者が当該労働者に有給休暇を与えなかったとしても、それ故に使用者が労働者に対し有給休暇相当分の賃金を支払う義務が法律上当然に発生するものではないから、原告の右請求は失当である。」＜山口（**角兵衛寿し**）事件　大阪地　（平成1.8.22) 全基連HPより引用　労判546号27頁＞

　それでは、6か月勤務などの有期雇用の労働者はどうなるでしょうか。折角、有給休暇取得の条件ができたのに契約終了で辞めることになると気の毒ですが、有給休暇の取得は行使できないのです。しかし、短期の有期雇用であっても事実上、以前の契約が実質的に継続していると判断できるならば、継続して勤務している場合は取得できます。(昭和63.3.14基発第150号）参考として、次の事例があります。

㈍　継続勤務している有期労働契約者の有給休暇

　国際協力事業団青年海外協力隊事務局で雇用期間一年で雇用され、その契約が毎年更新されていた語学講師が、年休を取得したところ、その一部について継続雇用の要件を満たさない、また年休は次年度に繰り越しできないとの理由で欠勤扱いとされたことにつき、不当として争った事例です。判決は、

　「当該年度に消化されなかった年休については、当該年度中に権利を行使すべき旨を定めた法令の定めは存しないし、労働者に休息、娯楽及び能力の啓発のための機会を確保し、もって健康で文化的な生活の実現に資するという年休制度の趣旨に照らし、翌年度に繰り越され、時効によって消滅しない限り、翌年度以降も行使できるものと解すべきである。そして、この点でも原告らは継続勤務したものとして、未消化の年休は翌年度に繰越しが認められる。」＜**国際協力事業団事件**　東京地　（平成9.12.1) 全基連HPより引用　労判729号26頁＞

(3) 退職時のトラブル

　有給休暇のトラブルは、労働者の退職時において多いものです。おそらく、在職中は使用者に遠慮して有給休暇が取れない状態であったり、周りの同僚に気兼ねして取れなかったり、忙しすぎて取れなかったりなどいろいろな理由で有給休暇を消化できなかった人が多いと思われます。ところが、退職前であるとこの際全部使ってしまいたいという気持ちになるようです。使用者にすれば、退職間際にドカンと有給休暇を使われると引き継ぎは出来ないし、働いていないのに賃金を支払わなければならないという気持ちになります。そこで退職前に「有給休暇を取らせない」という使用者が出てきます。一方、労働者としては有給休暇がたくさん残っているので、退職前に行使して、次の就職活動や旅行などに使いたいという気持ちになるのでしょう。おまけに、有給休暇を使わなければ退職後は消えてしまうので使い切りたいという気持ちになるのも理解できます。結論から言うと、労働者は有給休暇を取得し行使できます。なぜなら、有給休暇は国が認めた法律上の制度であるからです。この場合、仕事の引き継ぎなどの問題が生じます。どうしても、労働者の退職までの日数が引き継ぎに不十分で有給休暇を使われると使用者が困る場合は、使用者は労働者と有給休暇の買い取りの交渉をして引き継ぎを依頼することはできます。有給休暇の買い取りは原則認められていませんが、結果的に未消化となった有給休暇を使用者が買い上げることは違法ではありません。

　未消化の有給休暇を買取する契約が認められた判例では、次のものがあります。

「原告は、被告との間の雇用契約において、被告の勤務が１年経過した毎に年間20日の年次有給休暇を与えることを約し、被告が年次有給休暇請求権を行使しなかった場合、被告の申し出により残日数分を

買い上げる旨の約束をしたところ、被告は本件解雇の意思表示がされた当時、平成4年繰越残分として18日、平成5年分として20日の年次有給休暇を有していたが、被告が本件反訴請求として右買上げを主張した時点では、平成4年繰越残分は平成5年12月末日をもって消滅していたのであるから、未行使の年次有給休暇残日数は平成5年分の20日であったこと、原告会社内における一月当たりの標準勤務日数は21日であることが認められる。右事実によれば、未行使の年次有給休暇残日数に対する買上金は、計算上、87万7500円×20÷21＝83万5714円となる。そうすると、原告は被告に対し、年次有給休暇買上金として、金83万5714円を支払う義務がある。」＜コントロインスツルメント事件　東京地　（平成7.7.14）全基連HPより引用　労判692号91頁＞

　外国は日本より有給休暇が取得しやすい風土があるので、有休の買い取りをわざわざ禁じなくとも良いようです。そのため、雇用契約に買い上げる約束が入っていたのでしょう。

　以上で、退職時における有給休暇に関連するトラブルの解説を終えますが、使用者がお金を払いたくないとして有給休暇を認めないのは論外としても、退職時に不必要なトラブルを避ける意味では労働者も余裕をもって退職の通知を行い、有給休暇の取得についても話し合っておいた方が良いでしょう。

第5節　競業避止義務・機密保持義務がある場合

(1) 競業避止義務

　企業間競争が激しくなり、情報の重要性が認識されてきたこともあって、退職する社員に競業避止義務や機密保持義務を課する企業が増えてきました。これは、企業にとって退職した労働者が同業他社に就職したり、独立自営して競合会社を作ったりした場合などに社内のノウハウや機密情報が漏れると著しく不利になるために危機管理の一環として行っているものです。例えば、就業規則に次のような文面が入っているケースです。

（退職後の競業避止義務）
第XX条　従業員のうち役職者、又は企画の職務に従事していた者が退職し、又は解雇された場合は、会社の承認を得ずに離職後6か月間は日本国内において会社と競業する業務を行ってはならない。また、会社在職中に知り得た顧客と離職後1年間は取引をしてはならない。

　企業にとっては、長年蓄積してきたノウハウが外部に漏れるのを防ぐためにこのような規定が必要でしょうが、労働者にとっては働ける場所が限られてくるので、このような規定を濫用されると職業選択の自由を失う結果になってしまいます。上記の規定では、役職者、又は企画の職務というように社内で限定された職務についてのみ競業避止義務を課していますが、このような限定が無い場合どこまでが競業に当たるか判断が難しい場合があります。また上記の場合でも役職者をどのように解釈するかでも該当者の範囲が変わってきます。このような規定は、労働者が競業他社に就職したことにより、自社が打撃を受

け多大な損害を生じた時に、その損害を賠償させるために行うので、いつ起こるかわからない危険防止のための予防策なのです。

　この競業避止義務について、3件ほど判例を見ていくことにしましょう。

(ア)　まず、競合避止義務を否定したものとしての判例です。

　「次に競業避止義務についてであるが、一般に労働者が雇傭関係継続中、右義務を負担していることは当然であるが、その間に習得した業務上の知識、経験、技術は労働者の人格的財産の一部をなすもので、これを退職後に各人がどのように生かし利用していくかは各人の自由に属し、特約もなしにこの自由を拘束することはできないと解するのが相当である。そして原告会社主張の本件契約条件は証拠によっても、それは被告が原告会社に設計技師として雇われ勤務中の期間当然に遵守すべき義務を注意的に述べたにとどまり、それを超えて被告の退職後も右趣旨の義務を課し競業他社への再就職を禁止する特約をしたものと迄は認め難い。」

＜**中部機械製作所事件**　金沢地　（昭和43.3.27）全基連 HP より引用＞

　この判決では、労働者が習得した知識・経験・技術は、退職後どのように生かすかは各人の自由であるという原則と制限を加えて自由を拘束するのは特約が必要としています。

(イ)　次は、退職者の競業避止義務違反に対し、競業避止義務を認めた事例です。注目すべき点は、競業避止義務の特約が有効となる合理的範囲を示していることです。

　「競業の制限が合理的範囲を超え、債務者（労働者）らの職業選択の自由等を不当に拘束し、同人の生存を脅かす場合には、その制限は、公序良俗に反し無効となることは言うまでもないが、この合理的範囲を確定するにあたっては、制限の期間、場所的範囲、制限の対象とな

る職種の範囲、代償の有無等について、債権者（使用者）の利益（企業秘密の保護）、債務者の不利益（転職、再就職の不自由）及び社会的利害（独占集中の虞れ、それに伴う一般消費者の利害）の三つの視点に立って慎重に検討していくことを要するところ、本件契約は制限期間は二年間という比較的短期間であり、制限の対象職種は債権者の営業目的である金属鋳造用副資材の製造販売と競業関係にある企業をいうのであつて、債権者の営業が化学金属工業の特殊な分野であることを考えると制限の対象は比較的狭いこと、場所的には無制限であるが、これは債権者の営業の秘密が技術的秘密である以上やむをえないと考えられ、退職後の制限に対する代償は支給されていないが、在職中、機密保持手当が債務者両名に支給されていたこと既に判示したとおりであり、これらの事情を総合するときは、本件契約の競業の制限は合理的な範囲を超えているとは言い難く、他に債務者らの主張事実を認めるに足りる疎明はない。従って本件契約はいまだ無効と言うことはできない。」＜**フォセコ・ジャパン・リミティッド事件**　奈良地（昭和45.10.23）全基連 HP より引用＞

　この判例では、競業避止義務として、有効となる合理的範囲を示しています。すなわち、①制限の期間、②場所的範囲、③制限の対象となる職種の範囲、④代償の有無等について、❶債権者の利益（企業秘密の保護）、❷債務者の不利益（転職、再就職の不自由）及び❸社会的利害（独占集中の虞れ、それに伴う一般消費者の利害）の三つの視点に立って慎重に検討していくことを要するとしています。具体的な事例に当たった場合、この基準を使って判断していくことになります。

㈦　次は、家電量販店を退職早々に競業他社に入社した元社員に対し、前所属会社が競業避止に基づく損害賠償として退職金の半額を返還するよう求めた事案です。

「本件においては、まず、退職金の半額とする部分についてみると、

退職金が原告の退職金規程に従って支払われるものであり、自己都合による退職金は定年等の場合の退職金の額に所定の修正率を乗じた額に減じられる旨の定めがあることなどに照らすと、退職金には賃金の後払いとしての性格と共に功労報償的な性格もあると解することができる。そうすると、本件違約金条項は、被告が本件誓約書に違反して同業者に転職したことにより、原告に勤務していた間の功労に対する評価が減殺され、退職金が半額の限度でしか発生しないとする趣旨であると解することが可能であるから、退職金の全額を支給した原告がその半額を違約金として請求することは不合理なものでないと考えられる。」

＜ヤマダ電機（競業避止条項違反）事件　東京地　（平成19.4.24）全基連 HP より引用　労判942号39頁＞

　この判例は、部分だけ読んでいるとわかりにくいのですが、会社が相対的に不利益を受けることが予想されることを未然に防ぐことを目的とし、店長を歴任した地位にあった労働者に対して競業避止義務を課することは不合理でないとして、企業の競業避止義務条項の目的及び労働者の地位を認めています。次に、転職が禁止される範囲として同種の家電量販店に限定され、退職後1年という期間は不相当に長いものではないとしています。また、使用者が全国的に家電量販店チェーンを展開する会社であることからすると、禁止範囲が過度に広範であるということもないとしています。さらに、本件誓約書により退職後の競業避止義務が課されることの代償措置は不十分ではあるが、損害額の算定に当たり考慮することができるとして本件競業避止条項の有効性が失われることはないと結論付けています。そして、この判例では退職金には賃金の後払いとしての性格と共に功労報償的な性格もあると解するとして、退職金の全額を支給した使用者がその半額を違約金として請求することは不合理なものでないとしています。

　労働者の側からすると、競業避止義務を課せられることは退職後の

就職先の選択が限定されてきます。これら3つの判例からは、競合避止義務を課す場合は、必ず特約が必要ということ、さらに特約の内容は、①制限の期間、②場所的範囲、③制限の対象となる職種の範囲、④代償の有無等について、労働者、使用者、社会的利害を総合して合理性が判断されます。これらの要件が欠ける場合は、職業選択の自由等を不当に拘束し公序良俗に反し無効となる可能性があるということです。

(2) **機密保持義務**

競合避止義務は、使用者と競合関係になることを防ぐものであり、対象も競合関係になりうる人（役員、管理職など）でしたが、機密保持の義務は範囲が広がります。具体的には以下のような規定が、就業規則等に規定される場合です。

(機密保持および退職後の競業避止)
第XX条　従業員は、自己の職務に関すると否とを問わず、当施設の内部事項または業務上知り得た機密にかかる事項および当施設の不利益となる事項を他に漏らしてはならない。
2　前項の定めは、退職後も同様とし、当施設が指定する特別機密にかかる職務に就いていた者については、退職後6か月以内の同業他社への就職および同業での自営を禁じるものとする。
3　コンピュータ等を使用するにあたっては業務以外の目的で使用してはならない。また、フロッピーディスク等を許可なくコピーしてはならない。
4　前三項に違反した場合には、退職金の支払いを停止するほか、第YY条の定めに基づいて損害賠償を請求することがある。

このような、守秘義務は、公務員、弁護士、医師など、職務上機密

の保持が必要とされる専門家について、それぞれの法律により規定されています。これら専門家は、正当な理由なく職務上知り得た秘密を漏らした場合に処罰の対象になります。一般の労働者にとっても、このような機密保持の義務が、多くの事業場で規定されています。退職後も適用されるところに問題がありそうです。

　組織に属する者が、その組織の不正行為を知り、その不正行為が守秘義務の対象となる情報を含んでいる場合、その者が内部告発することによって確保される公益と、その者に課せられている守秘義務のいずれが尊重されるべきか、という問題については、公益通報者保護法（URL:http://law.e-gov.go.jp/announce/H16HO122.html）という法律があるのでそれを参照してください。

　ここでは、一般的な機密保持について考えていきます。退職時に、「就業中に取得した情報の一切を開示しない、就業中に取得した情報を開示、漏洩、使用した場合会社が被った一切の損害を賠償する。」といった規定が多くの企業で設けられたのは、経済産業省の個人情報保護法のガイドラインが制定されたことと、個人情報漏洩事件が多発したからです。そのため、機密保持契約書を作成し、従業員や退職する者にサインを求めるようになりました。契約の主な内容は機密保持条項、退職金不支給、損害賠償条項などですが、誓約書に署名させられる者にとっては重い負担と思われます。

　しかし、個人情報を預かっている者は、契約の有無にかかわらず、法律により当然に、機密保持義務および損害賠償義務を負っていますので、誓約書にサインしたからと言って特に責任が重くなるわけではありません。損害賠償についても使用者側が損害発生の因果関係について立証しなければならないので、現実には問題は起こりにくいと考えますが、それでも判例を見ると出てきます。

(ア)　次に示すのは、競業会社への転職を企図して自己都合退職を申出

た工場長が、企業秘密漏洩のおそれを理由として懲戒解雇され退職金を支給されなかったので、右退職金の支払を請求した事例です。

「右の認定事実によれば、原告（労働者）がボーリングピン補修用塗料ピンパッチ等の製造に関し被告のいわゆる製法上の秘密を知悉しているということは、被告（使用者）の右製造業務の遂行につきその労務を給付してきた結果、原告が技能及び経験を身につけて被告特有の製法に通暁するにいたったことを意味し、被告会社を退職して同種の営業を目的とするＡ会社の下請業務に従事することを意図した原告の独立自営計画が被告の嫌忌するところとなって、遂に被告が本件懲戒解雇をもってこれに報復したのも、被告特有の製法に通暁している原告が被告会社で身につけた豊かな経験並びに優れた技能を活かしてＡ会社の同種の製造業務にたずさわることによって、当然に被告のいわゆる製法上の秘密がＡ会社に洩れると看て取ったからにほかならないことが明らかである。しかしながら、被告会社退職後の競業避止ないし秘密保持の義務に関し、原被告間に特別の合意事項が存しないかぎり、原告が被告会社を退職して、自営たると雇用たるとを問わず、右経験及び技能を活かして被告と同種の製造業務に従事することは、これによって被告のいわゆる製法上の秘密が洩れるからといって、毫も妨げられるものでないし、したがって、原告が右経験及び技能を活かして被告と同種の製造業務に従事する意図をもって原被告間の雇用関係を終了させるための意思表示をおこなうことは右意図において被告のいわゆる製法上の秘密の洩れることが予測されるからといって妨げられるものでないのはもとより、もはやこれに対し就業規則上の懲戒規定をもって律すべき事項に属しないといわなければならない。そうすると、原告の被告に対する前記退職の申出が、かりに原告に右のような意図や予測があっておこなわれたとしても、これに対し懲戒解雇をもって臨む余地はありえない筋合である。被告の秘密漏洩に関する懲戒事由の主張もまた理由がない。本件懲戒解雇は、すでにみたと

おり、その懲戒事由についての被告の主張がいずれも理由を欠くから、無効であるというほかはない。」

＜久田製作所事件　東京地　（昭和47.11.1）全基連HPより引用　労判165号61頁＞

　これは、競業避止と秘密保持がからんだ事件ですが、被告会社退職後の競業避止ないし秘密保持の義務に関し、原被告間に特別の合意事項が存しないかぎり、製法上の秘密の洩れることが予測されるからといっても就業規則上の懲戒規定をもって律すべき事項に属しないとしています。

(イ)　次に示すのは、営業日誌の写しを取って保管を続けたことが懲戒事由（情報の漏洩）に該当するとして懲戒解雇された証券会社Yの社員Xが労働契約上の地位確認と未払賃金の支払等を請求した判例です。

　「本件写しに記載された顧客情報が漏えいしたことにより第三者に損害を与え、ひいては被告に損害を与えた事実は一切認められないばかりか、証拠（乙1ないし4）によれば、被告は、原告の本件行為が原因で個人情報の漏えいがあったとして、金融庁長官及び日本証券業協会会長宛に事故報告書を提出しているが、その中で「流出先（又は漏えい先）が限定されていること、流出情報の速やかな完全回収を行ったことで、不正使用に繋がる可能性がなく、顧客への被害が及ばないとの判断のもと、公表は致しません。」と述べており、顧客への被害がなかったことを自認しているのであって、原告の本件行為により被告に損害が生じたものと認めることはできない。〔中略〕

　以上によれば、本件解雇の事由として被告が主張する諸事実は、いずれも就業規則に違反するものとまでは認められないから、本件解雇は解雇事由がないにもかかわらずされたものである。〔中略〕

　漏えい行為の態様としてはごく軽微なものであるから、仮に就業規

則36条及び従業員服務規程6条、23条1項16号に違反するとしても、解雇事由を定めた就業規則87条3号、1号には該当しないか、仮に該当するとしても、原告がこれまで懲戒処分を受けたことがなかったこと、原告の行為により顧客に実害が発生しているわけではないこと等の事情を考慮すると、本件解雇は解雇権を濫用してなされたものであって無効であると認めざるを得ない（労働基準法18条の2）＜現労働契約法16条＞。」

＜日産センチュリー証券事件　東京地　（平成19.3.9）全基連HPより引用　労判938号14頁＞

　これは、営業日誌における訪問場所と顧客名の記載は、個々の顧客の特定を容易ならしめる記載であることは間違いないから、就業規則で漏洩を禁止する取引先の機密又は従業員服務規程上の職務上知り得た秘密に当たると認められるとする一方で、写しを自宅に持ち帰った行為は第三者に開示したと同等の危険にさらしたとまではいえず、写しを弁護士にファックス送信した行為は守秘義務を負う弁護士を介して外部に流出する可能性は極めて低いこと、また写しを東京都労働委員会に提出した行為はそれ自体が撤回されたこと、などから漏洩行為があったということはできないとしたものです。その上で、本件懲戒解雇は解雇権の濫用に当たり無効であるとしました。

　退職時に、使用者から機密保持違反として脅される労働者もいます。中には、労働基準監督署に相談に行ったというだけで、機密保持違反で損害賠償を請求すると言われた人もいるので驚きます。しかし、本節で述べてきたように、機密漏えいとされるには使用者から開示される情報の内容、取扱の方法などで結果は異なってきますし、仮に情報漏えいとして認められても、その結果損害賠償を請求されたり、解雇されたり、退職金を支給されなかったりするには、やはり社会的相当性が認められる必要があると考えます。

第6節　セクハラ・パワハラがある場合

(1) セクハラ

　セクハラ・パワハラと書きましたが、広くいじめ・いやがらせを含めて解説します。セクハラ・パワハラをなぜ本書でとりあげるのかというと、セクハラ・パワハラが個別労使紛争で問題になるのは労働者が退職するときが多いからです。事実、セクハラ・パワハラで、会社を辞める人も多いのです。

　セクハラ（Sexual Harassment）は、一般に「性的嫌がらせ」と訳され、その内容は、対価型ハラスメントと環境型ハラスメントの2つに分類されます。対価型とは、「性的な言動に対する労働者の対応により、その労働者が労働条件に不利益を受けるもの」で、セクハラに対して、拒否や抗議をしたときに、不当な配置転換や減給、降格処分のほか、ひどいときには会社を退職させられるなどという報復的な意味合いが強いものです。環境型とは、「性的な言動により、労働者の就業環境が害されるもの」で、日常的に卑猥な内容の発言を受けたり、上司に身体を触られたりなど、労働条件そのものは不利益にならないが、職場環境が悪化するようなものです。セクハラには、いろいろな型がありますが全体としては「意に反する性的な行為」と考えてよいと考えます。ところがこの「意に反する」というのが大変微妙で抽象的な概念です。よく例として出されるのが、嫌いな人だとセクハラだけど、気に入っている人ならセクハラにはならない、などということです。ある行動が、セクハラかそうでないかは、被害者の感じ方次第となってしまいます。男女雇用機会均等法では、職場における性的な言動に起因する問題に関する雇用管理上の措置として「事業主は、職場において行われる性的な言動に対するその雇用する労働者の

対応により当該労働者がその労働条件につき不利益を受け、又は当該性的な言動により当該労働者の就業環境が害されることのないよう、当該労働者からの相談に応じ、適切に対応するために必要な体制の整備その他の雇用管理上必要な措置を講じなければならない。」(同法第11条) と規定しています。それに関連して、事業主が職場における性的な言動に起因する問題に関して雇用管理上配慮すべき事項についての指針 (平成10年3月13日 (労働省告示第20号) が告示されています。興味のある方は目を通しておかれた方が良いでしょう。

　セクハラについて事業主が行った行為ではない場合、なぜ事業主は責任を負うのでしょうか。実は、民法第715条 (使用者責任) で、使用者は仕事上で従業員が第三者に与えた損害を賠償する責任を定めています。また労働契約法では、労働者の安全への配慮として「使用者は、労働契約に伴い、労働者がその生命、身体等の安全を確保しつつ労働することができるよう、必要な配慮をするものとする。」(第5条) と使用者の責任を定めています。もちろん、セクハラを行った当事者に対しては、性犯罪としては、強姦罪 (刑法177条)、身体に触る行為ならば強制ワイセツ罪 (刑法176条) などで訴えることができます。また、人格権侵害ということならば、不法行為 (民法709条) となり、損害賠償を請求できます。

(2)　セクハラに関する判例

　セクハラに関する判例は多くあります。ここでは、使用者と労働者の関係から代表的な判例を見ていきます。
(ア)　セクハラにおける使用者責任—1
(事件の概要)
　本件は、国立病院に賃金職員 (日々雇用職員) として採用され、洗濯場に勤務する女性職員が、右職場の男性上司 (被告B) から胸を触られるなどの性的嫌がらせを受け、これを拒否したところ、同上司か

ら仕事に必要な指示を与えられないなどのいじめを受け、これにより精神的損害を被ったとして、同上司及び国に対して慰謝料等の支払いを求めたものです。

　セクハラを行った上司については不法行為責任、国については、本件セクハラ行為が国の事業の執行につきされたものであるとする使用者責任、及び国が業務遂行の過程で快適な職場環境を調整すべき義務を負っているにもかかわらず本件セクハラ行為においては何ら実効性のある処置を講じなかったとする右義務違反（労働契約法にいう安全配慮義務に当たると考えます）に係る債務不履行責任を問うたものです。

（判決抜粋）

　「前記で認定した事実によれば、被告Ｂ（労働者の上司）は、原告（労働者）の意思を無視して性的嫌がらせ行為を繰り返し、原告が性的嫌がらせ行為に対して明確な拒否行動をとったところ、職場の統括者である地位を利用して原告の職場環境を悪化させたものである。被告Ｂの右一連の行為は、異性の部下を性的行為の対象として扱い、職場での上下関係を利用して自分の意にそわせようとする点で原告の人格権（性的決定の自由）を著しく侵害する行為である。そして、被告Ｂの右各行為は、原告にとって精神的苦痛を与えたものであり、被告Ｂとしては、右各行為により、原告に精神的苦痛を与えるものであることを予見できたといえる。したがって、被告Ｂは、原告に対し、右性的嫌がらせ行為及び職場でのいじめ行為について、不法行為責任を負うものというべきである。　（略）

　被告Ｂの原告に対する性的嫌がらせ行為及び職場におけるいじめは、勤務場所において、勤務時間内に、職場の上司であるという立場から、その職務行為を契機としてされたものであるから、右一連の行為は、外形上、被告国の事業の執行につき行われたものと認められる。

（略）

すなわち、前記二のとおり、訴外病院は、平成6年3月2日に原告から被害申告を受けた後、4月11日には、被告Bに対し口頭で厳重注意を行い、同月22日には、H事務長補佐において、同被告と面接し、反省を促し、更に6月7日には、L事務長から勤務割表の公平化等の基本的提案があり、以後毎月業務連絡会を設けることとしたなど、被告Bの職務上の言動に対する職員の不満に基づく問題点を改善するため、一定の措置を講じてきている。しかしながら、被告Bが原告に対する性的嫌がらせ行為の存在を強く否定し、かつ、職員へのいじめの点についても弁明するなどしており、原告の訴えのみに基づいて懲戒処分等の強力な措置をとることが困難であったという事情は認められるとはいえ、原告ないし原告の夫が再三にわたり、性的嫌がらせ及びこれに引き続く原告個人に対するいじめの存在を訴えこれに対する処置を求めていたのに対し、性的嫌がらせについては事実の確定が困難であるとして特別の措置をとらず、いじめの問題についても原告個人に向けられた不利益として直接対処せず、むしろ洗濯場の業務全体の改善の問題として捉えた結果、前記二認定のとおり、被告Bの原告に対する態度には顕著な変化が見られず、原告をとりまく職場環境は平成6年11月までの間特段の改善がなかったといわざるを得ない。そうすると、訴外病院が行った対応策によって、被告Bの原告に対する職場でのいじめ行為について、被告国が被告Bの選任・監督について相当の注意をしたとまでは認められない。

　以上のとおりであるから、被告国は、被告Bの不法行為について、使用者責任を免れない。」

＜**国立療養所青野原病院職員セクハラ事件**　神戸地　（平成9.7.29）労判726号100頁＞

　この事件は、国立病院で起こったものなので、使用者は国ということになります。判決文をかなり省略しているので内容がわかりづらい面があると思いますが、この事件の争点は、上司Bのセクハラ行為、

及び国について本セクハラ行為が事業の執行につきされたものであるか否か、さらに国が上司Ｂの選任・監督について相当の注意をしたといえるか否かにありました。

本判決は、まず、上司Ｂの責任について不法行為責任を認めました。国の責任については、外形上、国の事業の執行につき行われたものと認めました。さらに、Ｂの行為について、国の使用者責任は免れないとしました。結局、本判決は、上司Ｂ及び国に対して請求金額につき連帯して支払うよう命じました。

判決にも述べられているように病院側としては一応相当の注意をしたということは認められるものの使用者責任が問われたわけです。使用者としては、セクハラ行為については従業員を含めて企業としての体制の整備その他の雇用管理上必要な措置を講じて断固たる処置を行わなければ、後日損害賠償請求されるリスクが高いということを示しています。

セクハラ被害者として注目したい点は、労働者側の主張が一貫して不自然でないということです。本判決でも事実認定において「原告の供述する内容は、日時、場所、被害態様が変遷することなく一貫しており、供述する被害の態様も詳細かつ具体的で、不自然な点が見られないのに対し、被告Ｂの供述は、全くやっていないと供述するのみである。原告の供述内容が全くの虚偽であるとすると、原告が被告Ｂを陥れる目的を有していたとか、原告が虚言癖のある人物であることが考えられるが、本件全証拠によっても、原告がそのような目的を有していたとか、虚言癖のある人物であったことを窺わせる点を認めることはできない。（略）被告Ｂは、従前から自分の気に入らない職員に対しては偏頗な行動に出る傾向があり、他の職員は常に同被告の顔色を窺うような状況にあったこと、被告Ｂの原告に対する一連の行為が始まったのは原告が性的嫌がらせを拒否した平成６年２月24日の直後であることなどに照らし、これらの行為は自分の意に添わない行動に

出た原告に対する嫌がらせの目的に出たものと推認されることなどの事情に照らせば、(略)」としているところです。

　つまり、陳述内容が論理的であることが必要ですが、そのためには被害を受けたら日時、場所、被害態様などを記録しておきましょう。記録によって、証言内容も具体的で、不自然な点が無くなります。セクハラの場合、人のいないところでセクハラ行為が行われることも多いので少しでも具体的な証拠がないと事実の認定が難しくなります。本件では、被告Bの日頃の言動について他の職員の証言もあったものと考えられ、同じ職場の仲間と協力して対処することも必要です。

(イ)　セクハラにおける使用者責任―2
　次は、2点のセクハラ行為について判決がなされたものです。1点目は、女性社員の異性関係等を他の社員の面前で公然発言した取締役につき、損害賠償が請求されたこと、2点目は、女子更衣室にビデオを設置して密かに撮影していた社員の行為に関連して会社の債務不履行責任（職場環境整備義務違反）が認められたものです。
(判決抜粋―1点目)
　「被告Y1は被告会社の取締役であって、代表取締役である被告Y2の親族でもあり、その発言は社員に大きな影響を与えるから、被告Y1は、不用意な発言を差し控える義務があるというべきである。また、不用意な発言をした場合には、その発言を撤回し、謝罪するなどの措置を執る義務があるというべきである。それにもかかわらず、被告Y1は、朝礼において、本件Y1発言に引き続いて原告（女性従業員）は被告会社で勤務を続けるか否か考えてくること、今日は今すぐ帰っても良い旨発言して、原告に対して退職を示唆するような発言をしたうえ、そのため社員が原告との関わり合いを避けるような態度を取るようになり、人間関係がぎくしゃくするようになったことから、原告にとって被告会社に居づらい環境になっていたのに、何の措置も

取らなかったため、原告は退職しているから、被告Y１は、原告の退職による損害を賠償する責任を負う。」

（判決抜粋―２点目）

「被告会社は、雇用契約に付随して、原告のプライバシーが侵害されることがないように職場の環境を整える義務があるというべきである。そして、被告会社は、被告会社の女子更衣室でビデオ撮影されていることに気付いたのであるから、被告会社は、何人がビデオ撮影したかなどの真相を解明する努力をして、再び同じようなことがないようにする義務があったというべきである。それにもかからわず、被告会社は、ビデオカメラの向きを逆さにしただけで、ビデオカメラが撤去されると、その後、何の措置も取らなかったため、再び女子更衣室でビデオ撮影される事態になったのであるから、被告会社は、債務不履行により、平成７年６月ころに気付いた以降のビデオ撮影によって生じた原告の損害を賠償する責任を負う

＜京都セクシュアルハラスメント（呉服販売）事件　京都地　（平成9.4.17）　労判716号49頁＞

　この判例では、被告会社は雇用契約に付随して原告がその意に反して退職することがないように職場の環境を整える義務があるとしています。それにもかかわらず、判決にあるように、被告会社が何の措置も取らなかったため原告は退職を余儀なくされたので、原告の退職による損害を賠償する責任を負うとしています。さらに、被告会社は従業員のプライバシーが侵害されることがないように職場の環境を整える義務があるとも述べています。

　このように、裁判所は使用者の環境整備義務を要求しているので、使用者としては不当な発言に注意し、職場でプライバシーが侵害されないように注意しなければなりません。セクハラ裁判は労働問題として考えると、それを行った当事者はもちろん罰せられますが、使用者も対応がまずいと罰せられ、派遣先や出向先も被害者を指揮監督して

いた場合は使用者に含まれるので注意が必要です。一方、被害者側にセクハラを誘引するような落ち度がある場合は、判決の際損害賠償額が減額されることもあるので、セクハラ被害を受けた時は毅然とした態度で拒否することが必要です。

(3) パワハラ

　厚生労働省の「職場のいじめ・嫌がらせ問題に関する円卓会議ワーキング・グループ」は、パワハラの定義として次のように述べています。職場のパワーハラスメントとは、同じ職場で働く者に対して、職務上の地位や人間関係などの職場内の優位性（※）を背景に、業務の適正な範囲を超えて、精神的・身体的苦痛を与える又は職場環境を悪化させる行為をいう。（※　上司から部下に行われるものだけでなく、先輩・後輩間や同僚間、さらには部下から上司に対して様々な優位性を背景に行われるものも含まれる。）

　パワハラの問題を予防・解決するための労使の取組については、まず、企業として職場のパワーハラスメントはなくすべきという方針を明確に打ち出すべきであるとしています。取り組む際の留意点としては、「予防するために、①トップのメッセージ、②ルールを決める、③実態を把握する、④教育する、⑤周知する」などが必要であり、「解決するために、①相談や解決の場を設置する、②再発を防止する」などが必要としています。

　パワハラの加害者と使用者は、不法行為責任（民法709条）、使用者責任（民法715条）、共同不法行為責任（民法719条）、債務不履行責任（民法415条）が追及されるでしょう。

雇用する側（使用者）には、安全配慮義務（雇い入れている従業員が安全に業務に従事できるようにするべき義務）があります。また、労働者が快適な環境で働けるようにするための職場環境配慮義務があります。これらを怠ると、債務不履行責任（民法415条）を問われるこ

とになります。

(4) パワハラに関する判例

　パワハラも職務上の地位や人間関係などの職場内の優位性を背景にしているのはセクハラと似ています。ただ、職場の上位者は通常業務命令を行います。その場合業務の適正な範囲を超えて、精神的・身体的苦痛を被害者に与える行為がパワハラとなるわけですが、適正な範囲というものが具体的にどのようなものかという判断は難しいところです。判例では、これなら罰せられても仕方がないというものが多いです。ここでは、パワハラに職場でのいじめや嫌がらせも含めて解説していきます。

(ア)　職場のいじめが労働者を自殺に追い込んだもの。
（判例抜粋）
① 　事件の概要
　「A（いじめにより自殺した労働者）は、平成7年5月1日付けで工業用水課に配転されたが、内気で無口な性格であり、しかも、本件工事に関する原告X（労働者Aの父母）とのトラブルが原因で職場に歓迎されず、また、負い目を感じ、職場にも溶け込めない状態にあった。ところが、Aが工業用水課に配転されてから1か月しか経過せず、仕事にも慣れていない時期に、上司である被告Y2ら3名は、職員数が10名という同課事務室において、一方的に執拗にいじめを繰り返していたものであり、しかも、被告Y2は、同課の責任者でありながら、Aに対するいじめを制止しなかった。その結果、Aは、巡回作業に出掛けても、巡回先に行かなくなったり、同課に配属されるまではほとんど欠勤したことがなかったにもかかわらず、まったく出勤できなくなるほど追い詰められ、心因反応という精神疾患に罹り、治療を要する状態になってしまった。B課長は、Aがいじめを訴えた平成7年12

月5日時点で、精神疾患が見られるようになったことを知った。そこで、B課長は、自らも被告Y2ら3名などに対し面談するなどして調査を一応行ったものの、いじめの一方の当事者とされている被告Y2にその調査を命じ、しかも、Aが欠勤しているという理由でAからはその事情聴取もしなかったものであり、いじめの性質上、このような調査では十分な内容が期待できないものであった。

〔中略〕

このような経過及び関係者の地位・職務内容に照らすと、工業用水課の責任者である被告Y2は、被告Y4などによるいじめを制止するとともに、Aに自ら謝罪し、被告Y4らにも謝罪させるなどしてその精神的負荷を和らげるなどの適切な処置をとり、また、職員課に報告して指導を受けるべきであったにもかかわらず、被告Y4及び被告Y3によるいじめなどを制止しないばかりか、これに同調していたものであり、B課長から調査を命じられても、いじめの事実がなかった旨報告し、これを否定する態度をとり続けていたものであり、Aに自ら謝罪することも被告Y4らに謝罪させることもしなかった。また、Aの訴えを聞いたB課長は、直ちに、いじめの事実の有無を積極的に調査し、速やかに善後策（防止策、加害者等関係者に対する適切な措置、Aの配転など）を講じるべきであったのに、これを怠り、いじめを防止するための職場環境の調整をしないまま、Aの職場復帰のみを図ったものであり、その結果、不安感の大きかったAは復帰できないまま、症状が重くなり、自殺に至ったものである。」

② 結論

「したがって、被告Y2及びB課長においては、Aに対する安全配慮義務を怠ったものというべきである。〔中略〕公権力の行使に当たる公務員が、その職務を行うについて、故意又は過失によって違法に他人に損害を与えた場合には、国又は地方公共団体がその被害者に対して賠償の責任を負うべきであり、公務員個人はその責を負わないも

のと解されている。そうすると、本件においては、被告Ｙ２ら３名がその職務を行うについてＡに加害行為を行った場合であるから、原告らに対し、その責任を負担しないというべきである。

　〔中略〕

　Ａは、いじめにより心因反応を生じ、自殺に至ったものであるが、いじめがあったと認められるのは平成７年11月ころまでであり、その後、職場も配転替えとなり、また、同月から医師の診察を受け、入通院をして精神疾患に対する治療を受けていたにもかかわらず、これらが効を奏することなく自殺に至ったものである。これらの事情を考慮すると、Ａについては、本人の資質ないし心因的要因も加わって自殺への契機となったものと認められ、損害の負担につき公平の理念に照らし、原告らの上記損害額の７割を減額するのが相当である。」

＜川崎市水道局（いじめ自殺）事件　東京高（平成15.3.25）全基連ＨＰより引用　労判849号87頁＞

（コメント）

　事実関係は、判決文を読めばわかると思いますが、ここでも「安全配慮義務」が出てきました。平成19年に労働契約法ができ、明確に使用者の安全配慮義務が示されているので、今後も使用者の安全配慮に対する責任は重くなるでしょう。裁判所は、両親に各金1172万9708円及びこれに対する平成９年３月５日から支払い済みまで年５分の割合による金員の支払いを川崎市へ命じました。もし、被害者が助けを求め休職し始めた時期に、上司が適切な善後策を講じておれば自殺も防げたかもしれません。使用者は、従業員同士のいじめに対しても、その事実の有無を積極的に調査し、速やかに防止策、加害者等関係者に対する適切な措置を講じなければなりません。

⑷　いきすぎたメールがパワハラとされた事件

　Ａ保険会社Ｂサービスセンター（ＳＣ）所長Ｙが、課長代理Ｘの案

件処理状況が悪いことから、X及び職場の同僚十数名に対しXの名誉を毀損又はパワーハラスメントに当たるメールを送り、これが不法行為を構成するとしてXが慰謝料を請求した事案です。

① 事件の概要

「本件メールの内容は、職場の上司である被控訴人がエリア総合職で課長代理の地位にある控訴人に対し、その地位に見合った処理件数に到達するよう叱咤督促する趣旨であることがうかがえないわけではなく、その目的は是認することができる。しかしながら、本件メール中には、「やる気がないなら、会社を辞めるべきだと思います。当SCにとっても、会社にとっても損失そのものです。」という、退職勧告とも、会社にとって不必要な人間であるとも受け取られるおそれのある表現が盛り込まれており、これが控訴人本人のみならず同じ職場の従業員十数名にも送信されている。この表現は、「あなたの給料で業務職が何人雇えると思いますか。あなたの仕事なら業務職でも数倍の実績を挙げますよ。……これ以上、当SCに迷惑をかけないで下さい。」という、それ自体は正鵠を得ている面がないではないにしても、人の気持ちを逆撫でする侮辱的言辞と受け取られても仕方のない記載などの他の部分ともあいまって、控訴人の名誉感情をいたずらに毀損するものであることは明らかであり、上記送信目的が正当であったとしても、その表現において許容限度を超え、著しく相当性を欠くものであって、控訴人に対する不法行為を構成するというべきである。(略)

しかしながら、前説示のとおり、本件メールが、その表現方法において、不適切であり、控訴人の名誉を毀損するものであったとしても、その目的は、控訴人の地位に見合った処理件数に到達するよう控訴人を叱咤督促する趣旨であることがうかがえ、その目的は是認することができるのであって、被控訴人にパワーハラスメントの意図があったとまでは認められない。

② 結論

本件メール送信の目的、表現方法、送信範囲等を総合すると、被控訴人の本件不法行為（名誉毀損行為）による控訴人の精神的苦痛を慰謝するための金額としては、5万円をもってすることが相当である。」
＜A保険会社上司（損害賠償）事件　東京高　（平成17.4.20）全基連HPより引用　労判914号82頁＞

(コメント)

　企業では、成績の悪い社員を叱咤激励することが多いのですが、あまり行き過ぎるとパワハラになってしまうという例です。判決では、事実認定において「許容限度を超え、著しく相当性を欠くものであって、控訴人に対する不法行為を構成する」としながらも「控訴人の地位に見合った処理件数に到達するよう控訴人を叱咤督促する趣旨であることがうかがえ、その目的は是認することができる」として目的はいじめではなく是認できるとしています。総合的に判断して、不法行為による損害賠償額は5万円となりましたが、使用者としては部下を叱咤激励する場合でも程度を考えて行わないといけないということになります。いじめ・いやがらせとは違って、本来のパワハラは業務遂行上、命令や叱咤が行き過ぎた場合に起こるものです。その意味で(ｱ)と(ｲ)の例は少し性質が異なりますが、使用者としてはいじめ・いやがらせ行為の阻止の他に仕事で行き過ぎた行為の無いように従業員教育も実施する必要があるでしょう。

(5)　対処法

　労働者のセクハラ・パワハラの対処法としては、
　① 証拠集め
　　日常の日記をつけるように、いつ・どこで・誰に、どういった被害を受けたかを記していきます。それを裏付ける証拠として、会話の録音、Eメール、手紙、ビラ、写真、身体的な暴力であるならば医師による詳細な診断書を揃えます。

② 第三者へ相談

　被害者同志で団結する、信頼できる友人に相談する、上司に相談する、労働組合に相談するなどします。ただし、相談する相手を誤ると解決が難しくなる場合があります。
③ 本人・会社に訴える

　加害者が上司だと本人に訴えにくい面がありますが、セクハラ・パワハラ行為の差し止め、謝罪を求めます。口頭では言いにくかったり、伝えても改善されない場合は、会社あてに内容証明郵便を送ることも必要でしょう。
④ 法的手段に訴える

というステップを踏むことになります。

(6) 退職との関係

　セクハラ・パワハラの対処法としては、上に述べたとおりですが、現実は上司が動かなかったり、話に尾ひれがついてかえって会社に居たたまれなくなって退職する人が多いのです。労働相談においても、小さな会社では事業主に相談しても環境の改善が全く期待できない場合もあるようです。中にはいつ身体的危害が及ぶかもしれないという職場もあるようなので、警察に届けることを勧める場合もあります。このように、その事業場で働き続けたいのにセクハラ・パワハラのため泣く泣く会社を辞める労働者もいるわけです。もちろん上に述べたように訴訟をするという選択肢はありますが、会社内に残って仕事をするとなると、なかなか一般人には裁判には踏み込めません。

　しかし、退職すると決めると話は別です。いままで我慢してきたことから、裁判に訴える人が出てきます。その際には、事業主には使用者責任と安全配慮義務が問われます。使用者としては、退職されてから訴えられないように日ごろから苦情相談窓口を作るなりしてセクハラ・パワハラの予防策を講じておくべきです。

第7節　労働者が損害賠償を請求される場合

(1) 基本ルール

　労働相談に来る人の中には、未払い賃金や解雇予告手当を請求したら、使用者に損害が発生したとして金額が減額されたり、支払われなかったと訴える人がいます。
　少し法律を知っている人は、「労働基準法第16条で、使用者は、労働契約の不履行について違約金を定め、又は損害賠償額を予定する契約をしてはならないとされているのではないですか。」と聞いてきます。労働基準法第16条に関するこの指摘は正しく、「社内の器物を壊したら、100万円の罰金を取る」などと就業規則に規定したり、労働契約書に書いたりすることは違法なのです。しかし、労働基準法第16条は、金額を予定することを禁止するのであって、現実に生じた損害について賠償を請求することを禁止する趣旨ではありません（昭和22年9月13日基発17号）。従って、例えば労働者が実際に会社内の器物を壊したら、使用者に損害賠償を請求される可能性はあるわけです。
　しかし、損害賠償額については使用者が一方的に損害賠償額を決定できるわけではありません。使用者は、会社に発生した損害の事実及び労働者の行為と損害の因果関係などを証明する責任があります。さらに、使用者は労働者を働かせることによって利益を得ているわけですから、損失が発生したらそのすべてを労働者に課すことは不公平であるといえます。使用者と労働者の負担割合については一概に言えませんが、発生した損害の全てを無制限に賠償させるというような契約であるならば、そのような契約は公序良俗（民法90条）に反し、無効と考えられます。
　次に、使用者は労働者の同意なしに賃金などと損害額を相殺するこ

とはできません。前にも述べたように、賃金の支払いは全額払いの原則というのがあって、税金など特殊な場合を除いては、いったんすべて労働者に支払わなければならないのです（労基法第24条）。これを無視して一方的に借金や損害賠償額と相殺することは、労働基準法違反となりますので、使用者は注意してください。

　もし、労働者が退職する際に、損害が発生したので賃金と相殺すると使用者に言われたら、損害の発生事実、修理の見積もりなどの実際の損害額、労働者の行為が原因で損害が発生したという結果になった事実の証明を使用者と確認してください。これらすべてが確認されても、どのくらいの損害を労働者が負担しなければならないのか使用者と交渉してみましょう。そして、未払の給料があれば、いったんすべて支払ってもらいましょう。

(2)　**判例研究**

(ア)　使用者側からの損害賠償請求が認められた事例
（事件の概要）

　運送を業とする会社Xが、元従業員Yに対し、Yが在職中、X所有の四トントラックを運転して北陸道を走行中に同車のスリップによりトンネル側壁に衝突して車両を損傷させたことにつき、民法709条に基づき損害賠償を請求したケースの控訴審で、本件事故により生じた損害は、修理費用の約55万円であるとしたうえで（休車損害の発生は否定）、Yには、車両の運転手として事故の発生を防止すべく、路面の状況や車両の整備状況、積載物の重量に応じた速度で走行する等の安全運転すべき注意義務があるところ、これを怠ったことからスリップしてしまったと推認されるから本件事故の発生につきYの過失の寄与を否定することはできないとしつつ、諸般の事情に照らし損害の公平な分担という見地から信義則上相当と認められる限度においてXはYに対し、損害の賠償を請求することができるにとどまるとして本件

における諸般の事情を総合考慮した結果、Xが本件事故により被った損害のうちYに対して賠償を請求し得る範囲は、信義則上、損害額の5パーセントに当たる27,766円とされたが、既にYからXに対して4万円が交付されており、それは損害の賠償をする趣旨としてとらえるほかないから、Yが負担すべき損害賠償額は既に補填済みであるとしてXの請求を棄却した原審の判断を相当として、Xの控訴が棄却されました。

(判決抜粋)
「本件のように、使用者が、その事業の執行につきなされた被用者の加害行為により、直接損害を被った場合には、使用者は、損害の公平な分担という見地から信義則上相当と認められる限度において、被用者に対し、上記損害の賠償を請求することができるにとどまること、本件において、信義則上相当と認められる限度を判断するに当たっては、控訴人の車両保険加入の有無、控訴人における労働条件、被控訴人の勤務態度等の諸事情を総合的に考慮すべきことは、原判決の説示するとおりである。そして、これらの諸事情に関し原判決が認定した事実に照らせば、控訴人が本件事故により被った損害のうち被控訴人に対して賠償を請求し得る範囲は、信義則上、修理費用55万5335円のうちの5パーセント相当額にとどまるというべきである。控訴人の主張は理由がなく、採用し難い。」

＜K興業事件　大阪高　(平成13.4.11)　全基連HPより引用　労判825号79頁＞

(コメント)
　これは、労働者が起こした事故で車両を損傷させた損害を会社側が賠償請求した事例です。裁判所は、損害賠償については認めましたが、車両保険加入の有無、使用者における労働条件、労働者の勤務態度等の諸事情を総合的に考慮すべきとして、損害額の5％を請求しうる範囲としました。このように、仮に使用者側から損害賠償請求されるこ

とがあっても、諸事情を総合的に判断して賠償額は決められますので、労働者としては不当な損害賠償請求に応じる必要はありません。

(イ) 使用者側からの損害賠償請求が認められなかった事例

　過労死ライン以上働かされ耐えられずに退職を申し出たところ、会社から損害賠償請求すると言われ、退職したら本当に2000万円を請求する訴訟を起こされた件の判決がありました。会社の請求は全部棄却。こちらの反訴請求は、未払残業代と付加金を併せて1100万円以上が認容されました。＜**エーディーディー事件**　京都地（平成23.10.31）労判1041号49頁＞

「甲事件」、「乙事件」、「丙事件」と３つの事件を合わせて審議されています。

◆　甲事件は、原告（使用者）に勤務していた被告Ｂ（労働者　以下「被告Ｂ」という）が労働契約上の義務違反により原告に損害を与えたとして、原告が、被告Ｂに対し、債務不履行による損害賠償請求をしている事案です。（請求額約2034万円：認められず）

◆　乙事件は、被告Ｂが原告に対し、労働契約に基づき未払時間外手当及び付加金の支払並びに不法行為又は労働契約上の安全配慮義務違反に基づく損害賠償請求をしている事案です。（請求額：未払い残業手当15か月分約567万円＋付加金567万円：認められる）

◆　丙事件は、被告Ｂが原告の代表取締役である被告Ａ（以下「被告Ａ」という。）に対し、不法行為又は会社法429条１項に基づく損害賠償を請求している事案です。（請求額約851万円：認められず）

（事実の概要）

「原告（使用者）は、コンピュータシステム及びプログラムの企画、設計、開発、販売、受託等を主な業務とする株式会社であり、被告Ａが当初から代表取締役である。被告Ｂは、被告Ａから誘われて成立当

初から原告の従業員であった。原告の大口顧客の一つとして、C社があり、その業務を担当するCチームが作られており、被告B（労働者）はCチームに属していた。原告は、システムエンジニアについて専門業務型裁量労働制を採用していた。平成15年5月20日付け協定については京都上労働基準監督署に届出をしたが、それ以降は届出をしていない。被告Bは、平成19年4月1日課長となり、まもなくCチームの責任者兼担当窓口となった。窓口を原告側は被告Bに、C社側はD課長とすること、C社が原告に発注する作業量を最低月間1000時間（プログラム作成作業であれば410万円相当）とすること、不具合対応は連絡があってから24時間以内に完了しない場合には納期を回答することなどが決められた。原告においては、システムエンジニアとプログラマの区分はなく、各技術者が、システム設計・分析とプログラミング両方を担当していた。原告では、平成20年9月に組織変更があり、被告Bの上司がE部長からF部長に変更になった。その頃から、C社においては、原告のカスタマイズ業務の質が低下してきたということで、発注量を減らした。F部長は、被告Bに対し、売上が減少しているのを改善するよう、C社の業務の掘り起こしをするように指示した。被告Bは、平成21年1月15日、被告AおよびF部長に対し退職の申し出をしたが、慰留された。被告Bは、同年3月22日、原告を退職した。

（判決抜粋）

（争点1）被告Bの原告に対する損害賠償責任について

　本件においては、被告BあるいはCチームの従業員のミスもあり、C社からの不良改善要求に応えることができず、受注が減ったという経過は前記認定のとおりであるが、被告Bにおいてそれについて故意又は重過失があったとは証拠上認められないこと、原告が損害であると主張する売上減少、ノルマ未達などは、ある程度予想できるところであり、報償責任・危険責任の観点から本来的に使用者が負担すべき

リスクであると考えられること、原告の主張する損害額は2000万円を超えるものであり、被告Ｂの受領してきた賃金額に比しあまりにも高額であり、労働者が負担すべきものとは考えがたいことなどからすると、原告が主張するような損害は、結局は取引関係にある企業同士で通常に有り得るトラブルなのであって、それを労働者個人に負担させることは相当ではなく、原告の損害賠償請求は認められないというべきである。(略)

(争点２) 専門業務型裁量労働制の適用について

専門業務型裁量労働制とは、業務の性質上その遂行方法を労働者の裁量に委ねる必要があるものについて、実際に働いた時間ではなく、労使協定等で定められた時間によって労働時間を算定する制度である。その対象業務として、労働基準法38条の３、同法施行規則24条の２の２第２項２号において、「情報処理システム（電子計算機を使用して行う情報処理を目的として複数の要素が組み合わされた体系であってプログラムの設計の基本となるものをいう。）の分析又は設計の業務」が挙げられている。(略)

原告は、被告Ｂについて、情報処理システムの分析又は設計の業務に携わっており、専門業務型裁量労働制の業務に該当する旨主張する。確かに、前記事実関係からすると、被告Ｂにおいては、Ｃ社からの発注を受けて、カスタマイズ業務を中心に職務をしていたということはできる。しかしながら、本来プログラムの分析又は設計業務について裁量労働制が許容されるのは、システム設計というものが、システム全体を設計する技術者にとって、どこから手をつけ、どのように進行させるのかにつき裁量性が認められるからであると解される。しかるに、Ｃ社は、下請である原告に対しシステム設計の一部しか発注していないのであり、しかもその業務につきかなりタイトな納期を設定していたことからすると、下請にて業務に従事する者にとっては、裁量労働制が適用されるべき業務遂行の裁量性はかなりなくなってい

たということができる。また、原告において、被告Ｂに対し専門業務型裁量労働制に含まれないプログラミング業務につき未達が生じるほどのノルマを課していたことは、原告がそれを損害として請求していることからも明らかである。さらに、原告は、前記認定のとおり、Ｆ部長からＣ社の業務の掘り起こしをするように指示を受けて、Ｃ社を訪問し、もっと発注してほしいという依頼をしており、営業活動にも従事していたということができる（原告は、原告とＣ社との間で毎月1000時間相当の発注をすることの合意ができていた旨主張するが、目安という程度のものであったことは前記認定のとおりであり、営業活動を不要とするようなものではなかったといえる）。以上からすると、被告Ｂが行っていた業務は、労働基準法38条の3、同法施行規則24条の2の2第2項2号にいう「情報処理システムの分析又は設計の業務」であったということはできず、専門業務型裁量労働制の要件を満たしていると認めることはできない。（略）

（争点3）　管理監督者の適用について

　本件においては、職務内容、権限及び責任に照らし、労務管理を含め、企業の事業経営に関する重要事項にどのように関与しているかについてみると、被告Ｂは、課長の立場にあり、部下8、9人の監督をする地位にあったが、会社の経営方針については、幹部会議に出席して意見を述べることができる程度の立場にあったにとどまり、証拠上企業の事業経営に関する重要事項に関与していたとは認めることができない。また、被告Ｂにおいて、採用面接に立ち会って採否についての意見を述べていたことは認められるが、従業員の採用権限を有していたとは認め難い。したがって、被告Ｂにおいて企業の事業経営に関する重要事項に関与していたということはできない。

　管理監督者にふさわしい待遇については、単に役職手当等の支給によって収入が多いという事実だけでは足りず、その職責の重さからして相当な手当が支給されていることを要すると解されるところ、原告

の各種手当の趣旨は必ずしも明らかではないが、役職手当としては月額5000円であり、とうてい管理監督者に対する手当としては十分なものはいえない。

　勤務形態が労働時間等に対する規制になじまないものであるかについて出退勤について厳格な規制を受けていなかったことなどを考慮しても、管理監督者に当たると認めることはできない。(略)
(争点4)　時間外手当の額について

　被告Bについて、裁量労働制の適用はなく、管理監督者とも認められないので、原告は、被告Bに対し、時間外手当を支給すべき義務を負うことになる。その額について検討するに、平成20年5月以降は、タイムカードを廃止し、それ以前のものは廃棄しているので、被告Bの労働時間を証する客観的な証拠は存在しない。被告Bは、平成20年10月以降の作業日報とそれに基づく労働時間表（乙4ないし6）を提出する（乙4は、平成20年10月1日の作業日報であり、乙5は、同日から平成21年2月23日までの作業日報による勤務時間をまとめたものであり、乙6はこれらに基づいて上記期間の労働時間をまとめたものである。）。この期間の作業日報は具体的なものであって、被告Bはそれに記載された労働時間につき労働したものと認めることができる。

　被告Bは、平成20年10月1日以前については、上記期間の平均労働時間の80％に相当する時間外労働をしていたと推定しているところ、上記認定の被告Bの業務内容や労働災害認定においても毎月80時間を超える時間外労働があったと認定されていること（乙14の5）などからすると、この推定は一定の合理性を有しているということができ、被告B主張のとおりの時間外労働時間を認めることができる。そうすると、時間外手当については、時効消滅していない平成19年7月から平成21年2月までの未払額は、原告が主張するとおり、567万9616円となる。

　付加金については、専門業務型裁量労働制の適用のない職種を担当

させていたことや、もともと専門業務型裁量労働制の適用される労働者であっても支給されるべき休日手当や深夜手当が全く支払われていなかったことなどからすると、上記の未払時間外手当と同額について認めるのが相当である。」
(略)
(争点5) 原告の被告Bに対する不法行為責任について　(省略)
(争点6) 被告Aの責任について　(省略)

(コメント)
　長い判決文をそのまま読ませて申し訳ありませんが、この判決はいままでの労働関連の問題点をすべてまとめたような判決です。この引用文にはすべてを載せていませんが今まで解説してきた、未払残業代、管理監督者性、裁量労働制及び使用者からの損害賠償の妥当性、使用者の安全配慮義務など多くの争点を含んでそのすべてに回答を与えています。回答については、全てには同意できない点もありますが、裁判所としての見解を明確に示したものと言えます。興味のある方はぜひ一読していただきたいものです。
　使用者からの損害賠償請求については、「使用者は、その事業の性格、規模、施設の状況、労働者の業務の内容、労働条件、勤務態度、加害行為の態様、加害行為の予防若しくは損害の分散についての使用者の配慮の程度その他諸般の事情に照らし、損害の公平な分担という見地から信義則上相当と認められる限度において、労働者に対し損害の賠償をすることができる (最判昭和51年7月8日民集30巻7号689頁参照)」という判例があります。
　本判決は、使用者側からの無制限な請求を否定し、信義則上相当と認められる限度において損害賠償請求できるとし、本件は原告が主張するような損害は取引関係にある企業同士で通常に有り得るトラブルとして、認められないとしています。

使用者は、労働者が専門型裁量労働制の対象者でありかつ課長という管理職なので管理監督者として時間外労働による割増賃金の支払いを認めていませんでした。しかし、専門業務型裁量労働制については業務遂行の裁量性がなくなっていたことやプログラミングや営業活動も労働者にさせていたとこなどにより裁判所は認めていません。さらに、労働者が課長という地位であるので管理監督者であるかという論点も、経営方針の決定に参加しているか、勤務時間に自由裁量があるか、管理監督者としてのふさわしい待遇を受けているかという過去の判例で示された基準に照らし本件労働者の管理監督者性を否定しています。そのうえで、時間外労働の算定にタイムカードが無い場合での作業日報の記録を採用しています。本判決は、今後の同種の裁判を占ううえで非常に参考になる判決だと考えます。

　労働者にとっては、妥当な結果が出されたと言えるでしょう。ただ、ここでは掲載していませんが、判決文の中で毎月80時間を超える時間外労働があったことからうつ病発症したと認定されているにも関わらず、労働者にも一定の責任があるとされ、使用者側の予見可能性があったとまでいうことはできないとして安全配慮義務違反が問われなかったことは、裁判所は安易に安全配慮義務違反を取り上げないと考えられます。

　また、使用者による訴えの提起が裁判制度の趣旨・目的に照らして著しく妥当性を欠くと認められる場合に限り、違法行為と言えるとしていますので、今後似たようなケースで使用者側が裁判を起こしてくることも考えておかねばなりません。

(コラム２) 退職届けの撤回は可能か？

　労働者は通常退職する際は、「退職届」や「退職願」という書面でもって退職の意思表示を行います。例えば、労働者が一時的に興奮して「退職届」を提出してしまったが、一晩考えて退職届を取り下げたいという要求を出してきたときはどうすべきでしょうか。

　判例では、「労働者による一方的退職の意思表示（以下「辞職の意思表示」という）は、期間の定めのない雇用契約を、一方的意思表示により終了させるものであり、相手方（使用者）に到達した後は、原則として撤回することはできないと解される。しかしながら、辞職の意思表示は、生活の基盤たる従業員の地位を、直ちに失わせる旨の意思表示であるから、その認定は慎重に行うべきであって、労働者による退職又は辞職の表明は、使用者の態度如何にかかわらず確定的に雇用契約を終了させる旨の意思が客観的に明らかな場合に限り、辞職の意思表示と解すべきであって、そうでない場合には、雇用契約の合意解約の申込みと解すべきである。」＜**大通事件**　大阪地（平成10.7.17）全基連HPより引用　労判750号79頁＞として、慎重に退職の認定をすべきとしています。

　また、別の判例では、「労働者による雇用契約の合意解約の申込は、これに対する使用者の承諾の意思表示が労働者に到達し、雇用契約終了の効果が発生するまでは、使用者に不測の損害を与えるなど信義に反すると認められるような特段の事情がない限り、労働者においてこれを撤回することができると解するのが相当である。」＜**学校法人白頭学院事件**　大阪地　（平成9.8.29）全基連HPより引用　労判725号40頁＞　として、「契約又は法律の規定により当事者の一方が解除権を有するときは、その解除は、相手方に対する意思表示によってする。前項の意思表示は、撤回することができない」という民法540条の適

用を否定しています。

　さらに別の判例では、「雇傭契約の合意解約の申入れは、合意解約の成立に向けての申込みの意思表示にすぎないものであるから、雇傭契約終了の効果が発生するためには使用者の承諾の意思表示を要することはいうまでもない。そして、被用者は、右承諾の意思表示が自己に到達するまでの間は、それが使用者に対し不測の損害を与えるなど信義に反すると認められる特段の事情がない限り、原則として自由に解約申入れの意思表示を撤回できると解するのが相当である」として使用者の承諾があるまでは原則として撤回できるとしています。＜**広島記念病院事件**　広島地　（昭和58.11.30）全基連HPより引用　労判425号46頁＞

　しかし、「A部長に被上告人の退職願に対する退職承認の決定権があるならば、原審の確定した前記事実関係のもとにおいては、A部長が被上告人の退職願を受理したことをもって本件雇用契約の解約申込に対する上告人の即時承諾の意思表示がされたものというべく、これによって本件雇用契約の合意解約が成立したものと解するのがむしろ当然である」とする判例がありますので、人事部長など退職の決定権者に受理された後は退職届の撤回は出来ないと解されます。＜**大隈鉄工所事件**　最三小　（昭和62.9.18）全基連HPより引用　労判504号6頁＞

第7章 労働基準監督署について

第1節 労働基準監督署とは？

　さて、今までの説明の中に労働基準監督署とか労働基準監督官という言葉が時々出てきました。この章では、両者の説明を行って解雇や退職時のトラブルが発生した時の窓口のお役所がどのようなものかについて理解していただこうと思います。

　労働基準監督署とは、労働基準法・労働安全衛生法・労働者災害補償保険法・最低賃金法などの法律に基づいて、厚生労働省の各都道府県労働局の管内に複数設置される出先機関です。全国に322署および4支署があります。（厚生労働省設置法第22条）

　その業務は、労働条件確保・改善の指導、安全衛生の指導、労災保険の給付・徴収などです。具体的には、上記の法律に基づき、事業場に対する監督指導、労働保険に関する加入手続き、労災保険の給付等の業務を行っています。他には、事業主からの労働時間短縮や最低賃金の相談、労働者からの労働条件に関する相談なども受付けています。言い換えれば、労働条件・労働環境・賃金などの相談・指導、事業場への立ち入り調査（臨検監督指導）など労使関係の問題の相談窓口といえます。

　労働基準監督署の上部組織として、都道府県労働局があります。労働局は、厚生労働省の地方支分部局の一つであり、全都道府県の地にそれぞれ設置されていて、例えば東京労働局は、厚生労働省の所掌の

269

うち東京都の労働に関する業務を推進しています。労働局は、総務部、労働基準部、職業安定部、需給調整事業部、雇用均等室から構成され、更に、各都道府県内の労働基準監督署・ハローワーク（公共職業安定所）を統括しています（厚生労働省設置法第21条）。

労働基準行政組織を図で示すと、以下のようになります。

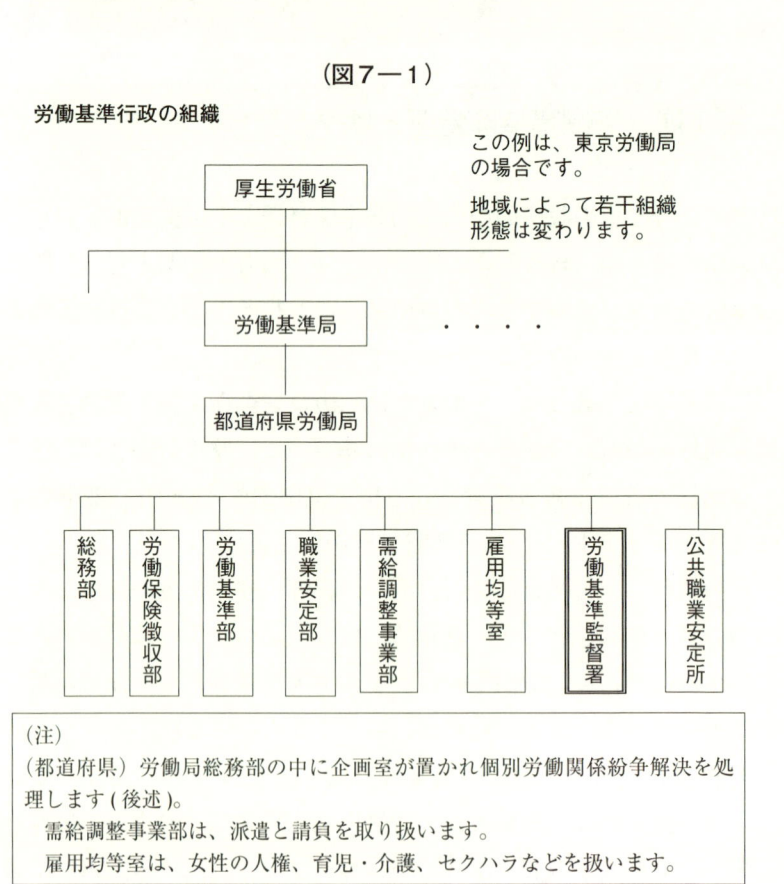

（図7－1）

労働基準行政の組織

```
              厚生労働省
                  │
        ┌─────────┤   この例は、東京労働局
        │         │   の場合です。
        │      労働基準局   地域によって若干組織
        │         │    形態は変わります。
        │         │
        │     都道府県労働局
        │         │
  ┌──┬──┬──┬──┬──┬──┬──┐
 総 労 労 職 需 雇 労 公
 務 働 働 業 給 用 働 共
 部 保 基 安 調 均 基 職
    険 準 定 整 等 準 業
    徴 部 部 事 室 監 安
    収       業    督 定
    部       部    署 所
```

(注)
（都道府県）労働局総務部の中に企画室が置かれ個別労働関係紛争解決を処理します(後述)。
　需給調整事業部は、派遣と請負を取り扱います。
　雇用均等室は、女性の人権、育児・介護、セクハラなどを扱います。

労働基準監督署の組織は、職員数が6名くらいから多いところでは100名ほどの労基署もあります。大きいところでは、署長、次長（監督・安全衛生で1人）、その下に監督では方面と呼ばれる部署が3から6あり、方面主任監督官（課長クラス）が置かれます。その方面主任監

督官の下に副主任監督官、労働基準監督官が配置されます。第一方面主任監督官は監督・取締部門である各方面の指導・総合調整を行い、署長、次長に次ぐ事実上ナンバー3といえます。方面以外では、安全衛生課があり、安全衛生課長の下に専門官等の技官が複数います。労働者災害補償関係では、次長のいる大きな組織では労災次長、その下に労災課があり労災第一課、労災第二課などに分かれ課長以外にも給付調査官、適用指導官、係長・主任・係員などが配置されています。最後に業務課があり課長の下で、方面、安全衛生、労災以外の庶務を担当します。規模の小さい労働基準監督署では、方面の人数が少なかったり、次長がいなかったり、監督課と安全衛生課が一つになったりしています。

　本書でとりあげている解雇・退職に関するトラブルは、上記の方面に属する労働基準監督官が取り扱うことになります。

　労働基準監督署の所在地や管轄区域については、各都道府県の労働局のホームページに掲載されています。

　管轄というのは、労働基準監督署についていえば、各監督署の受け持ち範囲のことです。国や地方公共団体の機関では地域や内容によって担当する範囲が決められています。労働基準監督署に相談に行く場合は、使用者の事業場を管轄する監督署に行くべきです。相談から申告に移る場合、申告を受付けるのは、使用者側の事業所を管轄する労働基準監督署だからです。

第2節　労働基準監督官

　労働基準監督官（Labour Standards Inspector）とは、どのような人でしょうか。労働基準監督官は、労働基準関係法令に基づいてあらゆる職場に立ち入り、法に定める基準を事業主に守らせることにより、労働条件の確保・向上、働く人の安全や健康の確保を図り、また不幸にして労働災害にあわれた方に対する労災補償の業務を行うことを任務とする厚生労働省の専門職員です。労働基準監督官の仕事の内容としては、以下の項目があります。

(ア)　臨検監督

　労働基準関係法令に基づき、定期的あるいは労働者からの相談等を契機として、職場に立ち入り、働く人の労働条件や健康管理状況等について調査し、労働基準関係法令違反が認められた場合には、その是正のための行政指導を行うほか、危険性の高い機械・設備などについては、その場で使用停止等を命ずる措置を行います。

　根拠条文として、労基法第101条第1項「労働基準監督官は、事業場、寄宿舎その他の附属建設物に臨検し、帳簿及び書類の提出を求め、又は使用者若しくは労働者に対して尋問を行うことができる」及び労働安全衛生法第91条第1項「労働基準監督官は、この法律を施行するため必要があると認めるときは、事業場に立ち入り、関係者に質問し、帳簿、書類その他の物件を検査し、若しくは作業環境測定を行い、又は検査に必要な限度において無償で製品、原材料若しくは器具を収去することができる」があります。

　臨検監督の状況は以下の通りです。監督実施件数、違反事業場件数とも増加しています。（以下、臨検監督の状況、司法処分、申告の状況などの統計については、厚労省のホームページ数字で見る近年の臨検監督等の状況から引用。）

(図7−2)
臨検監督の状況

	平成18年	平成19年	平成20年	平成21年	平成22年
監督実施件数	161,058	168,733	159,090	146,860	174,533
違反事業所数	102,808	108,917	103,790	91,615	109,699
違反率	63.8%	64.5%	65.2%	62.4%	62.9%

(イ)　災害調査

　工場や工事現場において死亡災害などの重篤な労働災害が発生した場合、直ちに災害発生現場に赴き災害発生状況やその原因等について調査し、再発防止について必要な指導を行います。

(ウ)　司法処分

　事業主が労働基準並びに労働安全衛生関係法令に違反し、これが重大・悪質な場合には、刑事訴訟法に基づく特別司法警察員として捜査を行い、検察庁に送検する。
根拠条文として、労基法第102条「労働基準監督官は、この法律違反の罪について、刑事訴訟法に規定する司法警察官の職務を行う。」があります。
　司法処分の統計は、以下の通りです。

(図7−3)
司法処分

	平成18年	平成19年	平成20年	平成21年	平成22年
労働基準法関係	560	560	540	513	580
労働安全関係	654	707	678	580	568
その他	5	10	9	17	9
合計	1,219	1,277	1,277	1,110	1,157

㈎　安全衛生業務

　労働災害を防止するための労働災害発生状況の把握・分析を行うとともに、労働災害を発生させた場合に、同種災害を防止するための事業場に対する指導を行います。また、労働安全衛生法に基づき一定の機械の設置等に関して届け出られた計画の審査やクレーン等の検査等を行う場合もあります。

㈏　労災補償業務

　労働者災害補償保険法に基づき、業務上の事由又は通勤による労働者の負傷、疾病、傷害、死亡等に対して、必要な保険給付を行うため請求された個々の事案ごとに被災者や職場関係者等からの聴き取り、事実関係を把握するための関係資料の収集及び実地調査を行うとともに、必要に応じて主治医や専門家から医学的な意見を求めた上で審査を行います。

　以上の業務の中で、使用者が注意すべき労働基準監督官の権限は、臨検し、帳簿及び書類の提出を求め、又は使用者若しくは労働者に対して尋問を行うことができるという臨検監督です。臨検監督は、労働基準監督官の立ち入り調査のことで、「定期監督」、「申告監督」、「災害時監督」、「再監督」等に分かれます。「定期監督」は労働基準監督署がその年度の行政方針を策定し、それに基づき重点業種や重点ポイントを定めて行われる監督です。「申告監督」は労基法104条1項に基づき、従業員もしくは退職者から法令違反等の申告が労働基準監督署にあったときに行われる監督です。本書に書かれてある内容について、労働基準法違反があれば、労働基準監督署に申告することができます。また、一定規模以上の労働災害を起こしたときは、同じ労働環境での再発を防ぐため「災害時監督」が行われます。労働基準監督署では、原因究明や事故の再発防止の指導を行います。是正報告書が期日までに提出されていないときや事業場の対応が不十分なときには

第7章 労働基準監督署について

「再監督」が行われる場合があります。

労働基準監督官は、以上の臨検監督に加えて悪質な法令違反に対して特別司法警察員として捜査を行い、検察庁に送検する権限を持たされていますので、臨検監督に対しては素直に協力したほうが良いでしょう。

(図7－4)
労働基準監督官の仕事

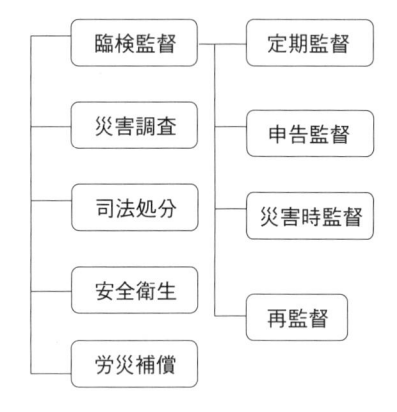

```
┌─ 臨検監督 ─┬─ 定期監督
│           │
├─ 災害調査  ├─ 申告監督
│           │
├─ 司法処分  ├─ 災害時監督
│           │
├─ 安全衛生  └─ 再監督
│
└─ 労災補償
```

275

第3節　労働基準監督署と総合労働相談コーナー

　さて、労働基準監督署の中には第1節で説明した組織以外に総合労働相談コーナーというものがあります。総合労働相談コーナーでは、労働問題に関する相談、情報の提供にワンストップで対応してくれます。労働条件、いじめ・嫌がらせ、募集・採用など、労働問題に関するあらゆる分野についての労働者、事業主からの相談を、専門の相談員が面談あるいは電話で対応してくれます。また、相談員で対応できない場合や相談者が希望する場合は、裁判所、地方公共団体等、他の紛争解決機関の情報も提供してくれます。お金はかかりません。（無料です。）

　総合労働相談コーナーは、全国各地の労働局及び労働基準監督署の他に東京や大阪など一部の地域においては、労働局の庁舎外のターミナル駅周辺等のビルにもあります。総合労働相談コーナーの相談員は、各地の労働局に採用されている社会保険労務士や労働法の専門家ですが、労働基準監督署内の総合労働相談コーナーでは監督官も対応してくれます。相談内容が、法令違反と思われるような場合は、労働基準監督官に引き継がれます。逆に、労働基準法に違反はしていないが労使間のトラブルが解決しない場合は、後述する個別労働関係紛争解決制度の説明があり、相談者が希望すれば利用できます。このように、総合労働相談コーナーはワンストップ・サービスで労働問題について相談に乗ってくれますので、困ったときには労働者も使用者も総合労働相談コーナーを利用すればよいでしょう。総合労働相談コーナーの内容については、次章第2節でも説明します。

第4節　労働基準監督署に相談に行くときに準備すべきもの

　最良の方法は、労働基準監督署に相談に行く前に電話で連絡して何を持っていけばよいかを確認するのが望ましいと思います。一般的には、雇用契約書、労働条件通知書、就業規則、タイムカードのコピー、過去3か月分の給与明細書、解雇通知書あるいは退職証明書などのうち、手に入るものを持参すると事実関係の確認がスムースに進みアドバイス（助言）が適切な内容に近づきます。資料が少ないと、相談員の判断も推測が多くなりアドバイスもあいまいになりがちです。ただし、総合労働相談コーナーに相談に行くこと自体は自由ですので、予約も不要です。相談コーナーが空いている時は、すぐに相談に乗ってもらえます。相談した結果、事実関係を確認するために関係書類を持って再度総合労働相談コーナーに来られる人も多いです。

　逆に、これだけはやめた方が良いと思われることもお知らせしておきましょう。まず、飲酒して総合労働相談コーナーに来るのは避けてください。アルコールが入っていると、事実関係の確認が難しく、感情が高ぶったりして大声を出すなど他の人の迷惑になります。基本的に、アルコールを飲んで相談に来ること自体、相談者の本気度が疑われます。次に、相談員を馬鹿にしたり、自分の思い通りの回答が得られないときに罵声を浴びせたりする人がいます。相談員も神様ではないので、内容が多岐にわたる場合はっきりとした回答が出せないものもあると思われますし、相談者の満足のいく答えが出せない場合も多いのです。しかし、一生懸命に相談者の悩みを解決しようとしているのですから、相談者から悪態をつかれたりするとやる気もなくなるというものです。また、相談時に感情的になるのも困ります。もちろん、急に解雇など通告されたら悔しくて冷静ではおれないという気持ちは

分かります。しかし、相談コーナーは、愚痴をいったり暴れたりするところではありません。問題を解決するためには、相談者が冷静になることが必要です。相談者からの困ったリクエストとしては、総合労働相談コーナーに来たことを証明してくれとか、相談員の書いたメモをくれとか、相談員の言ったことを文書で保証せよとか、相談者の代わりに相手方と話してくれとか、代理になってくれとか、相手方まで一緒について行ってくれとかいう人がいますが、これらのことは全て禁じられていますので断られるはずです。また、相談したい内容を整理しないで来る人も多いので、何を求めているのか不明で時間だけが過ぎていくという場合も起こります。しかし、まじめに相談に来られる人には、何が言いたいのか理解するために相談員も努力して相談内容を整理してくれますので、整理して考えるのが苦手な人も心配は無用です。

　相談員として理想的な相談者は、事前に資料を準備し、相談したい内容を整理してくれている人です。こういう人は、相談にも適切に応じることができますし、解決も早いです。こういう人に限って、相談時にもきちんと要点をノートに書き留めています。私自身、意外に思うことは、日ごろ接しない労働問題に関する難しい内容を相談するのに、相談内容をメモしない人が多いのです。法律用語もたくさん出てくるわけですが、理解できるのかあるいはできても覚えることができるのかと不思議な気がします。総合労働相談コーナーに来るときは、筆記用具を用意して大事なポイントをメモしておいた方が良いと思います。

　例えば、労働者から賃金未払いの請求を使用者にするとき、相談員は必ず控えを取っておいてくださいと助言します。ところが、この請求については方法、請求日、支払日、請求金額など覚えることが多く、請求書の控えを取ることが忘れがちです。その結果、請求はしたけれど、その請求した事実を証明するものが無いということになってしま

います。（内容証明郵便で請求した場合は、控えは残ります。）よく、「言われたとおりしたけれど、ダメだった。」という相談者がいますが、ダメであった理由の一つには相談員の助言をすべて実行したとは言えない場合が含まれています。このような失敗や無駄を省くためにも、相談者もメモをとって相談内容を確認すべきです。

　なお、相談員は相談者の名前や住所を聞きますが、これはデータベースに記録して、次回来られるときにすぐに対応できるようにするためですので、匿名にしたい場合はそれでもかまいません。同じ相談内容で２回以上相談コーナーに行く人は、相談員の名前も聞いておいた方が良いでしょう。相談者の名前も不明、前回担当した相談員の名前もわからないということになると、最初から説明をやり直すということになります。また、相談員は、常に同じ人になるかどうかわかりませんので、２回目以降に別の相談員が担当する場合は、先ほどのデータベースから前回の相談内容を引出してチェックしますが、内容が複雑な場合は同じ内容を繰り返して説明することもあるので承知してください。

第5節　労働基準監督署への申告処理

　労働者の方が総合労働相談コーナーに相談した結果、労働相談員が労働基準法違反の疑いありと考えた時は、労働基準監督官へバトンタッチして申告手続きに移ります。申告というのは、労働基準監督官に使用者の法令違反の事実を告げ、是正のために行政指導を依頼することです。申告は、労働者が働いている（働いていた）事業場を管轄する労働基準監督で行います。総合労働相談コーナーが、労働基準監督署内にあるときはその場で、労働基準監督官に相談が引き継がれます。ここから、申告手続きが始まりますが、口頭でしかも無料で申告できます。ただ前述のように、給与明細書のような関連書類の提示は求められます。申告手続き自体は、監督官がしてくれます。文書で申告する場合は、申告日付、申告者の住所・氏名、相手方の住所・氏名、両者の関係、申告者の業務内容、労基法違反の内容、求める対応などをまとめて労働基準監督署に提出します。

　なお、申告と似たものに情報提供があります。情報提供は、自分の名前を出して申告はしないが、労働基準法違反の事実があるので調べてほしいという情報の提供です。この場合も、労働基準監督署に来署して報告するか、投書等で情報を提供します。その際、情報提供があったことを使用者に伝えてもよいか、あるいはいっさい自分の名前を出さないかを確認されます。匿名で行う場合は、いつ臨検に行くかどうか、臨検の結果がどうであったかは情報提供者には知らされません。後日、提供者の方から結果を聞かれても答えないことになっています。

　申告処理は、解雇予告手当不払いや未払い給与がある場合など、使用者側に労働基準法違反があることが明らかな場合には非常に効果的です。しかし、申告監督は行政指導として行われるものです。労働基準監督署は、労働基準法や最低賃金法、労働安全衛生法の番人として

事業場に遵守させる役所であって、申告した労働者本人の利益を守ってくれる役所ではありません。その結果、申告者の被害の救済に動くのではなく、法令違反の事実を是正させることがその役割であって、申告者が救済されるのは是正処理による反射的利益＊ということになります。また、「民事不介入」の原則で当事者同士の権利侵害については関与しません。当事者同士の争いは、司法の役割として裁判で決着をつけるべきです。

　労働者からの申告があったからといって、監督署がその事業場の調査に入らなければならない義務はありません。単なる「情報提供」として処理されることもあります。労働基準監督官の意欲を高めるためには、物的証拠となるタイムカードや雇用契約書などの関連書類を添付して提出することが大事です。

　ここで、申告の長所・短所についてまとめてみましょう。

＜申告の長所＞

- ◆ 難しい書類を作成する必要がなく、口頭でもできる。
- ◆ 裁判などと違って、お金がかからない。
- ◆ 申告後は、労働基準監督官が中心となって処理を行ってくれる。
- ◆ 申告監督の結果、未払いの給料や解雇予告手当を自発的に事業主から払ってもらえる可能性がある。

＜申告の短所＞

- ◆ 必ずしも、労働者の代わりに未払い給与などを取り立ててくれるわけではない。
- ◆ 申告を受け付けても労働基準監督官がなんらかの措置をとる法的な義務はない。

＊ 反射的利益とは、法が何らかの利益の実現を目指して或る行為を命令したり制限したりする結果として私人が受ける事実上の利益のことで、私人の利益を法的に直接保護するという訳ではありません。

◆ セクハラ・パワハラなど、使用者の行為が労働基準法などに違反していないような個別労働関係紛争には対応できない。

◆ 申告監督は、行政指導なので強制力を伴った命令権は無い。従って、必ずしも使用者に指導に従わせることはできない。

◆ 裁判所での手続が始まっていたり、すでに終わっている紛争については関与できない

ちなみに、最近の申告の状況は以下の通りです。

(図7－5)
申告の状況

	平成18年	平成19年	平成20年	平成21年	平成22年
申告件数	40,234	40,254	44,432	48,448	44,736
うち賃金不払い	28,588	29,504	32,240	34,597	31,852
解雇	7,047	6,876	7,776	8,869	6,945
その他	4,599	3,874	4,416	4,982	5,939

第6節　是正勧告

　労働者の申告を受けて、労働基準監督官は申告監督を行います。通常、「(来署願い)」と書かれた文書が送られてくるか、監督官自身が事業場に来所します。そのパターンは、

- ◆　予告無しに会社に訪れる
- ◆　電話で、「○月○日に調査に入らせて頂きたいと思います」と連絡してくる
- ◆　書面で、担当監督官の氏名、調査日時、そろえておくべき必要書類等を連絡してくる

のいずれかです。突然の訪問は別にして、使用者は事前の通知が届いた際には事態を真摯に受けとめ、誠意をもって対応すべきです。通知の呼び出しを無視したり、書類を偽造することは避けなければなりません。調査の日程については調整可能です。電話連絡などで日程調整ができれば、使用者は指示された書類を準備しておきます。使用者は、人事担当者など関係者のスケジュールを確保し、調査のための場所を確保しておきます。使用者としては、監督官に失礼のない服装・態度で調査に臨むべきです。

　調査の日には、

　　労働関係帳簿のチェック

- ◆　事業主や、人事担当者からの聞き取り調査
- ◆　実態の確認
- ◆　タイムカードや勤怠の記録等労働者の勤務実態の確認、
  - ◇　事業場内の立ち入り調査（必要な場合）
  - ◇　労働者からの聞き取り調査（必要な場合）

などが行われます。調査の際に、労働基準監督官に対して失礼な態度をとり、暴言を吐く方もいますが、印象が悪くなるだけで、良いこと

は何もありません。

　労働法違反があった場合には是正勧告書による行政指導が行われます。是正勧告書には、違反した法令の条文番号にその内容が記され、未払いの残業代などがあった場合は、最高で2年間を遡って支払うよう命令されたりします。既に述べたように、是正勧告は行政指導なので、指導・勧告を守らないことについて罰則はありません。しかし、監督官は労働法違反の実態を掴んでいる為、再監督が行われたり、最悪の場合は書類送検される場合も出てきますので、是正勧告が出されたら早急に改善して、指定の期限までに是正報告書を提出しなければなりません。

　是正勧告書と似たものに、指導票が交付されることがあります。これは監督官が事業場を調査の際「法令違反にはならないが、改善したほうが好ましい」と判断した場合に交付されるものです。たとえば、始業・終業時刻がきちんと記録されていないことを指導したり、代休取得のルールを定めるよう指導したりします。指導票は、是正勧告と違って法違反ではないので、使用者としては必ずしも従う必要はなく、従わなかったことに対して処罰されることもありません。しかし、監督官はやみくもに指導票を出しているのではなく、その会社で起こり得る将来のトラブルを防ぐために出しているので、内容をよく吟味し改善策を講じて報告を済ませるほうが良いと思います。

　是正勧告書の例は、次の通りです。

(図7—6)

是正勧告書		
	平成　年　月　日	

　株式会社〇〇〇〇
代表取締役　〇〇〇〇　殿

〇〇労働基準監督署
労働基準監督官　〇〇〇〇〇〇　㊞

貴事業所における下記労働基準法、~~労働安全衛生法~~、
~~違反及び自動車運転者の労働時間の改善のための基準違反~~については、
それぞれ所定期日までに是正の上、遅滞なく報告するよう勧告します。
なお、法条項に係る法違反（罰則のないものを除く。）について、所
程期日までに是正しない場合又は当該期日前であっても当該法違反を原因
として労働災害が発生した場合には、事案の内容に応じ、送検手続をとる
ことがあります。
また、「法条項等」欄に□印を付した事項については、同種違反の繰
り返しを防止するための点検責任者を事項ごとに指名し、確実に点検補修
を行うよう措置し、当該措置を行った場合にはその旨を報告してください。

法条項等	違反事項	是正期日
労基法第89条 第1項	労働条件を変更しているのに、就業規則を 変更していないこと。（営業手当について）	〇〇.〇〇.〇〇
受領　年　月　日 受領職氏名	平成　年　月　日	（　）枚のうち （　）枚目

　法違反があると、該当条文とともに違反事項を指摘されます。そして、指定期日までに是正するように是正記述が記入されます

285

指導票の例は、次のようなものです。

(図7-7)

```
                    指　導　票           平成　　年　　月　　日

　株式会社○○○○
　代表取締役　○○○○　殿
                                            ○○労働基準監督署
                    労働基準監督官                    ○○○○ [印]
                    厚生労働技官
                    厚生労働事務官

　あなたの事業場の下記事項については改善措置をとられるようにお願いし
ます。
　なお、改善の状況については○○月○○日までに報告してください。

┌─────────────────────────────────────────┐
│指　導　事　項                                            │
├─────────────────────────────────────────┤
│1. 始業時刻と終業時刻を記録し、適正に時間を把握してください。      │
│                                                          │
│                                                          │
└─────────────────────────────────────────┘

受領　年　月　日  平成　年　月　日              (　)枚のうち
受領職氏名                   総務部              (　)枚　目
```

　指導票は、法違反についてではなく改善したほうが望ましいことを指摘しています。必ず従わなければならないものではありませんが、職場環境をよくするために助言されているものですから、助言を取り入れたほうが良いでしょう。

第7章 労働基準監督署について

是正報告書の例は、次のようなものです。

(図7－8)

		是正報告期限	平成　年　月　日

是　正　報　告　書

平成　　年　月　日

○○労働基準監督署長　殿

　　　　　　　　　　事業場名　　　株式会社○○○○
　　　　　　　　　　　　　　　　　東京都○○○○○○○○
　　　　　　　　　　代表者職指名　代表取締役　○○○○　㊞

平成○○年○月○○日に、○○ ○○労働基準監督官より指摘のありました事項について下記のとおり是正（改善）したので報告します。

記

法　条　項	是　正　状　況	是　正　期　日
労基法 第89条 第1項	就業規則を実態に即して変更し、届出ました。 労働日ごとの始業時刻と終業時刻を確認し、 記録を行い、適正に把握するようにしました。	

(備考)　使用停止等命令のあった事項については、写真を貼付すること

これは、使用者から指摘事項を修正した報告を記入して提出するものです。多くの場合、所轄の労働基準監督署に出向いて、臨検にあたった監督官に改善事項を説明し、この是正報告書を提出します。
　ここで、是正勧告のステップをまとめておきます。フローチャートにすると次の図のようになります。

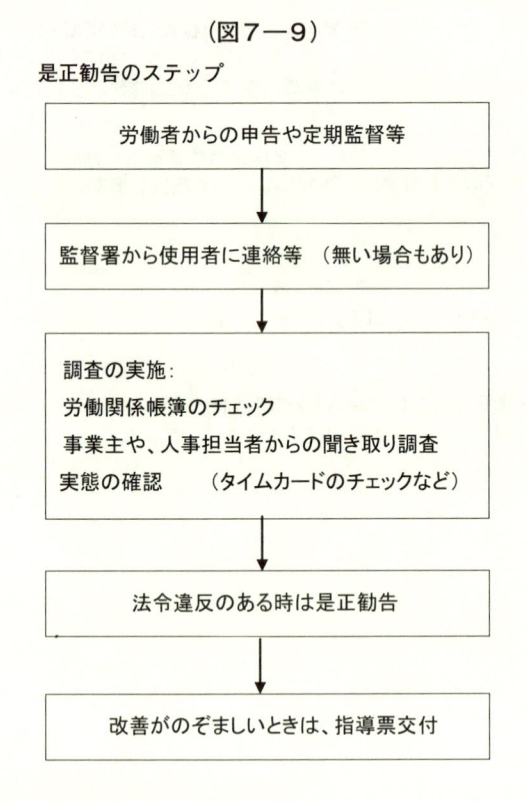

(図7－9)

是正勧告のステップ

```
┌─────────────────────────────┐
│ 労働者からの申告や定期監督等 │
└─────────────────────────────┘
              ↓
┌──────────────────────────────────────┐
│ 監督署から使用者に連絡等（無い場合もあり）│
└──────────────────────────────────────┘
              ↓
┌──────────────────────────────────────┐
│ 調査の実施：                         │
│ 労働関係帳簿のチェック               │
│ 事業主や、人事担当者からの聞き取り調査 │
│ 実態の確認　（タイムカードのチェックなど）│
└──────────────────────────────────────┘
              ↓
┌──────────────────────────────┐
│ 法令違反のある時は是正勧告   │
└──────────────────────────────┘
              ↓
┌──────────────────────────────────┐
│ 改善がのぞましいときは、指導票交付 │
└──────────────────────────────────┘
```

第8章　個別労働関係紛争解決制度

第1節　個別労働関係紛争解決制度とは？

　第7章で、労働基準監督署は「民事不介入」でセクハラ・パワハラなど、使用者の行為が労働基準法などに違反していない個別労働関係紛争には対応できないと説明しました。しかし、パワハラ（Power Harassment：職務権限などの力を利用して行う嫌がらせやいじめ）などは、実際に職場でおこっている労働問題です。そして、市民社会における一般的な紛争解決の手段は裁判です。従って、労働問題も含めてあらゆる争いごとは最終的には裁判で決着をつけるしかありません。しかし一般人には裁判となると、弁護士を雇うなどお金がかかる、長期になり解決までに時間がかかる、証拠集めや証人を頼むなど手間がかかる、というような理由で敬遠されがちです。もう少し、簡易な解決方法は無いのでしょうか？

　近年、労働関係に関する事項についての個々の労働者と事業主との間の紛争（以下「個別労働関係紛争」といいます。）が増加していますが、このような紛争を行政制度として解決するために個別労働関係紛争の解決の促進に関する法律（平成十三年七月十一日法律第百十二号）が制定されました。（以下の内容は、厚生労働省及び都道府県労働局の情報に基づいています）

　この法律に基づいて、次の制度が用意されています。

> 総合労働相談コーナーにおける情報提供・相談
> 都道府県労働局長による助言・指導
> 紛争調整委員会によるあっせん

　この制度の窓口は、第7章で説明した総合労働相談コーナーです。

　この制度は、労働者・使用者いずれの側からでも無料で利用できます。制度の利用時間は、9時から17時の間で昼休み中も対応します。最初は、労働相談のために総合労働相談コーナーの窓口に来られ、個別労働関係紛争である場合に、紛争解決制度の説明を受けて納得して利用されます。使用者と労働者個人の間に関する労働問題であれば、一応すべて対応します。ただし、次の例外があります。

- ◆ 労働基準監督署に申告できる内容は監督署に引き継ぎます。
- ◆ 労働者間の紛争には対応しません。（一般の民事紛争となります。）
- ◆ 使用者と労働組合の紛争に関しては、労使交渉にまかせます。（個別労働関係紛争解決制度では、対応できません。）
- ◆ すでに、組合が関与している場合や裁判、労働審判などの手続きに入っている場合は利用できません。

　制度の全体像は、次の図のとおりです。

(図8—1)

個別労働紛争解決制度の流れ

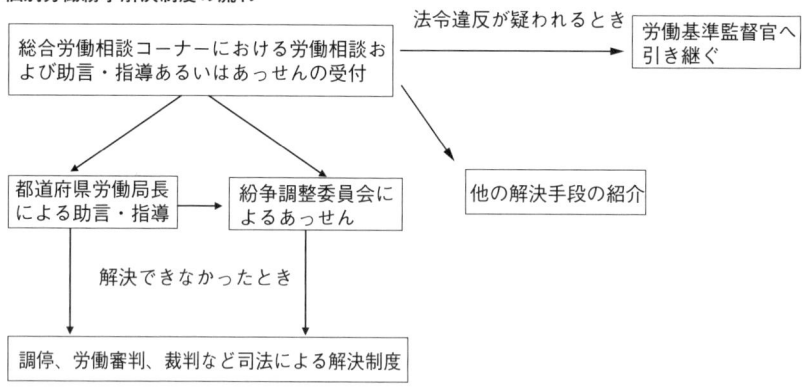

```
総合労働相談コーナーにおける労働相談お     法令違反が疑われるとき    労働基準監督官へ
よび助言・指導あるいはあっせんの受付     ──────────→    引き継ぐ
         │           │
         ↓           ↓
  都道府県労働局長 → 紛争調整委員会に    他の解決手段の紹介
  による助言・指導   よるあっせん
         │           │
         └─ 解決できなかったとき ─┘
                   ↓
         調停、労働審判、裁判など司法による解決制度
```

　厚生労働省発表の『平成23年度個別労働関係紛争解決制度施行状況』は次のとおりです。

【平成23年度の相談、助言・指導、あっせん件数】
・総合労働相談件数　　　　　　　　110万9,454件　（前年度比　　1.8％減）
・民事上の個別労働紛争相談件数　　　25万6,343件　（　同　　　　3.8％増）
・助言・指導申出件数　　　　　　　　　9,590件　（　同　　　24.7％増）
・あっせん申請受理件数　　　　　　　　6,510件　（　同　　　　1.9％増）

(1) 民事上の個別労働紛争相談件数、助言・指導申出件数が過去最高
 ・総合労働相談件数は、前年度比で減少したものの、4年連続で100万件を超えて推移しており、高水準を維持している。また、民事上の個別労働紛争に係る相談、助言・指導申出件数は、制度施行以来増加傾向にあり、いずれも過去最高を記録した。また、あっせん申請受理件数は昨年度と比べて微増した。
(2) 紛争内容は『いじめ・嫌がらせ』が増加するなど、多様化の傾向
 ・『いじめ・嫌がらせ』などが増加し、『解雇』に関する相談が減少するなど、紛争内容は多様化した。
(3) 迅速な手続きを実現
 ・助言・指導は1カ月以内に96.8％、あっせんは2カ月以内に94.5％が手続きを終了しており、『簡易・迅速・無料』という制度の特徴を活かした運用がなされている。

※『いじめ・嫌がらせ』には、職場のパワーハラスメントに関するものを含む。

(ｱ) 総合労働相談件数の推移

（図8-2）

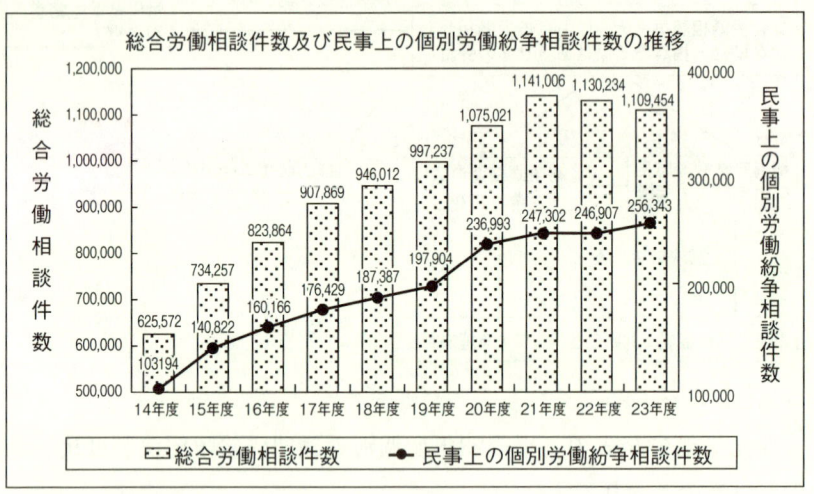

総合労働相談件数及び民事上の個別労働紛争相談件数の推移

年度	総合労働相談件数	民事上の個別労働紛争相談件数
14年度	625,572	103,194
15年度	734,257	140,822
16年度	823,864	160,166
17年度	907,869	176,429
18年度	946,012	187,387
19年度	997,237	197,904
20年度	1,075,021	236,993
21年度	1,141,006	247,302
22年度	1,130,234	246,907
23年度	1,109,454	256,343

※民事上の個別労働紛争とは、労働条件その他労働関係に関する事項についての個々の労働者と事業主との間の紛争である。

　平成23年度の民事上の個別労働紛争相談の内訳は、『解雇』が18.9％、『いじめ・嫌がらせ』が15.1％、『労働条件の引下げ』が12.1％となっている。

　前年度と比べると、これまで高水準であった『解雇』に関する件数は減少（前年度比3.9％減）し、『いじめ・嫌がらせ』（同16.6％増）、『退職勧奨』（同3.6％増）、『自己都合退職』（同28.1％増）などが増加している。

　なお、詳細に分類することが困難な『その他の労働条件』が12.3％となるなど、紛争内容が多様化している。

(イ) 助言・指導申出受付件数及びあっせん申請受理件数の推移

（図8－3）

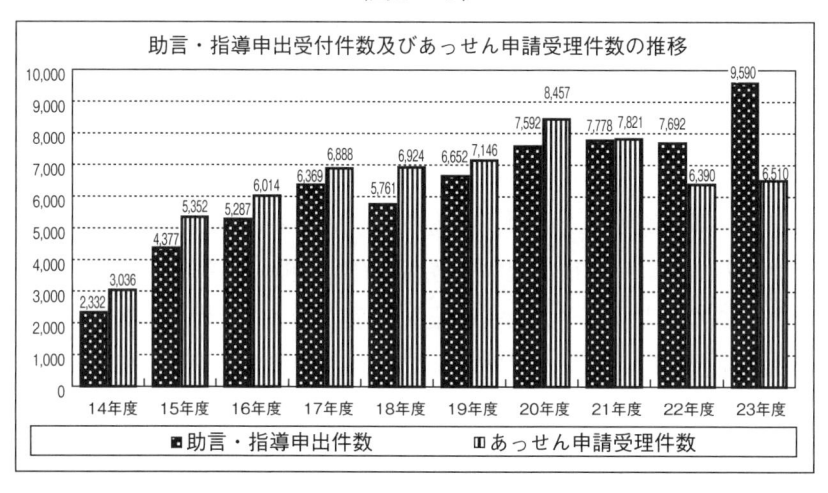

助言・指導申出受付件数及びあっせん申請受理件数の推移

年度	助言・指導申出件数	あっせん申請受理件数
14年度	2,332	3,036
15年度	4,377	5,352
16年度	5,287	6,014
17年度	6,369	6,888
18年度	5,761	6,924
19年度	6,652	7,146
20年度	7,592	8,457
21年度	7,778	7,821
22年度	7,692	6,390
23年度	9,590	6,510

助言・指導申出件数、あっせん申請受理件数ともに前年より増加
民事上の個別労働紛争の解決を図るため、この制度では、
　①都道府県労働局長による助言・指導
　②紛争調整委員会によるあっせん
を運用しており、これらの平成23年度の運用状況は、
　・助言・指導申出件数　　　　　　　9,590件
　・あっせん申請受理件数　　　　　　6,510件
であった。助言・指導申出受付件数は前年度に比べて1,898件（前年度比24.7％増）と大幅に増加し、あっせん申請受理件数は前年度に比べて120件（同1.9％増）増加した。

第2節　窓口としての総合労働相談コーナー

　使用者と労働者の間でよくあるトラブルの原因としては、単に法令や判例を知らないことや法令や判例に対する誤解があるといったものが上げられます。これらの原因から、紛争に発展することを防止し、紛争を早期解決するために、労働の関連情報を提供し、相談に乗ることがこのコーナーの役割です。各都道府県労働局総務部企画室の出先機関として、労働局や労働基準監督署等にこのコーナーは設置されており、総合労働相談員が対応します。相談の際は、プライバシー保護に配慮しますが、相談内容により女性相談員を希望する場合は、都道府県労働局総務部企画室へ問い合わせることになります。

　総合労働相談コーナーでは、労働問題に関するあらゆる分野が対象となりますが、事案の内容により裁判所やハローワークなど担当行政機関を案内する場合があります。

　窓口の総合労働相談コーナーで相談の後、労働相談員は法令違反の疑いがあり申告可能な案件として判断した場合は、労働基準監督官にバトンタッチします。法令に違反はしていないが、相談者が労働問題で困っている時には、個別労働関係紛争解決制度の説明を行い、利用を希望する相談者には都道府県労働局長による助言・指導あるいは紛争調整委員会によるあっせんの手続きを行います。個別労働関係紛争解決制度による解決ができない場合、他の解決方法の方が適切な場合、相談者が他の解決方法を望んだ場合は、他の制度を紹介します。

第3節　都道府県労働局長による助言指導

　都道府県労働局長による助言・指導は、民事上の個別労働関係紛争について都道府県労働局長が紛争当事者に対して、その紛争の問題点を指摘し、解決の方向を示すことにより、紛争当事者の自主的な紛争解決を促進する制度です。この助言・指導は、紛争当事者に対し、一定の措置の実施を強制するものではありません。（当事者の一方が、利用を拒否すれば利用できません。）個別労働関係紛争の具体的内容としては、解雇、配置転換・出向、雇止め、労働条件の不利益変更等の労働条件に関する紛争、事業主によるいじめ・嫌がらせに関する紛争、労働契約の承継、同業他社への就業禁止等の労働契約に関する紛争等があげられます。

　対象とならない紛争としては、労働組合と事業主の間の紛争や、労働者と労働者の間の紛争、裁判で係争中である場合又は判決確定が出されている等他の制度において取り扱われている紛争、労働組合と事業主との間で問題として取り上げられており両社の間で自主的な解決を図るべく話し合いが進められている紛争などがあります。

　実際には、個々の個別労働関係紛争に労働局長が関与するわけではありません。総合労働相談コーナーにいる担当労働相談員が相談者からの助言・指導の希望を受け付けたら、使用者に電話して、個別労働関係紛争解決制度及び都道府県労働局長による助言・指導の制度と相談者の意向を伝えます。相手側が、都道府県労働局長による助言・指導の利用に承諾したら、相談者と相手側間で話し合いを行います。なお、労働相談員は話し合いにも参加はしませんし、紛争の内容にも関与しません。あくまで、当事者同士の自主的な話し合いとなります。そのため、望むような解決ができるかというと必ずしもそうはならないことは事実です。それでは、単に当事者同士で交渉するのと変わら

ないから利用しても意味がないという人もいます。しかし、労働相談員は相手方に電話連絡するときに制度の趣旨を説明し、相手側の了解がある場合には制度のパンフレットとともに関連する過去の判例などの参考資料も送付します。また、労働局を介しての話し合いということになるので、焦点が絞られ双方が真面目に取り組むことになります。その結果、単なる当事者間での話し合いよりは解決できる確率が高いです。話し合いがうまくいけば、約一週間で解決できます。お金がかからず素早い解決が可能な制度です。

第4節　あっせん

(1) **あっせんとは**

　都道府県労働局におけるあっせんは、裁判のように勝ち負けを競うのではなくお互いが歩み寄って解決案を導き、迅速で適正な解決をめざすものです。労働者あるいは使用者が、都道府県の労働局の紛争調整委員会にあっせんを申請することから始まります。当事者の間にあっせん委員（弁護士等の学識経験者である第三者）が入り、双方の主張の要点を確かめ、調整を行い、話合いを促進することにより、紛争の円満な解決を図る制度です。当事者双方が希望した場合は、両者が採るべき具体的なあっせん案を提示します。

(2) **紛争調整委員会とは**

　弁護士、大学教授、社会保険労務士などの労働問題の専門家である学識経験者により組織された委員会であり、都道府県労働局ごとに設置されています。この紛争調整委員会の委員のうちから指名されるあっせん委員が、紛争解決に向けてあっせんを実施します。

(3) **あっせんの特徴**

　労働条件その他労働問題に関する事項について個別労働関係紛争が対象です。（募集・採用に関するものを除く。）

- ◆　長い時間と多くの費用を要する裁判に比べ、手続きが迅速で簡単です。
- ◆　労働問題の専門家が担当します。
- ◆　費用は、かかりません。（労働局までの往復交通費は必要です。）

◆ 事実関係を示す証拠については、裁判ほど強く求められません。
◆ あっせん案に合意した場合には、受諾されたあっせん案は民法上の和解契約の効力を持ちます。
◆ あっせんの手続きは非公開で、当事者のプライバシーが尊重されます。
◆ 労働者があっせんの申請をしたことを理由に、事業主が労働者に対して解雇その他の不利益な取り扱いをすることは禁じられています。（個別労働関係紛争の解決の促進に関する法律第4条第3項）
◆ あっせんの手続きは、参加が強制されるものではありません。参加しなくても、あっせんにより紛争が解決しなくても、不利益な取扱いがなされることはありません。

(4) あっせんの流れ

　あっせんは、労働者または使用者のいずれか一方があっせん申請します。（窓口は、都道府県労働局または各地の総合労働相談コーナー。）紛争調整委員会が紛争内容を検討し、あっせんにふさわしい内容であれば、ある程度事前に調整・調査をした上で、当事者双方にあっせんの期日を通知します。このとき、あっせん申請書よりさらに詳しい内容を記述するための申述書のフォームが送られてきます。ただし、被申請人（あっせんの相手方）が、あっせんを拒否した場合は、その時点であっせんは流れて終了してしまいます。あっせんを当事者双方が受け入れると、指定期日に労働局のあっせん室を訪れます。まず当事者の一方から事情徴収を行います。当事者の一方が自己の意向を伝えてあっせん室から出ていった後、相手方からの事情徴収を行います。この事情徴収を何回か繰り返して、あっせん委員はあっせん案をまとめます。最終的に、当事者を交互に呼び寄せあっせん案にもと

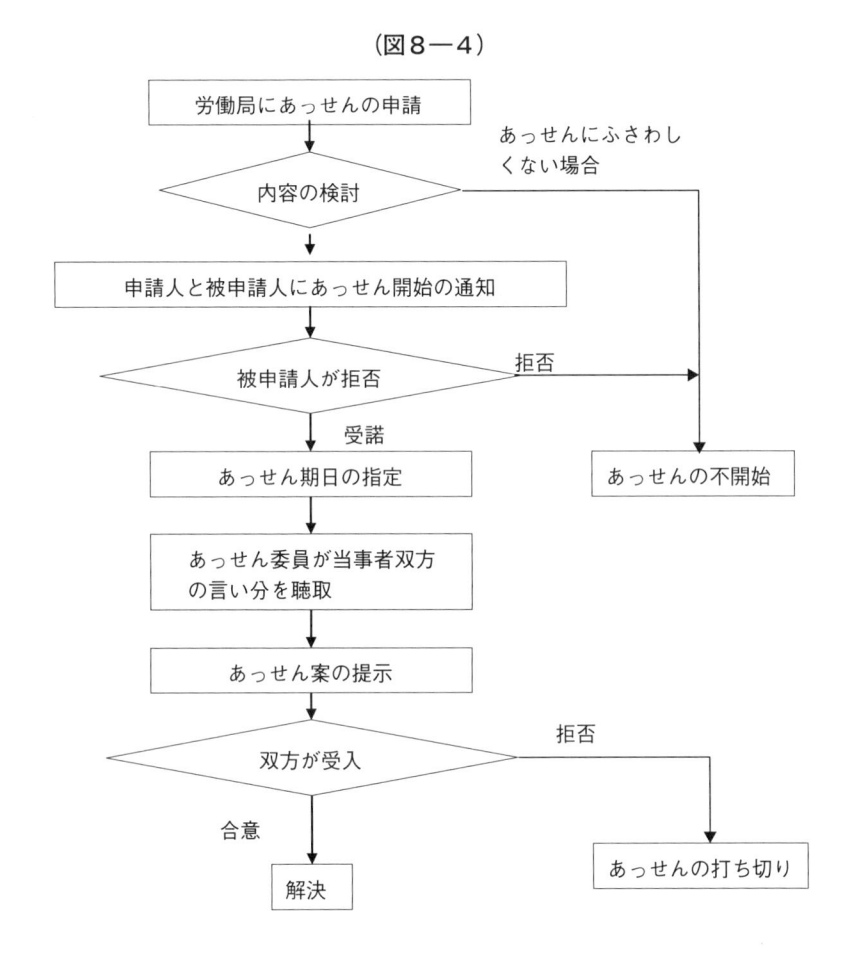

(図8－4)

```
        ┌─────────────────────────┐
        │  労働局にあっせんの申請  │
        └────────────┬────────────┘
                     ▼
              ◇─────────────◇      あっせんにふさわし
              │ 内容の検討  │─────→ くない場合
              ◇─────────────◇                │
                     │                       │
                     ▼                       │
        ┌─────────────────────────────────┐  │
        │ 申請人と被申請人にあっせん開始の通知 │  │
        └────────────┬────────────────────┘  │
                     ▼                       │
              ◇─────────────◇    拒否        │
              │ 被申請人が拒否│─────────────┐ │
              ◇─────────────◇              │ │
                     │ 受諾                │ │
                     ▼                     ▼ ▼
        ┌─────────────────────┐   ┌──────────────────┐
        │  あっせん期日の指定  │   │ あっせんの不開始 │
        └──────────┬──────────┘   └──────────────────┘
                   ▼
        ┌─────────────────────┐
        │ あっせん委員が当事者双方│
        │  の言い分を聴取     │
        └──────────┬──────────┘
                   ▼
        ┌─────────────────────┐
        │  あっせん案の提示   │
        └──────────┬──────────┘
                   ▼
              ◇─────────────◇    拒否
              │  双方が受入  │────────────┐
              ◇─────────────◇            │
                   │ 合意                 ▼
                   ▼               ┌──────────────────┐
              ┌────────┐           │ あっせんの打ち切り│
              │  解決  │           └──────────────────┘
              └────────┘
```

づく解決を図ります。この間、当事者は顔を合わすことはありません。当事者の一方があっせん案を拒否すれば、それであっせんは打ち切りとなります。その場合、今後どうするかは申請人が決めることになります。当事者双方の合意が得られれば、その場で合意書が作成され解決ということになります。

このように、あっせんは裁判とは違って強制力はありません。どちらの当事者も拒否できます。これは、あっせんという制度自体が争うことよりも当事者同士の歩み寄りを目指しているためです。あっせん

には強制力はありませんが、実質半日で終了しますし、しかも無料です。裁判のように証拠が強く求められることもありません。非公開でおこなわれるのでプライバシーも守られます。制度としても利用しやすいものなので、労働者側、使用者側どちらにもお勧めします。ただ、イエスかノーかはっきりさせたい、勝ち負けを明確にしたいという方は裁判や労働審判など司法制度による解決を選ばれた方が良いでしょう。

あっせん申請書の内容は、紛争当事者の名前、住所、電話番号、事業上の名称及び所在地、あっせんを求める事項及びその理由、紛争の経過、その他となっておりシンプルです。大事な点は、あっせんを求める事項及びその理由の書き方です。スペースが限られているので、何を求めるか（慰謝料が欲しいのか、職場復帰したいのか、損害賠償額を交渉したいのかなど）を明確にかつ簡潔に記述しなければなりません。

ときどき、自分の思っていることをすべて申請書に書きたがる人がいますが、あっせんに至るまでの詳しい経過や理由は、後ほど労働局から送られてくる申述書に書くことができるのであっせん申請書では求める結果の内容を明瞭に記述することが望まれます。この点が明らかでないと、労働局の方から求める結果について問い合わせが来ることになります。

あっせん申請書の用紙は、都道府県労働局または各地の労働基準監督署の労働相談コーナーの窓口でもらえます。実際は、個別労働関係紛争解決制度を解説したパンフレットの中に記述サンプルとともに入っていますので、それをコピーして作成することになります。

あっせん申請書の記載例は、長野労働局のHP(URL: http://nagano-roudoukyoku.jsite.mhlw.go.jp/hourei_seido_tetsuzuki/kobetsu_roudou_funsou/hourei_seido/mondai01_02．html）に多く載っていますので、興味のある方はインターネットでご覧ください。

第5節　民間ADR

　これまで個別労働関係紛争解決制度として、労働局の調整委員会によるあっせんについて説明してきましたが、民間組織によるあっせん制度もあります。これを、民間型ADRと言います。裁判外紛争解決手続（ADR）とは、英語では、「Alternative Dispute Resolution」（裁判に代る紛争解決手段）といい、頭文字をとってADR（エー・ディー・アールと呼ばれます。裁判によることもなく、法的なトラブルを解決する方法、手段など一般を総称する言葉です。

　裁判外紛争解決手続の利用の促進に関する法律（平成19年4月1日施行）では、その目的として「この法律は、内外の社会経済情勢の変化に伴い、裁判外紛争解決手続（訴訟手続によらずに民事上の紛争の解決をしようとする紛争の当事者のため、公正な第三者が関与して、その解決を図る手続をいう。以下同じ。）が、第三者の専門的な知見を反映して紛争の実情に即した迅速な解決を図る手続として重要なものとなっていることにかんがみ、裁判外紛争解決手続についての基本理念及び国等の責務を定めるとともに、民間紛争解決手続の業務に関し、認証の制度を設け、併せて時効の中断等に係る特例を定めてその利便の向上を図ること等により、紛争の当事者がその解決を図るのにふさわしい手続を選択することを容易にし、もって国民の権利利益の適切な実現に資することを目的とする（同法第1条）。」としています。

　内容は、民間事業者が、紛争の当事者が和解をすることができる民事上の紛争について、紛争の当事者双方からの依頼を受け、当該紛争の当事者との間の契約に基づき、和解の仲介を行う裁判外紛争解決手続を行うわけです（同法第2条）。民間紛争解決手続を業として行う者（法人でない団体で代表者又は管理人の定めのあるものを含む。）は、その業務について、法務大臣の認証を受けます（同法第5条）。

法務大臣は、前条の認証の申請をした者が行う当該申請に係る民間紛争解決手続の業務が、法で定める基準に適合し、かつ、申請者が当該業務を行うのに必要な知識及び能力並びに経理的基礎を有するものであると認めるときは、当該業務について認証をします（同法第6条）。実際は、厳格な要件のもとに認証を受けたいくつかの団体がADR業務を行っています。代表的なものとしては、国民生活センター紛争解決委員会によるADRがあります。消費者トラブルが生じ、消費生活センター等や国民生活センター相談部へ寄せられた相談のうち、そこでの助言やあっせん等の相談処理のみでは解決が見込めないときなどには、消費者は紛争解決委員会へ和解の仲介や仲裁を申請することができます。このように、ADRでは、仲裁、調停、あっせんなどを行いますが、ここでは個別労働関係紛争におけるADRとして、各地の社会保険労務士会が行っているあっせんについて説明します。全国社会保険労務士会連合会の情報から引用します。

　「社労士会労働紛争解決センターでは、裁判外紛争解決手続の利用の促進に関する法律（ADR法）に基づく法務大臣の認証と、社会保険労務士法に基づく厚生労働大臣の指定を受けて、労務管理の専門家である社会保険労務士が、トラブルの当事者の言い分を聴くなどしながら、その知見を活かして、個別労働関係紛争をあっせんという手続により、簡易、迅速、低廉に解決します。同センターでは、労務管理の専門家である社会保険労務士が、トラブルの当事者の言い分を聴くなどしながら、その知見を活かし、発生してしまった個別労働関係紛争を「あっせん」の手続により、簡易、迅速、低廉に円満解決します。平成22年5月10日現在、連合会と22箇所の都道府県社会保険労務士会が「かいけつサポート（認証紛争解決サービス）」として法務大臣の認証を受けています」としています。

　「社労士会労働紛争解決センター」と都道府県労働局の「紛争調整委員会」との違いは、2つです。

「第一は労働局の紛争調整委員会は、行政が実施しているのに対して、解決センターは、運営経費のほとんどが社会保険労務士の会費により成り立っていることです。

　すなわち、解決センターは、社会保険労務士の社会貢献活動の一環として行っている民間のADR機関であるということです。このため、解決センターでは、経費の一部に当てさせていただくため、あっせん手続申し立て時に申立費用をいただくことにしています。

　なお、申立書が正式に受理された後、相手方が、申し立てに応ずる意思がないとき又はあっせんにより和解が成立しなかった場合等であっても費用はお返しできません。費用の取り扱い等は、連合会と他の社会保険労務士会の解決センターとでは異なりますので、事前に申し立てをする解決センターに確認をお願いいたします。

　第二は、紛争に目的価額（例えば、退職金として○○円支払ってほしい）が60万円を超える場合、あるいは超えると予想される場合に、代理人を立てて申し出を行おうとすると、労働局のあっせんでは、目的価額にかかわらず特定社会保険労務士が単独で代理人を務めることが可能ですが、解決センターでは特定社会保険労務士が単独では代理人になることができず、弁護士と共同して代理人とならなければなりません（このことは社会保険労務士法第2条第1項第1号の6に規定されています。なお、別途弁護士費用が発生します。）。」

　つまり、民間型ADRでは有料であるということと60万円を超える額を争う場合で代理人を使う場合は、弁護士が必要ということで、それ以外は労働局のあっせんと同じです。労働局のあっせんが混んでいて解決を急ぐ場合は、利用してみるのも良いと思います。あっせんについては、社会保険労務士の中で紛争解決手続代理業務の講習を受け試験に合格した者を、特定社会保険労務士として個別労働関係紛争のあっせんに限り代理業務ができることになっています。従って、中小企業などではあっせんを選択すると顧問の社会保険労務士が特定社会

保険労務士ならその人に代理を頼むことができます。
　なお、前述の「社労士会労働紛争解決センター」のホームページからあっせんに関する動画を見ることができます。あっせんのイメージがつかみにくい人は、ご覧になると良いでしょう。

第6節　司法による解決

　さて、労働基準監督署による行政指導、個別労働関係紛争解決制度について説明してきましたが、これらの制度でも解決できないとなると司法による解決しかありません。ここでは、労働審判、少額訴訟、支払い督促について簡単に概要を説明します。（裁判所のホームページからの転載）

(1)　労働審判

　労働審判制度は、個々の労働者と事業主との間に生じた労働関係に関する紛争を裁判所において、原則として3回以内の期日で、迅速、適正かつ実効的に解決することを目的として設けられた制度で平成18年4月に始まりました。労働審判手続では、裁判官である労働審判官1名と労働関係に関する専門的な知識経験を有する労働審判員2名とで組織する労働審判委員会が審理し、適宜調停を試み、調停がまとまらなければ事案の実情に応じた解決をするための判断（労働審判）をします。労働審判に対する異議申立てがあれば、訴訟に移行します。

　審理に要した期間は平均で約2か月半です。調停が成立して事件が終了する場合が多く、労働審判に対する異議申立てがされずに労働審判が確定したものなどと合わせると、全体の約8割の紛争が労働審判の申立てをきっかけとして解決しているものと思われます。

　こうした労働審判事件の解決の状況からすると、制度導入の目的は一定程度達成されていると考えられます。また、当事者等からも事案の実情に即した柔軟な解決が図られているとして、おおむね肯定的な評価を受けており、事件の申立件数も年々増加しているところです。

　労働審判手続においては、原則として3回以内の期日で審理が終了になるため、当事者は期日に向けてしっかりと主張、立証の準備をす

る必要があります。短い期間でこのような準備をし、期日において適切な主張・立証活動を行うためには、当事者双方が法律の専門家である弁護士を代理人に選任することが望ましいでしょう。

　また、労働者と事業主との間の紛争を解決する手続には、労働審判手続以外にも民事訴訟、民事調停といった裁判所が行う手続のほか、都道府県労働局の紛争調整委員会などの行政機関によるあっせん手続、弁護士会などの法務大臣が認証した団体によるあっせん手続などいろいろなものがあります。それぞれの手続の特徴を考えて、紛争の実情によりどの手続を利用するのが良いか検討することも大切です。

(2) 少額訴訟

　民事訴訟のうち、60万円以下の金銭の支払を求める訴えについて、原則として1回の審理で紛争解決を図る手続です。即時解決を目指すため、証拠書類や証人は審理の日にその場ですぐに調べることができるものに限られます。

　特徴をまとめると以下のようになります。

- ◆　1回の期日で審理を終えて判決をすることを原則とする特別な訴訟手続です。
- ◆　60万円以下の金銭の支払を求める場合に限り利用することができます。
- ◆　原告の言い分が認められる場合でも、分割払、支払猶予、遅延損害金免除の判決がされることがあります。
- ◆　訴訟の途中で話合いにより解決することもできます（これを「和解」といいます。）。
- ◆　判決書又は和解の内容が記載された和解調書に基づき、強制執行を申し立てることができます。少額訴訟の判決や和解調書等については、判決等をした簡易裁判所においても金銭債権（給料、預金等）に対する強制執行（少額訴訟債権執行）を申

し立てることができます。
- ◆ 少額訴訟判決に対する不服申立ては、異議の申立てに限られます。控訴はできません。

(3) 支払督促

　金銭、有価証券、その他の代替物の給付に係る請求について、債権者の申立てによりその主張から請求に理由があると認められる場合に、支払督促を発する手続であり、債務者が2週間以内に異議の申立てをしなければ、裁判所は債権者の申立てにより、支払督促に仮執行宣言を付さなければならず、債権者はこれに基づいて強制執行の申立てをすることができます。

　特徴をまとめると以下のようになります。
- ◆ 金銭の支払又は有価証券若しくは代替物の引渡しを求める場合に限ります。
- ◆ 相手の住所地を管轄する簡易裁判所の裁判所書記官に申し立てます。
- ◆ 書類審査のみなので、訴訟の場合のように審理のために裁判所に来る必要はありません。
- ◆ 手数料は、訴訟の場合の半額です。
- ◆ 債務者が支払督促に対し異議を申し立てると、請求額に応じ、地方裁判所又は簡易裁判所の民事訴訟の手続に移行します。

　以上の制度の概要や手続きについては、裁判所に行けば教えてくれます。裁判になるとやはり弁護士などの専門家の助けが必要になってくると思われます。労働相談等で、自分の問題の解決にはどの制度が適しているかについても確認すると良いでしょう。

(コラム3) 労働組合について

　労働組合とは、労働者が主体となって自主的に労働条件の維持改善その他経済的地位の向上を図ることを主たる目的として組織する団体又はその連合団体をいいます（労組法第2条）。これまで日本の労働組合は、企業の中で組織化されたいわゆる企業内組合で労使が一体となって職場環境の改善、合理化の推進を行ってきました。近年、企業内で正社員の占める割合が減り、契約社員やパート、アルバイトが増えてきたこともあり、企業内組合の組織化率は年々低下しています。労働組合のメリットとしては、以下のものがあります。

- ◆ 労働組合の団体交渉などの正当な行為については、刑事罰を与えられません（労組法1条）。
- ◆ 労働者は、労働組合の代表者や組合の委任を受けた者に、使用者又はその団体と労働協約の締結その他の事項に関して交渉する権限を任せることができます（労組法第6条）。
- ◆ 使用者は、ストライキなどの争議行為で正当なものによって損害を受けても労働組合又はその組合員に対し賠償を請求することができません（労組法第8条）。
- ◆ 組合があると使用者と団体交渉ができ、労働協約を結んで労働者に有利な契約内容にすることができます（労組法第14条）。
- ◆ 使用者との間で締結した労働協約に、特別の法的効力が付与されます（労組法第16条、第17条、第18条）。
- ◆ 不当労働行為（労働者への不利益的取り扱い、団体交渉拒否、支配介入など）に対しての労働委員会への救済申立てができます（労組法第27条）。

　このように、労働組合を組織化すると労働者は団体の力でもって使用者と交渉できるわけです。しかし、規模の小さい中小企業では組合を組織化できませんでした。ところが、近年合同労組とか地域ユニオ

ンなどという、労働者が一人でも加入できる労働組合で、企業の枠を超えて組織されるものがでてきました。この合同労組等には、正社員だけでなく、契約社員やパートタイマー、派遣労働者、さらに管理職まで加入できるものがあります。これらの合同労組等も労働組合なので、中小企業などでは従業員でもない人から団体交渉を要求されることもあり、それは拒否できないわけです。合同労組からは一般原則的に法令や判例を解釈されて、使用者責任を追及されるようになります。事業主としては、企業内組合とは違って、長期戦略への協力など自社の現状を反映した労使交渉が出来なくなります。企業が万が一労働法令に違反するようなことがあると、労働組合から団体交渉で追及されるか、労働基準監督官に法違反を指摘されて行政指導されるかということになります。使用者としてはコンプライアンス（法令順守）を守り、第三者から追及されないような体制を作っていくことが望まれます。

　一方、労働者においても自分の代わりに組合が会社と交渉してくれるという安易な気持ちで加入するのではなく、組合に加入すると組合費の拠出や組合活動への参加等、組合員としての義務もはたさなければならないことを考えておくべきです。

終わりに

　この本は、私が労働相談で体験した解雇と退職に関連する労働関係の問題を整理したものです。最初は、解雇に焦点を絞って詳細に説明するつもりでしたが、書き進めていくうちに解雇も含めて退職時に関連する他の労働問題についても触れておかないと十分な説明にならないことが解ってきました。労働者も会社を離れるとなると、セクハラや未払残業代の請求や有給休暇の取得などこれまで事業主に要求し難かったことも、退職時には要求したいという気持ちが沸いてきます。すなわち、労働問題の多くが退職時に表面化してくるわけで、それが退職の問題と絡んできます。また、判例にもあるように事業主は退職に際して労働者に損害賠償を請求し、それに応ずる形で未払残業代の請求が起こってくるなど一つの労働問題が他の労働問題を引き起こして拡大していくケースが増えています。解雇にしても出向、転籍、合併など新しい労働契約に付随して発生してきています、そのためにしだいに記述する分野が増えてきました。

　また、近年個別労働関係紛争が増加していることに対応して、裁判所だけでなく行政も個別労働関係紛争を解決する制度を推し進めています。その紹介と一般の人にはあまりなじみのない労働基準監督署についての説明も加えました。さらに、退職の際に多くの場合関連する雇用保険制度についても少し触れてみました。

　筆者は、実務家であり労働法学者ではありません。そのため、実務手続きなどは除いて、法解釈の部分については私見を最小限にとどめ、解説に当たる部分はもっぱら判例からの引用に頼っています。判例は、実際に行われた裁判所の決定ですから、同じような事件の場合過去の判例から結果を類推できると考えます。しかし、世の中の考え方が変遷していき、判例も下級審で是とされた結果が上級審では反対

の結果になることもあります。この点は、読者の方も読まれる際には、過去の例がどの場合にも必ず当てはまるとはかぎらないことに注意していただきたいと思います。また、労働者のために記述していくうちにどうしても使用者にもわかってほしいことも出てきました。時には、使用者の方への提言となっている部分もあります。従って、読者対象は労働者としていますが、使用者の方にもぜひ読んでいただきたいと思います。労働者の方は、使用者と交渉する際にその提言を利用していただいたら良いと思います。

　説明については、不十分な点が多いと思いますが、解雇と退職を中心としてその関連する問題をできるだけ取り上げ解説した本はあまりないかと思います。本書を読んでいただくことにより、労働基準監督署に相談に行くことと同じ効果が出ることを期待し、あるいは本書を読んでから労働基準監督署に相談に行くことにより、読者の皆さんの理解が深まり、適切な選択が行われることを望んでいます。

平成24年6月

参考文献

「図解わかる会社を辞める時の手続きのすべて」 新星出版社2010年5月15日 初版 社会保険労務士 中尾幸村・中尾孝子

「初めの一歩 労使トラブルを解決するならこの一冊」 自由国民社 2008年8月1日 初版 社会保険労務士 河野順一

「Q&A労働法実務シリーズ 6 解雇・退職」 中央経済社 2007年2月1日 第3版 中町 誠・中山慈夫 編 弁護士 加茂善仁 著

「トラブルを起こさない 退職・解雇の実務と法律知識」(株)日本経営協会総合研究所 2004年1月20日 改訂版初版発行 弁護士 石嵜信憲

「職場のトラブル解決の手引き」個別労働関係紛争判例集 独立行政法人 労働政策研究・研修機構 2009年3月25日 初版 野川 忍 監修 労働政策研究・研修機構編

「労働法」 有斐閣 2008年3月20日 第2版 水町勇一郎 著

「通達・様式からみた労働法」日本法令 平成19年9月15日 初版

「労働判例に学ぶ中小企業の労務管理」 労働新聞社 平成21年11月30日 初版2刷

「労働基準法 解釈総覧」 労働調査会 平成23年1月12日 第14版 厚生労働省労働基準局 編

(参照ホームページ)

社団法人 全国労働基準関係団体連合会 （判例検索）
　URL : http : //www. zenkiren. com/jinji/top. html

厚生労働省 ハローワークインターネットサービス
　URL : https : //www. hellowork. go. jp/

裁判所
　URL : http : //www. courts. go. jp/

全国社会保険労務士会連合会
　URL : http : //www. shakaihokenroumushi. jp/

著者略歴

三好　眞一（みよし　しんいち）
1970年　関西学院大学法学部卒業後、外資系企業で経理部、情報システム部、総務部を歴任。2006年　大阪府立大学大学院経済学研究科を修了。
在職中は、ITシステムの企画・開発・運用、内部統制、プロジェクト管理等の責任者を担当。現在独立し、講演等のかたわら労働基準監督署にて労働相談を担当中。
特定社会保険労務士・中小企業診断士・システム監査技術者
著書として、日本版SOX法入門（共著　同友館）日本版SOX法実践コーチ（共著　同友館）など

失敗のない解雇&退職マニュアル

2012年7月14日　第1版第1刷発行

著　者　三　好　眞　一
発行者　平　　盛　之

㈱産労総合研究所
発行所　出版部　経営書院

〒102-0093
東京都千代田区平河町2—4—7 清瀬会館
電話　03(3237)1601　振替　00180-0-11361

落丁・乱丁本はお取替えいたします。　　印刷・製本　中和印刷株式会社

ISBN978-4-86326-127-3